CHEFS-D'OEUVRE

DE

TH. CORNEILLE.

5792

2636

DE L'IMPRIMERIE DE P. DIDOT, L'AINÉ,
CHEVALIER DE L'ORDRE ROYAL DE SAINT-MICHEL,
IMPRIMEUR DU ROI.

P. CORNEILLE

CHEFS-D'OEUVRE

DE

TH. CORNEILLE

AVEC

LE COMMENTAIRE DE VOLTAIRE.

A PARIS,

Chez JANET ET COTELLE, LIBRAIRES,

M DCCC XXI.

AVERTISSEMENT

QUI SE TROUVE DANS L'ÉDITION DES OEUVRES DE PIERRE CORNEILLE DE 1663, *in-folio*, ET DANS PLUSIEURS DES SUIVANTES[*].

AU LECTEUR.

Vous pourrez trouver quelque chose d'étrange aux innovations en l'orthographe que j'ai hasardées ici, et je veux bien vous en rendre raison. L'usage de notre langue est à présent si épandu par toute l'Europe, principalement vers le nord, qu'on y voit peu d'état où elle ne soit connue; c'est ce qui m'a fait croire qu'il ne seroit pas mal à propos d'en faciliter la prononciation aux étrangers, qui s'y trouvent souvent embarrassés, par les divers sons qu'elle donne quelquefois aux mêmes lettres. Les Hollandois m'ont frayé le chemin, et donné ouverture à y mettre distinction par de différents caractères, que jusqu'ici nos imprimeurs ont employés indifféremment. Ils ont séparé les *i* et les *u* consonnes d'avec les *i* et les *u* voyelles, en se servant toujours des *i* et des *u* formés de cette sorte *j*, *v*, pour les premières, et laissant ceux qui sont formés ainsi, *i*, *u*, pour les autres, qui, jusqu'à ces derniers temps,

---

[*] Une note de l'édition de 1718 apprend que cet avertissement est de Thomas Corneille. On a pensé qu'il étoit bon de le conserver dans cette nouvelle édition.

avoient été confondus. Ainsi la prononciation de ces deux lettres ne peut être douteuse dans les impressions où l'on garde le même ordre qu'en celle-ci. Leur exemple m'a enhardi à passer plus avant. J'ai vu quatre prononciations différentes dans nos s, et trois dans nos e, et j'ai cherché les moyens d'en ôter toutes ambiguités, ou par des caractères différents, ou par des règles générales, avec quelques exceptions. Je ne sais si j'y aurai réussi; mais si cette ébauche ne déplaît pas, elle pourra donner jour à faire un travail plus achevé sur cette matière, et peut-être que ce ne sera pas rendre un petit service à notre langue et au public.

Nous prononçons l's de quatre diverses manières: tantôt nous l'aspirons, comme en ces mots, *peste*, *chaste*; tantôt elle allonge la syllabe, comme en ceux-ci, *paste*, *teste*; tantôt elle ne fait aucun son, comme à *esblouir*, *esbranler*, *il estoit*; et tantôt elle se prononce comme un z, comme à *présider*, *présumer*. Nous n'avons que deux différents caractères, *f*, et *s*, pour ces quatre différentes prononciations. Il faut donc établir quelques maximes générales pour faire les distinctions entières. Cette lettre se rencontre au commencement des mots, ou au milieu, ou à la fin. Au commencement elle aspire toujours; *soi*, *sien*, *sauver*, *suborner*; à la fin, elle n'a presque point de son, et ne fait qu'allonger tant soit peu la syllabe, quand le mot qui suit commence par une consonne; et quand il commence par une voyelle, elle se détache de celui qu'elle finit pour se joindre avec elle, et se prononce toujours comme un z, soit qu'elle soit précédée par une consonne, ou par une voyelle.

Dans le milieu du mot, elle est ou entre deux voyelles, ou après une consonne, ou avant une consonne. Entre deux voyelles, elle passe toujours pour *z*, et après une consonne elle aspire toujours, et cette différence se remarque entre les verbes composés qui viennent de la même racine. On prononce *prézumer*, *rézister*, mais on ne prononce pas *conzumer*, ni *perzister*. Ces régles n'ont aucune exception, et j'ai abandonné en ces rencontres le choix des caractères à l'imprimeur, pour se servir du grand ou du petit, selon qu'ils se sont le mieux accommodés avec les lettres qui les joignent. Mais je n'en ai pas fait de même quand l'*s* est avant une consonne dans le milieu du mot, et je n'ai pu souffrir que ces trois mots, *reste*, *tempeste*, *vous estes*, fussent écrits l'un comme l'autre, ayant des prononciations si différentes. J'ai réservé la petite *s* pour celle où la syllabe est aspirée, la grande pour celle où elle est simplement allongée, et l'ai supprimée entièrement au troisième mot, où elle ne fait point de son, la marquant seulement par un accent sur la lettre qui la précéde. J'ai donc fait orthographier ainsi les mots suivants, et leurs semblables, *peste*, *funeste*, *chaste*, *résiste*, *espoir*, *tempeste*, *haste*, *teste*, *vous étes*, *il étoit*, *éblouir*, *écouter*, *épargner*, *arréter*. Ce dernier verbe ne laisse pas d'avoir quelques temps dans sa conjugaison où il faut lui rendre l'*s*, parcequ'elle allonge la syllabe; comme à l'impératif *arreste*, qui rime bien avec *teste*; mais à l'infinitif, et en quelques autres temps où elle ne fait pas cet effet, il est bon de la supprimer, et d'écrire, *j'arrétois*, *j'ai arrété*, *j'arréterai*, *nous arrétons*, etc.

AVERTISSEMENT.

Quant à l'*e*, nous en avons de trois sortes : l'*e* féminin qui se rencontre toujours ou seul, ou en diphthongue, dans toutes les dernières syllabes de nos mots qui ont la terminaison féminine, et qui fait si peu de son, que cette syllabe n'est jamais comptée à rien à la fin de nos vers féminins, qui en ont toujours une plus que les autres ; l'*e* masculin qui se prononce comme dans la langue latine ; et un troisième *e* qui ne va jamais sans l'*s*, qui lui donne un son élevé qui se prononce à bouche ouverte, en ces mots, *succès*, *accès*, *exprès*. Or, comme ce seroit une grande confusion que ces trois *e* en ces trois mots, *aspres*, *verite*, et *apres*, qui ont une prononciation si différente, eussent un caractère pareil, il est aisé d'y remédier par ces trois sortes d'*e* que nous donne l'imprimerie, *e*, *é*, *è*, qu'on peut nommer l'*e* simple, l'*é* aigu, et l'*è* grave. Le premier servira pour nos terminaisons féminines ; le second pour les latines, et le troisième pour les élevées ; et nous écrirons ainsi ces trois mots et leurs pareils, *aspres*, *vérité*, *après*, ce que nous étendrons à *succès*, *excès*, *procès*, qu'on avoit jusqu'ici écrits avec l'*é* aigu, comme les terminaisons latines, quoique le son en soit fort différent. Il est vrai que les imprimeurs y avoient mis quelque différence, en ce que cette terminaison n'étant jamais sans *s*, quand il s'en rencontroit une après un *é* latin, ils la changeoient en *z*, et ne la faisoient précéder que par un *e* simple. Ils impriment *veritez*, *deïtez*, *dignitez*, et non pas *verités*, *deïtés*, *dignités*; et j'ai conservé cette orthographe : mais pour éviter toute sorte de confusion entre le son des mots qui ont l'*e* latin sans *s*, comme

AVERTISSEMENT.

verités, et ceux qui ont la prononciation élevée, comme *succès*, j'ai cru à propos de me servir de différents caractères, puisque nous en avons, et donner l'è grave à ceux de cette dernière espéce. Nos deux articles pluriels, *les* et *des*, ont le même son, quoique écrits avec l'*e* simple: il est si malaisé de les prononcer autrement, que je n'ai pas cru qu'il fût besoin d'y rien changer. Je dis la même chose de l'*e* devant deux *ll*, qui prend le son aussi élevé en ces mots, *belle*, *fidelle*, *rebelle*, etc., qu'en ceux-ci, *succès*, *excès*; mais comme cela arrive toujours quand il se rencontre avant ces deux *ll*, il suffit d'en faire cette remarque sans changement de caractère. Le même cas arrive devant la simple *l*, à la fin des mots *mortel*, *appel*, *criminel*, et non pas au milieu, comme en ces mots, *celer*, *chanceler*, où l'*e* avant cette *l* garde le son de l'*e* féminin.

Il est bon aussi de remarquer qu'on ne se sert d'ordinaire de l'*é* aigu, qu'à la fin du mot, ou quand on supprime l'*s* qui le suit, comme à *établir*, *étonner*. Cependant il se rencontre souvent au milieu des mots avec le même son, bien qu'on ne l'écrive qu'avec un *e* simple; comme en ce mot *severité*, qu'il faudroit écrire *séverité*, pour le faire prononcer exactement, et je l'ai fait observer dans cette impression, bien que je n'aie pas gardé le même ordre dans celle qui s'est faite *in-folio*.

La double *ll* dont je viens de parler à l'occasion de l'*e*, a aussi deux prononciations en notre langue, l'une sèche et simple, qui suit l'orthographe; l'autre molle, qui semble y joindre une *h*. Nous n'avons point de différents caractères à les distinguer; mais on en peut donner cette règle infaillible. Toutes les fois qu'il n'y a point d'*i* avant les deux *ll*, la prononciation ne prend point cette mollesse. En voici des exemples dans les quatre autres voyelles, *baller, rebeller, coller, annuller*. Toutes les fois qu'il y a un *i* avant les deux *ll*, soit seul, soit en diphthongue, la prononciation y ajoute une *h*. On écrit *bailler, éveiller, briller, chatouiller, cueillir*, et on prononce *bailher, éveilher, brilher, chatouilher, cueilhir*. Il faut excepter de cette règle tous les mots qui viennent du latin, et qui ont deux *ll*, dans cette langue ; comme *ville, mille, tranquille, imbécille, distille, illustre, illégitime, illicite*, etc. ; je dis qui ont deux *ll* en latin, parceque les mots de *fille* et *famille* en viennent, et se prononcent avec cette mollesse des autres, qui ont l'*i* devant les deux *ll*, et n'en viennent pas ; mais ce qui fait cette différence, c'est qu'ils ne tiennent pas les deux *ll* des mots latins, *filia* et *familia*, qui n'en ont qu'une, mais purement de notre langue. Cette règle et cette exception sont générales et assurées. Quelques modernes, pour ôter toute l'ambiguité de cette prononciation, ont écrit les mots qui se prononcent sans la mollesse de l'*h*, avec une *l* simple, en cette manière *tranquile, imbécile, distile*, et cette orthographe pourroit s'accommoder dans les trois voyelles *a, o, u*, pour écrire simplement *baler, affoler, annuler*, mais elle ne s'accommoderoit point du tout avec l'*e*, et on auroit de la peine à prononcer *fidelle* et *belle*, si on écrivoit *fidele* et *bele* ; l'*i* même, sur lequel ils ont pris ce droit, ne le pourroit pas souffrir toujours, et particulièrement en ces mots *ville, mille*, dont le premier, si on le réduisoit à

AVERTISSEMENT.

une *l* simple, se confondroit avec *vile*, qui a une signification tout autre.

Il y auroit encore quantité de remarques à faire sur les différentes manières que nous avons de prononcer quelques lettres en notre langue; mais je n'entreprends pas de faire un traité entier de l'orthographe et de la prononciation, et me contente de vous avoir donné ce mot d'avis touchant ce que j'ai innové ici. Comme les imprimeurs ont eu de la peine à s'y accoutumer, ils n'auront pas suivi ce nouvel ordre si ponctuellement qu'il ne s'y soit coulé bien des fautes; vous me ferez la grace d'y suppléer.

CHEFS-D'OEUVRE

DE

TH. CORNEILLE.

ÉLOGE
DE THOMAS CORNEILLE,

PRONONCÉ DANS L'ACADÉMIE ROYALE DES INSCRIPTIONS ET BELLES-LETTRES, A LA RENTRÉE PUBLIQUE D'APRÈS PAQUES, 1710.

Thomas Corneille naquit à Rouen, le 20 août 1625, de Pierre Corneille, avocat du roi à la table de marbre, et de Marthe Le Pesant, fille d'un maître des comptes, de qui sont aussi descendus MM. Le Pesant de Boisguilbert, dont l'un est conseiller en la grand'chambre du parlement de Rouen; l'autre, lieutenant-général et président au présidial de la même ville.

Le jeune Corneille fit ses classes aux Jésuites; et il y a apparence qu'il les fit bien. Ce que l'on en sait de plus particulier, c'est qu'étant en rhétorique il composa en vers latins une pièce que son régent trouva si fort à son gré, qu'il l'adopta, et la substitua à celle qu'il devoit faire représenter par ses écoliers pour la distribution des prix de l'année. Quand il eut fini ses études, il vint à Paris, où l'exemple de Pierre Corneille, son frère aîné, le tourna du côté du théâtre; exemple qui, pour être suivi, demandoit une affinité de génie que les liaisons du sang ne donnent point, et que l'on ne compte guère entre les titres de famille.

Son début fut heureux, et *Timocrate*, une de ses

premières tragédies, eut un si grand succès, qu'on la joua de suite pendant six mois. Le roi vint exprès au Marais pour en voir la représentation; et le zèle de quelques amis de M. Corneille alla jusqu'à lui vouloir persuader d'en rester là, comme s'il n'y avoit eu rien à ajouter à la gloire qu'il avoit acquise, ou qu'on eût beaucoup risqué à la vouloir soutenir par de nouvelles productions. Mais *Laodice, Camma, Darius, Annibal*, et *Stilicon*, qu'il donna ensuite, ne reçurent pas moins d'applaudissements que *Timocrate*, et ce fut sans doute avec justice, puisque Pierre Corneille lui-même disoit qu'il auroit voulu les avoir faites. Il n'y avoit alors que M. Corneille dont nous parlons qui pût mériter la jalousie de son frère, et il n'y avoit peut-être que ce frère qui fût assez généreux pour l'avouer.

De ce tragique sublime, M. Corneille passa à des caractères qui, plus naturels, ou plus à la portée de nos mœurs, quoique toujours héroïques, n'avoient cependant pas encore été placés sur la scène françoise. *Ariane* et *le Comte d'Essex*, écrits dans ce goût, enlevèrent tous les suffrages dès qu'ils parurent; et le public, que l'on accuse de se rétracter si aisément, ne s'est pas même refroidi après trente à quarante ans d'examen. *Ariane* et *le Comte d'Essex* sont toujours demandés; on en sait les plus beaux endroits par cœur; ils plaisent comme s'ils avoient le mérite de la nouveauté; on y verse des larmes comme s'ils avoient encore l'avantage de la surprise.

Le comique prit aussi des beautés singulières entre les mains de M. Corneille; il commença par mettre au théâtre quantité de pièces espagnoles dont on ne croyoit pas qu'il fût possible de conserver l'esprit et le sel, si l'on vouloit les dégager des licences et des fictions qui leur sont particulières, et que notre scène n'admet point. De ce comique ingénieux, mais outré, il a su, dans l'*Inconnu* et dans plusieurs autres pièces, revenir à un comique simple, instructif et gracieux, qui les a déja presque fait survivre au siècle qui les a vues naître.

Il s'exerça encore à la poésie chantante; et nous avons de lui trois opéra qui ne le cèdent à aucun ouvrage de ce genre.

Les OEuvres dramatiques de Corneille sont imprimées en recueil, suivant l'ordre des temps. On en a fait plusieurs éditions à Paris, en province et dans les pays étrangers. Celles de Paris sont des années 1682, 1692, 1706; cette dernière, qui est la plus exacte, est aussi la plus ample : mais elle le seroit bien davantage, si Corneille y avoit voulu joindre tout ce qu'on sait qu'il a fait paroître sous d'autres noms. Ce recueil ne laisse pas d'être immense, et le cours d'une aussi longue vie que la sienne semble à peine y avoir pu suffire. Quarante pièces de théâtre au moins n'ont cependant emporté qu'une petite partie de son temps; et, ce qui est peut-être encore plus heureux, il n'y a presque donné que celui de sa jeunesse.

La traduction de quelques livres des *Métamorphoses* et des *Épîtres héroïques* d'Ovide venoit d'acquérir à M. Corneille ce qui lui restoit à prétendre des honneurs de la poésie, quand il perdit son illustre frère, le grand Corneille; car pourquoi ne le nommerionsnous pas avec le public le grand Corneille dans l'éloge d'un frère qui s'étoit lui-même fait une douce habitude de l'appeler ainsi?

La mort d'un frère, quand elle n'est pas prématurée, ne touche la plupart des hommes que par un triste retour sur eux-mêmes. Ils mesurent l'intervalle, ils supputent les moments qu'ils croient leur rester; ce calcul les effraie, et la nature, qui suit toujours ses foiblesses, mais qui est souvent habile à les couvrir, met sur le compte de la tendresse une douleur causée par l'amour-propre. Il n'en étoit pas ainsi de ceux dont nous parlons. Outre que Pierre Corneille étoit de vingt ans plus âgé que son frère, il y avoit entre eux la plus parfaite union que l'on puisse imaginer; union qui les a quelquefois confondus aux yeux de leurs contemporains, et qui imposera d'autant plus à la postérité, qu'elle aura de nouveaux sujets de s'y méprendre.

Une estime réciproque, des inclinations et des travaux à peu près semblables, les engagements de la fortune, ceux même du hasard, tout sembloit avoir concouru à les unir. Nous en rapporterons un exemple qui paroîtra peut-être singulier. Ils avoient épousé les deux sœurs, en qui il se trouvoit la même différence d'âge qui étoit entre eux. Il y avoit des enfants de part et d'autre, et en pareil nombre. Ce n'étoit qu'une même maison, qu'un même domestique. Enfin, après plus de vingt-cinq ans de mariage, les deux frères n'avoient pas encore songé à faire le partage des biens de leurs femmes, biens situés en Normandie, dont elles étoient originaires, comme eux; et ce partage ne fut fait que par une nécessité indispensable, à la mort de Pierre Corneille.

L'académie françoise, à qui la perte de ce grand homme fut également sensible, crut ne la pouvoir mieux réparer que par le choix d'un frère qui lui étoit cher, et qui marchoit glorieusement sur ses traces. On eût dit qu'il s'agissoit d'une succession qui ne regardoit que lui. Il fut élu tout d'une voix, et cet honneur, qui sembloit achever le parallèle des deux frères, fut seul capable de suspendre les larmes de M. Corneille. On ne peut marquer plus de reconnoissance, ni la marquer plus éloquemment qu'il le fit dans le discours qu'il prononça le jour de sa réception. Mais ce qui relève infiniment le mérite de cette journée, c'est la manière dont M. Racine, alors directeur de l'académie, répondit à ce discours. Après avoir décrit cette espèce de chaos où se trouvoit le poëme dramatique, quand M. Corneille l'aîné, à force de lutter contre le mauvais goût de son temps, ramena enfin la raison sur la scène, et l'y fit paroître accompagnée de toute la pompe et de tous les ornements dont elle étoit susceptible, il dit, en s'adressant au nouvel académicien : « Vous auriez pu bien mieux que « moi, monsieur, lui rendre les justes honneurs qu'il « mérite, si vous n'eussiez appréhendé qu'en faisant « l'éloge d'un frère avec qui vous avez tant de confor- « mité, il ne sembloit que vous fissiez votre propre « éloge. » Il ajoute que « c'est une si heureuse confor- « mité qui lui a concilié toutes les voix pour remplir « sa place, et pour rendre à l'académie, avec le même « nom, le même esprit, le même enthousiasme, la

« même modestie et les mêmes vertus. » Quel poids ces paroles n'avoient-elles point dans la bouche de M. Racine! Il parloit de ses rivaux.

L'utilité publique devint alors l'objet particulier des travaux de M. Corneille. Il entreprit de donner une nouvelle édition des *Remarques de Vaugelas*, avec des notes qui faciliteroient l'intelligence de chaque article, et qui expliqueroient les changements arrivés dans la langue depuis que ces remarques avoient été faites.

L'ouvrage parut en 2 vol. *in*-12, au commencement de l'année 1687; et M. Corneille, qui jusque-là n'avoit peut-être passé que pour poète, fut bientôt reconnu pour un excellent grammairien. On admira sur-tout comment un homme qui s'étoit exercé toute sa vie sur des sujets pompeux ou amusants, et qui les avoit toujours traités avec une certaine facilité qui faisoit le principal caractère de son esprit, étoit entré tout d'un coup, et avec tant de précision, dans ce détail épineux de particules et de constructions, que l'on peut en quelque sorte appeler l'anatomie du langage.

Le succès de cette entreprise le conduisit à quelque chose de plus grand. L'académie françoise faisoit imprimer son Dictionnaire, où elle n'avoit pas jugé à propos de rapporter les termes des arts et des sciences, qui, quoique plus ignorés que les simples termes de la langue, demandoient au fond une discussion qui étoit moins de son objet. M. Corneille se chargea d'en faire un Dictionnaire particulier, en manière de supplément, et y travailla avec une telle assiduité, qu'il parut en 1694, en même temps que celui de l'académie, quoiqu'il fût de même en 2 vol. *in-fol.* Le public les a reçus avec une égale reconnoissance; et, les mettant toujours à la suite l'un de l'autre, il s'explique assez en faveur de M. Corneille, pour nous dispenser d'en dire davantage.

Trois ans après, c'est-à-dire en 1697, il donna une traduction en vers des quinze livres des *Métamorphoses*, dont il n'avoit autrefois publié que les six premiers. De tous les ouvrages qui nous restent des anciens poètes, il n'y en a point dont la matière soit plus diversifiée, et dont l'utilité soit plus connue : aussi presque toutes les nations se sont empressées à le traduire ; les Grecs même n'ont pas dédaigné de le mettre en vers dans leur langue. Mais Ovide, qui s'arrête volontiers sur les endroits de la fable qui présentent des images riantes à la poésie, passe légèrement sur beaucoup de circonstances que personne peut-être n'ignoroit de son temps, et que très peu de gens savent aujourd'hui.

M. Corneille y a suppléé par le commentaire du monde le plus ingénieux; il a inséré dans ces sortes d'endroits quelques vers surnuméraires, qui, répandant un nouveau jour sur la fable, en continuent si bien le sens, qu'on a peine à s'apercevoir qu'ils y soient ajoutés. C'est là le premier avantage : voici le second. Ces vers sont imprimés d'un caractère différent, et on peut les passer sans interrompre la liaison naturelle de ce qui précède et de ce qui suit. Ainsi il y a des notes pour ceux qui en ont besoin; c'est une traduction simple pour les autres, et un agrément particulier pour tous.

Quand il plut au roi d'augmenter par un nouveau réglement l'académie des Inscriptions, M. Corneille y fut appelé comme un sujet des plus utiles et des plus zélés : il l'étoit en effet. Son âge déja fort avancé ne l'empêchoit point de se rendre très régulièrement aux assemblées. Il perdit la vue bientôt après; mais cet accident si fâcheux ne diminua rien de son assiduité. D'autres infirmités succédant insensiblement à la perte de ses yeux, on le déchargea des travaux de l'Académie, dont l'entrée, droit de suffrage, et toutes les autres prérogatives lui furent conservées sous le titre de vétéran.

M. Corneille, tout aveugle qu'il étoit, et accablé sous le poids des années, ne laissa pas de faire encore d'heureux efforts en faveur du public. Il lui donna d'abord les nouvelles observations de l'Académie françoise sur *Vaugelas*, qu'il avoit exactement recueillies. Il mit ensuite sous la presse son grand *Dictionnaire Géographique*, qui l'occupoit depuis quinze ans, et qui n'a été achevé d'imprimer qu'un an avant sa mort. Ce recueil, qui est en trois volumes *in-folio*, est le plus ample que nous ayons en ce genre. Il contient non seulement une infinité d'articles que l'on chercheroit en vain dans les autres dictionnaires; mais on y trouve de plus, dans les articles communs, des circonstances et des particularités qui, les rendant beaucoup plus étendus, les rendent beaucoup plus curieux. Il en corrigea lui-même toutes les épreuves; il avoit dressé exprès un lecteur, dont il s'étoit rendu la prononciation si familière, qu'à l'entendre lire il jugeoit parfaitement des moindres fautes qui s'étoient glissées dans la ponctuation ou dans l'orthographe.

Dès que l'impression de cet ouvrage fut achevée, M. Corneille se retira à Andely, petite ville de Normandie, où il avoit du bien. Il y mourut la nuit du 8 au 9 du mois de décembre dernier 1709, âgé de quatre-vingt-quatre ans, trois mois et quelques jours.

Il avoit joui toute sa vie, si l'on en excepte les cinq ou six dernières années, d'une santé égale et robuste, malgré son application continuelle au travail. Il est vrai que personne ne travailloit avec tant de facilité. On dit qu'*Ariane*, sa tragédie favorite, ne lui avoit coûté que dix-sept jours, et qu'il n'en avoit donné que vingt-deux à quelques autres. Il étoit d'une conversation aisée, ses expressions vives et naturelles la rendoient légère sur quelque sujet qu'elle roulât. Il avoit conservé une politesse surprenante jusque dans ces derniers temps où l'âge sembloit devoir l'affranchir de beaucoup d'attentions; et à cette politesse, il joignoit un cœur tendre qui se livroit aisément à ceux qu'il sentoit être du même caractère.

Pénétré des vérités de la religion, il en remplissoit les devoirs avec la dernière exactitude, mais sans aucune affectation. Très sincèrement modeste, il n'avoit jamais voulu profiter des occasions favorables de se montrer à la cour, ni chez les grands; et toujours empressé à louer le mérite d'autrui, on l'a vu plusieurs fois se dérober aux applaudissements que le sien lui attiroit. Il aimoit sur toutes choses une vie tranquille, quelque obscure qu'elle pût être, bienfaisant d'ailleurs, généreux, libéral même dans la plus médiocre fortune. Tous ceux qui l'ont connu le regrettent, comme si la mort l'eût enlevé à la fleur de son âge; car la vertu ne vieillit point.

FIN DE L'ÉLOGE DE THOMAS CORNEILLE.

LISTE

DES PIÈCES DE THÉATRE

DE TH. CORNEILLE.

Les Engagements du Hasard, comédie en cinq actes, en vers, dédiée à M.....; représentée en 1647, *in*-12.

Le Feint Astrologue, comédie en cinq actes, en vers, dédiée à M. B. Q. R. J.; représentée en 1648, *in*-12.

Dom Bertrand de Cigaral, comédie en cinq actes, en vers, dédiée à M.....; représentée en 1650, *in*-12.

L'Amour a la mode, comédie en cinq actes, en vers; représentée en 1653, *in*-12.

Le Berger extravagant, pastorale burlesque, en cinq actes, en vers; représentée en 1654, *in*-12.

Le Charme de la Voix, comédie en cinq actes, en vers; représentée en 1655, *in*-12.

Le Geolier de soi-même, comédie en cinq actes, en vers, dédiée à S. A. R. Mademoiselle; représentée en 1657, *in*-12.

Les Illustres Ennemis, comédie en cinq actes, en vers, dédiée à Madame la Comtesse de Fiesque; 1654.

Timocrate, tragédie, dédiée à Monseigneur le Duc

de Guise, 1656. C'est pour cette pièce que les comédiens, voyant qu'après quatre-vingts représentations le public y alloit encore avec le même empressement, demandèrent permission au parterre de ne plus la donner.

Bérénice, tragédie, dédiée à Madame la Comtesse de Noailles, en 1657.

La Mort de l'Empereur Commode, tragédie, dédiée à Monseigneur Fouquet; 1658.

Darius, tragédie, dédiée à M. de Ris; 1660.

Stilicon, tragédie, dédiée au Cardinal de Mazarin; 1660.

Le Galant doublé, comédie en cinq actes, en vers; 1660.

Camma, Reine de Galatie, tragédie, dédiée à S. A. S. Monseigneur le Duc; 1661.

Maximien, tragédie, dédiée à S. A. R. Monsieur, frère unique du Roi; 1662.

Pyrrhus, Roi d'Épire, tragédie; 1661.

Persée et Démétrius, tragédie; 1662.

Antiochus, fils de Séleucus, Roi de Syrie, tragédie; 1666.

Laodice, Reine de Cappadoce, tragédie; 1668.

Le Baron d'Albicrac, comédie en cinq actes, en vers; 1668.

La Mort d'Annibal, tragédie, dédiée à M. le Marquis de Seignelay, Secrétaire d'État; 1669.

La Comtesse d'Orgueil, comédie en cinq actes, en vers, dédiée à M....; 1670.

Théodat, tragédie; 1672.

Le Festin de Pierre, comédie en cinq actes, en vers; 1672. C'est celle de Molière que Corneille a mise en vers, en y adoucissant quelques expressions trop fortes, et en y ajoutant les scènes du troisième et du cinquième acte, où il fait parler des femmes.

Ariane, tragédie; 1672.

La Mort d'Achille, tragédie; 1673.

Dom César d'Avalos, comédie en cinq actes, en vers; 1674.

Circé, tragédie; 1675.

L'Inconnu, comédie en cinq actes, en vers, mêlée d'ornements et de musique; 1675.

Le Comte d'Essex, tragédie; 1678.

La Devineresse, comédie en cinq actes, en prose, faite avec M. Devisé, représentée en 1679; imprimée à Paris, C. Blageart, 1680, in-12.

Les Dames vengées, ou la Dupe de soi-même, comédie en cinq actes, en prose, représentée en 1682; imprimée à Paris, Michel Brunet, 1695, in-12.

Bradamante, tragédie, représentée en 1695; imprimée à Paris, Guillaume de Luynes, 1696, in-12.

Le Triomphe des Dames, comédie en cinq actes, mêlée d'ornements, avec l'explication du combat à la barrière et de toutes les devises, par Th. Corneille; représentée en 1676. *Paris*, Jean Ribou, 1676, *in-4°*.

On n'a qu'un programme fort long de chaque acte de cette piéce, et les vers qui forment une espéce de divertissement.

LA PIERRE PHILOSOPHALE, comédie en cinq actes (vraisemblablement en prose); représentée le 22 février 1681. Le programme seul en a été imprimé, à Paris, chez Blageart, 1681, *in-4°*. Cette piéce, à laquelle on croit que Devisé a travaillé, tomba tout net; elle n'eut que deux représentations, et encore à la seconde n'y avoit-il personne.

FIN DE LA LISTE DES PIÈCES DE THÉATRE.

ARIANE,
TRAGÉDIE.
1672.

PRÉFACE DE VOLTAIRE.

Un grand nombre d'amateurs du théâtre ayant demandé qu'on joignît aux OEuvres dramatiques de P. Corneille l'*Ariane* et l'*Essex* de Th. Corneille, son frère, accompagnées aussi de commentaires, on n'a pu se refuser à ce travail.

Thomas Corneille était cadet de Pierre d'environ vingt années. Il a fait trente-trois pièces de théâtre, aussi bien que son aîné. Toutes ne furent pas heureuses; mais *Ariane* eut un succès prodigieux en 1672, et balança beaucoup la réputation du *Bajazet* de Racine, qu'on jouait en même temps, quoique assurément *Ariane* n'approche pas de *Bajazet :* mais le sujet était heureux. Les hommes, tout ingrats qu'ils sont, s'intéressent toujours à une femme tendre, abandonnée par un ingrat; et les femmes qui se retrouvent dans cette peinture pleurent sur elles-mêmes.

Presque personne n'examine à la représentation si la pièce est bien faite et bien écrite : on est touché; on a eu du plaisir pendant une heure; ce plaisir même est rare; et l'examen n'est que pour les connaisseurs.

On rapporte, dans la *Bibliothèque des théâtres*, qu'*Ariane* fut faite en quarante* jours. Je ne suis pas étonné de cette rapidité dans un homme qui a l'habitude des vers, et qui est plein de son sujet. On peut aller vite quand on se permet des vers prosaïques, et qu'on sacrifie tous les personnages à un seul. Cette pièce est au rang de celles qu'on joue souvent, lorsqu'une actrice veut se distinguer par un rôle capable de la faire valoir. La situation est très touchante. Une femme qui a tout fait pour Thésée, qui l'a tiré du plus grand péril, qui s'est sacrifiée pour lui, qui se croit aimée, qui mérite de l'être, qui se voit trahie par sa sœur, et abandonnée par son amant, est un des plus heureux sujets de l'antiquité. Il est bien plus intéressant que la Didon de Virgile; car Didon a bien moins fait pour Énée, et n'est point trahie par sa sœur : elle n'éprouve point d'infidélité, et il n'y avait peut-être pas là de quoi se brûler.

Il est inutile d'ajouter que ce sujet vaut infini-

---

* Dans la notice, en forme d'éloge, qui précède, on dit qu'il fit cette pièce en dix-sept jours.

ment mieux que celui de *Médée*. Une empoisonneuse, une meurtrière ne peut toucher des cœurs et des esprits bien faits.

Thomas Corneille fut plus heureux dans le choix de ce sujet, que son frère ne le fut dans aucun des siens depuis *Rodogune;* mais je doute que Pierre Corneille eût mieux fait le rôle d'Ariane que son frère. On peut remarquer, en lisant cette tragédie, qu'il y a moins de solécismes et moins d'obscurités que dans les dernières pièces de Pierre Corneille. Le cadet n'avait pas la force et la profondeur du génie de l'aîné; mais il parlait sa langue avec plus de pureté, quoique avec plus de faiblesse. C'était d'ailleurs un homme d'un très grand mérite, et d'une vaste littérature; et, si vous exceptez Racine, auquel il ne faut comparer personne, il était le seul de son temps qui fût digne d'être le premier au-dessous de son frère.

PERSONNAGES.

OENARUS, roi de Naxe.
THÉSÉE, fils d'Égée, roi d'Athènes.
PIRITHOÜS, fils d'Ixion, roi des Lapithes.
ARIANE, fille de Minos, roi de Crète.
PHÈDRE, sœur d'Ariane.
NÉRINE, confidente d'Ariane.
ARCAS, Naxien, confident d'OEnarus.

La scène est dans l'île de Naxe.

ARIANE.

ACTE PREMIER.

SCÈNE I.

OENARUS, ARCAS.

OENARUS.

Je le confesse, Arcas, ma foiblesse redouble [1],
Je ne puis voir ici Pirithoüs sans trouble.
Quelques maux où ma flamme ait dû me préparer,
C'étoit toujours beaucoup que les voir différer.
La princesse avoit beau m'étaler sa constance,
Son hymen reculé flattoit mon espérance;
Et si Thésée avoit et son cœur et sa foi,

---

[1] Ce rôle d'OEnarus est visiblement imité de celui d'Antiochus dans *Bérénice*, et c'est une mauvaise copie d'un original défectueux par lui-même. De pareils personnages ne peuvent être supportés qu'à l'aide d'une versification toujours élégante, et de ces nuances de sentiment que Racine seul a connues.

Le confident d'OEnarus avoue que sans doute Ariane est *belle*. OEnarus a vu Thésée rendre *quelques soins à Mégiste et à Cyane;* cela l'a flatté *du côté d'Ariane*. C'est un amour de comédie, dans le style négligé de la comédie.

Contre elle, contre lui, le temps étoit pour moi.
De ce foible secours Pirithoüs me prive;
Par lui de mon malheur l'instant fatal arrive.
Cet ami, si long-temps de Thésée attendu,
Pour partager sa joie en ces lieux s'est rendu;
Il vient être témoin du bonheur de sa flamme.
Ainsi plus de remise; il faut m'arracher l'ame,
Et me soumettre enfin au tourment sans égal
De voir tout ce que j'aime au pouvoir d'un rival.

ARCAS.

Ariane vous charme, et sans doute elle est belle [1];
Mais, seigneur, quand l'amour vous a parlé pour elle,
Avez-vous ignoré que déja d'autres feux
La mettoient hors d'état de répondre à vos vœux?
Sitôt que dans cette île, où les vents la poussèrent,
Aux yeux de votre cour ses beautés éclatèrent,
Vous sûtes que Thésée avoit par son secours
Du labyrinthe en Crète évité les détours,

---

[1] Ce vers, et tous ceux qui sont dans ce goût, prouvent assez ce que dit Riccoboni, que la tragédie en France est la fille du roman. Il n'y a rien de grand, de noble, de tragique, à aimer une femme parcequ'*elle est belle*. Il faudrait du moins relever ces petitesses par l'élégance de la poésie.

Que le lecteur dépouille seulement de la rime les vers suivants : *Vous sûtes que Thésée avoit, par le secours d'Ariane, évité les détours du labyrinthe en Crète, et que, pour reconnoître un si fidèle amour, il fuyoit avec elle, vainqueur du Minotaure. Quelle espérance vous laissoient des nœuds si bien formés?* Voyez non seulement combien ce discours est sec et languissant, mais à quel point il pèche contre la régularité.

Éviter les détours du labyrinthe en Crète. Thésée n'évita pas les détours du labyrinthe en Crète, puisqu'il fallait nécessairement

Et que pour reconnoître une amour si fidèle[1],
Vainqueur du Minotaure, il fuyoit avec elle.
Quel espoir vous laissoient des nœuds si bien formés[2]?

passer par ces détours. La difficulté n'était pas de les éviter, mais de sortir en ne les évitant pas. Virgile dit :

Hic labor, illa domus, et inextricabilis error.

Ovide dit :

Ducit in errorem variarum ambage viarum.

Racine dit :

Par vous auroit péri le monstre de la Crète,
Malgré tous les détours de sa vaste retraite.
Pour en développer l'embarras incertain,
Ma sœur du fil fatal eût armé votre main.

Voilà des images, voilà de la poésie, et telle qu'il la faut dans le style tragique.

[1] On ne reconnaît point un amour comme on reconnaît un service, un bienfait. *Si fidèle* n'est pas le mot propre. Ce n'est point comme fidèle, c'est comme passionnée qu'Ariane donna le fil à Thésée.

[2] Un nœud est-il bien formé parcequ'on s'enfuit avec une femme? Cette expression lâche, triviale, vague, n'exprime pas ce qu'on doit exprimer. Examinez ainsi tous les vers, vous n'en trouverez que très peu qui résistent à une critique exacte. Cette négligence dans le style, ou plutôt cette platitude, n'est presque pas remarquée au théâtre : elle est sauvée par la rapidité de la déclamation; et c'est ce qui encourage tant d'auteurs à se négliger, à employer des termes impropres, à mettre presque toujours le boursoufflé à la place du naturel, à rimer en épithètes, à remplir leurs vers de solécismes, ou de façons de parler obscures qui sont pires que des solécismes : pour peu qu'il y ait dans leurs pièces deux ou trois situations intéressantes, ils sont contents. Nous avons déja dit que nous n'avons pas depuis Racine une tragédie bien écrite d'un bout à l'autre.

Ils étoient l'un de l'autre également charmés :
Chacun d'eux l'avouoit; et vous-même en cette île,
Contre le fier Minos leur promettant asile,
Vous les pressiez d'abord d'avancer l'heureux jour
Qui devoit par l'hymen couronner leur amour.

OENARUS.

Que n'ont-ils pu me croire! ils m'auroient vu sans peine
Consentir à ces nœuds dont l'image me gêne.
Quoique alors Ariane eût les mêmes appas,
On résiste aisément quand on n'espère pas;
Et du moins je n'eusse eu, pour sauver ma franchise,
Qu'à vaincre de mes sens la première surprise.
Mais si mon triste cœur à l'amour s'est rendu,
Thésée en est la cause, et lui seul m'a perdu.
Sans songer quels honneurs l'attendent dans Athènes,
Ici depuis trois mois il languit dans ses chaînes;
Et, quoi que dans l'hymen il dût trouver d'appas,
Pirithoüs absent, il ne les goûtoit pas.
Pour en choisir le jour il a fallu l'attendre.
C'est beaucoup d'amitié pour un amour si tendre.
Ces délais démentoient un cœur bien enflammé.
Et qui n'auroit pas cru qu'il n'auroit point aimé?
Voilà sur quoi mon ame à l'espoir enhardie
S'est peut-être en secret un peu trop applaudie.
Les plus charmants objets qui brillent dans ma cour
Sembloient chercher Thésée, et briguer son amour.
Il rendoit quelques soins à Mégiste, à Cyane;
Tout cela me flattoit du côté d'Ariane;
Et j'allois quelquefois jusqu'à m'imaginer
Qu'il dédaignoit un bien qu'il n'osoit me donner.

ACTE I, SCÈNE I.

ARCAS.

Dans l'étroite amitié qui depuis tant d'années
De deux amis si chers unit les destinées,
Il n'est pas surprenant que, malgré de beaux feux,
Thésée ait jusqu'ici refusé d'être heureux :
C'est de quoi mieux goûter le fruit de sa victoire,
Qu'avoir Pirithoüs pour témoin de sa gloire.
Mais, seigneur, Ariane a-t-elle en son amant
Blâmé pour un ami ce trop d'empressement?
En avez-vous trouvé plus d'accès auprès d'elle?

OENARUS.

C'est là ma peine, Arcas : Ariane est fidéle.
Mes languissants regards, mes inquiets soupirs,
N'ont que trop de ma flamme expliqué les desirs.
C'étoit peu; j'ai parlé. Mais pour l'heureux Thésée
D'un feu si violent son ame est embrasée,
Qu'elle a toujours depuis appliqué tous ses soins
A fuir l'occasion de me voir sans témoins.
Phédre sa sœur, qui sait les peines que j'endure,
Soulage en m'écoutant ma funeste aventure;
Et, comme il ne faut rien pour flatter un amant,
Je m'obstine par elle, et chéris mon tourment.

ARCAS.

Avec un tel secours vous êtes moins à plaindre.
Mais Phédre est sans amour, et d'un mérite à craindre :
Vous la voyez souvent; et j'admire, seigneur,
Que sa beauté n'ait rien qui touche votre cœur.

OENARUS.

Vois par là de l'amour le bizarre caprice.
Phédre dans sa beauté n'a rien qui n'éblouisse;

Les charmes de sa sœur sont à peine aussi doux;
Je n'ai qu'à dire un mot pour en être l'époux:
Cependant, quoique aimable, et peut-être plus belle,
Je la vois, je lui parle, et ne sens rien pour elle.
Non, ce n'est ni par choix, ni par raison d'aimer,
Qu'en voyant ce qui plaît on se laisse enflammer :
D'un aveugle penchant le charme imperceptible [1]
Frappe, saisit, entraîne, et rend un cœur sensible;
Et, par une secréte et nécessaire loi,
On se livre à l'amour sans qu'on sache pourquoi.
Je l'éprouve au supplice où le ciel me condamne.
Tout me parle pour Phédre, et tout contre Ariane,
Et, quoi que sur le choix ma raison ait de jour,
L'une a ma seule estime, et l'autre mon amour.

[1] Ces vers sont une imitation de *Rodogune :*

> Il est des nœuds secrets, il est des sympathies,
> Dont par le doux rapport les ames assorties.....

Et de ces vers de *la Suite du Menteur :*

> Quand les arrêts du ciel nous ont faits l'un pour l'autre,
> Lise, c'est un accord bientôt fait que le nôtre, etc.

Redisons toujours que ces vers d'idylle, ces petites maximes d'amour, conviennent peu au dialogue de la tragédie; que toute maxime doit échapper au sentiment du personnage; qu'il peut, par les expressions de son amour, dire rapidement un mot qui devienne maxime, mais non pas être un parleur d'amour.

C'est ici qu'il ne sera pas inutile d'observer encore que *ces lieux communs de morale lubrique,* que Despréaux a tant reprochés à Quinault, se trouvent dans des ariettes détachées, où elles sont bien placées, et que jamais le personnage de la scène ne prononce une maxime qu'à propos, tantôt pour faire pressentir sa passion, tantôt pour la déguiser. Ces maximes sont toujours courtes, na-

ACTE I, SCÈNE I.

ARCAS.

Mais d'un pareil amour n'êtes-vous pas le maître,
Qui peut tout ose tout.

OENARUS.

Que me fais-tu connoître!
L'ayant reçue ici, j'aurois la lâcheté
De violer les droits de l'hospitalité!
Quand je m'y résoudrois, quel espoir pour ma flamme?
En la tyrannisant, toucherois-je son ame?
Thésée est un héros fameux par tant d'exploits,
Qu'auprès d'elle en mérite il efface les rois.
Son cœur est tout à lui, j'en connois la constance:
Et nous ferions en vain agir la violence.
Ainsi par mon respect, au défaut d'être aimé,

---

turelles, bien exprimées, convenables au personnage et à sa situation; mais, quand une fois la passion domine, alors plus de ces sentences amoureuses. Arcabone dit à son frère:

>   Vous m'avez enseigné la science terrible
>   Des noirs enchantements qui font pâlir le jour;
>   Enseignez-moi, s'il est possible,
>   Le secret d'éviter les charmes de l'amour.

Elle ne cherche point à discuter la difficulté de vaincre cette passion, à prouver que l'amour triomphe des cœurs les plus durs.

Armide ne s'amuse point à dire en vers faibles:

>   Non, ce n'est point par choix, ni par raison d'aimer,
>   Qu'en voyant ce qui plait on se laisse enflammer.

Elle dit, en voyant Renaud:

>   Achevons.... Je frémis.... Vengeons-nous.... Je soupire.

L'amour parle en elle, et elle n'est point parleuse d'amour.

Méritons jusqu'au bout de m'en voir estimé.
Par d'illustres efforts les grands cœurs se connoissent;
Et malgré mon amour.... Mais les princes paroissent.

SCÈNE II.

OENARUS, THÉSÉE, PIRITHOÜS, ARCAS.

OENARUS.
Enfin voici ce jour si long-temps attendu :
Pirithoüs dans Naxe à Thésée est rendu;
Et, quand un heureux sort permet qu'il le revoie,
Il n'est pas malaisé de juger de sa joie.
Après un tel bonheur rien ne manque à sa foi.

PIRITHOÜS.
Cette joie est encor plus sensible pour moi,
Seigneur; et plus Thésée a pendant mon absence
D'un destin rigoureux souffert la violence,
Plus c'est pour ma tendresse un aimable transport
D'embrasser un ami dont j'ai pleuré la mort.
Qui l'eût cru, que, du sort le choix illégitime
L'ayant au Minotaure envoyé pour victime,
Il dût, par un triomphe à jamais glorieux,
Affranchir son pays d'un tribut odieux?
Sur le bruit qui rendoit ces nouvelles certaines,
L'espoir de son retour m'attira dans Athènes;
Et par un ordre exprès ce fut là que je sus
Qu'il attendoit ici son cher Pirithoüs.
Soudain je vole à Naxe, où de sa renommée
Mon ame à le revoir est d'autant plus charmée,

ACTE I, SCÈNE II.

Que, tout comblé qu'il est des faveurs d'un grand roi,
Même zéle toujours l'intéresse pour moi.

OENARUS.

Que Thésée est heureux! Tandis qu'il peut attendre
Tous les biens que promet l'amitié la plus tendre,
Du plus parfait amour les favorables nœuds
N'ont rien qu'un bel objet n'abandonne à ses vœux.

THÉSÉE.

Il ne faut pas juger sur ce qu'on voit paroître,
Seigneur: on n'est heureux qu'autant qu'on le croit être.
Vous m'accablez de biens; et quand je vous dois tant,
Ne pouvant m'acquitter, je ne vis point content.

OENARUS.

Ce que j'ai fait pour vous vaut peu que l'on y pense.
Mais si j'en attendois quelque reconnoissance,
Prince, me dussiez-vous et la vie et l'honneur,
Il seroit un moyen....

THÉSÉE.

Quel? Achevez, seigneur.
J'offre tout; et déja mon cœur céde à la joie
De penser....

OENARUS.

Vous voulez en vain que je le croie.
Cessez d'avoir pour moi des soins trop empressés;
Il vous en coûteroit plus que vous ne pensez.

THÉSÉE.

Doutez-vous de mon zéle? et....

OENARUS.

Non; je me condamne..
Aimez Pirithoüs, possédez Ariane.

Un ami si parfait.... de si charmants appas[1]....
J'en dis trop. C'est à vous de ne m'entendre pas :
Ma gloire le veut, prince, et je vous le demande.

SCÈNE III.

PIRITHOÜS, THÉSÉE.

PIRITHOÜS.

Je ne sais si le roi ne veut pas qu'on l'entende ;
Mais au nom d'Ariane un peu trop de chaleur
Me fait craindre pour vous le trouble de son cœur.
Songez-y. S'il falloit qu'épris d'amour pour elle....

THÉSÉE.

Sa passion est forte, et ne m'est pas nouvelle ;
Je la sus dès l'instant qu'il s'en laissa charmer ;
Mais ce n'est pas un mal qui me doive alarmer.

PIRITHOÜS.

Il est vrai qu'Ariane auroit lieu de se plaindre,
Si, chéri sans réserve, elle vous voyoit craindre.
Je viens de lui parler, et je ne vis jamais
Pour un illustre amant de plus ardents souhaits.
C'est un amour pour vous si fort, si pur, si tendre,
Que, quoi que pour vous plaire il fallût entreprendre,
Son cœur, de cette gloire uniquement charmé....

---

[1] Qui ne sent dans toute cette scène, et sur-tout en cet endroit, la pusillanimité de ce rôle ? *Avec ces charmants appas!* Pourquoi ce pauvre roi dit-il ainsi son secret à Thésée ? On laisse échapper les sentiments de son cœur devant sa maîtresse, mais non pas devant son rival.

ACTE I, SCÈNE III.

THÉSÉE.

Hélas! et que ne puis-je en être moins aimé!
Je ne me verrois pas dans l'état déplorable
Où me réduit sans cesse un amour qui m'accable,
Un amour qui ne montre à mes sens désolés....
Le puis-je dire?

PIRITHOÜS.

O dieux! est-ce vous qui parlez?
Ariane en beauté par-tout si renommée,
Aimant avec excès, ne seroit point aimée!
Vous seriez insensible à de si doux appas!

THÉSÉE.

Ils ont de quoi toucher, je ne l'ignore pas[1] :
Ma raison, qui toujours s'intéresse pour elle,
Me dit qu'elle est aimable, et mes yeux qu'elle est belle.
L'amour sur leur rapport tâche de m'ébranler :
Mais, quand le cœur se tait, l'amour a beau parler;
Pour engager ce cœur ses amorces sont vaines,
S'il ne court de lui-même au-devant de ses chaînes,

---

[1] Ces vers, qui sont d'un bouquet à Iris, et *Ariane en beauté par-tout si renommée*, et *l'amour qui tâche d'ébranler Thésée sur le rapport de ses yeux*, et cet *amour qui a beau parler quand le cœur se tait*, font de Thésée un héros de *Clélie*. Les raisonnements d'aimer ou n'aimer pas achèvent de gâter cette scène, qui d'ailleurs est bien conduite; mais ce n'est pas assez qu'une scène soit raisonnable; ce n'est que remplir un devoir indispensable : et quand il n'est question que d'amour, tout est froid et petit sans le style de Racine. Cette scène sur-tout manque de force; les combats du cœur y étaient nécessaires. Thésée, perfide envers une princesse à qui il doit sa vie et sa gloire, devrait avoir plus de remords.

Et ne confond d'abord, par ses doux embarras,
Tous les raisonnements d'aimer ou n'aimer pas.
PIRITHOÜS.
Mais vous souvenez-vous que, pour sauver Thésée,
La fidèle Ariane à tout s'est exposée?
Par là du labyrinthe heureusement tiré....
THÉSÉE.
Il est vrai; tout sans elle étoit désespéré :
Du succès attendu son adresse suivie,
Malgré le sort jaloux, m'a conservé la vie;
Je la dois à ses soins. Mais par quelle rigueur
Vouloir que je la paie aux dépens de mon cœur?
Ce n'est pas qu'en secret l'ardeur d'un si beau zéle
Contre ma dureté n'ait combattu pour elle :
Touché de son amour, confus de son éclat,
Je me suis mille fois reproché d'être ingrat;
Mille fois j'ai rougi de ce que j'ose faire.
Mais mon ingratitude est un mal nécessaire;
Et l'on s'efforce en vain, par d'assidus combats,
A disposer d'un cœur qui ne se donne pas.
PIRITHOÜS.
Votre mérite est grand, et peut l'avoir charmée;
Mais quand elle vous aime elle se croit aimée.
Ainsi vos vœux d'abord auront flatté sa foi,
Et vous aurez juré....
THÉSÉE.
Qui n'eût fait comme moi?
Pour me suivre Ariane abandonnoit son père;
Je lui devois la vie; elle avoit de quoi plaire;
Mon cœur sans passion me laissoit présumer

ACTE I, SCÈNE III.

Qu'il prendroit, à mon choix, l'habitude d'aimer.
Par là ce qu'il donnoit à la reconnoissance
De l'amour auprès d'elle eut l'entière apparence.
Pour payer ce qu'au sien je voyois être dû,
Mille devoirs.... Hélas! c'est ce qui m'a perdu.
Je les rendois d'un air à me tromper moi-même,
A croire que déja ma flamme étoit extrême,
Lorsqu'un trouble secret me fit apercevoir
Que souvent, pour aimer, c'est peu que le vouloir.
Phèdre à mes yeux surpris à toute heure exposée....

PIRITHOÜS.

Quoi! la sœur d'Ariane a fait changer Thésée?

THÉSÉE.

Oui, je l'aime; et telle est cette brûlante ardeur,
Qu'il n'est rien qui la puisse arracher de mon cœur.
Sa beauté, pour qui seule en secret je soupire,
M'a fait voir de l'amour jusqu'où s'étend l'empire;
Je l'ai connu par elle, et ne m'en sens charmé
Que depuis que je l'aime et que j'en suis aimé.

PIRITHOÜS.

Elle vous aime?

THÉSÉE.

Autant que je le puis attendre
Dans l'intérêt du sang qu'une sœur lui fait prendre.
Comme depuis long-temps l'amitié qui les joint
Forme entre elles des nœuds que l'amour ne rompt point,
Elle a quelquefois peine à contraindre son ame
De laisser sans scrupule agir toute sa flamme;
Et voudroit, pour montrer ce qu'elle sent pour moi,
Qu'Ariane eût cessé de prétendre à ma foi.

Cependant, pour ôter toute la défiance
Qu'auroit donné le cours de notre intelligence,
Naxe a peu de beautés pour qui des soins rendus
Ne me semblent coûter quelques soupirs perdus :
Cyane, Églé, Mégiste, ont part à cet hommage.
Ariane le voit, et n'en prend point d'ombrage ;
Rien n'alarme son cœur : tant ce que je lui doi
Contre ma trahison lui répond de ma foi !

PIRITHOÜS.

Ces devoirs partagés ont trop d'indifférence
Pour vous faire aisément soupçonner d'inconstance.
Mais, quand depuis trois mois vous m'avez attendu,
Ne vous déclarant point, qu'avez-vous prétendu ?

THÉSÉE.

Flatter l'espoir du roi, donner temps à sa flamme
De pouvoir, malgré lui, tyranniser son ame,
Gagner l'esprit de Phédre, et me débarrasser
D'un hymen dont peut-être on m'auroit pu presser.

PIRITHOÜS.

Mais me voici dans Naxe ; et, quoi qu'on puisse faire,
Votre infidélité ne sauroit plus se taire.
Quel prétexte auriez-vous encore à différer ?

THÉSÉE.

Je me suis trop contraint, il faut me déclarer.
Quoi que doive Ariane en ressentir de peine,
Il faut lui découvrir que son hymen me gêne,
Et, pour punir mon crime et se venger de moi,
La porter, s'il se peut, à faire choix du roi.
Vous seul, car de quel front lui confesser moi-même
Qu'en moi c'est un ingrat, un parjure qu'elle aime ?....

ACTE I, SCÈNE III.

Non, vous lui peindrez mieux l'embarras de mon cœur.
Parlez; mais gardez bien de lui nommer sa sœur.
Savoir qu'une rivale ait mon ame charmée,
La chercher, la trouver dans une sœur aimée,
Ce seroit un supplice, après mon changement,
A faire tout oser à son ressentiment.
Ménagez sa douleur pour la rendre plus lente :
Avouez-lui l'amour, mais cachez-lui l'amante.
Sur qui que ses soupçons puissent ailleurs tomber,
Phédre à sa défiance est seule à dérober.

PIRITHOÜS.

Je tairai ce qu'il faut; mais comme je condamne
Votre ingrate conduite au regard d'Ariane,
N'attendez point de moi que pour vous dégager
Je lui parle du feu qui vous porte à changer.
C'est un aveu honteux qu'un autre lui peut faire.
Cependant, mon secours vous étant nécessaire,
Si sur l'hymen du roi je puis être écouté,
J'appuierai le projet dont je vous vois flatté.
Phédre vient, je vous laisse.

THÉSÉE.

O trop charmante vue !

SCÈNE IV.

THÉSÉE, PHÈDRE.

THÉSÉE.

Eh bien ! à quoi, madame, êtes-vous résolue ?
Je n'ai plus de prétexte à cacher mon secret.

Ne verrez-vous jamais mon amour qu'à regret?
Et quand Pirithoüs, que je feignois d'attendre,
Me contraint à l'éclat qu'il m'a fallu suspendre,
M'aimerez-vous si peu, que, pour le retarder,
Vous me disiez encor que c'est trop hasarder?

PHÈDRE.

Vous pouvez là-dessus vous répondre vous-même[1].
Prince, je vous l'ai dit, il est vrai, je vous aime;
Et, quand d'un cœur bien né la gloire est le secours,
L'avoir dit une fois, c'est le dire toujours.
Je n'examine point si je pouvois sans blâme
Au feu qui m'a surprise abandonner mon ame;
Peut-être à m'en défendre aurois-je trouvé jour:
Mais il entre souvent du destin dans l'amour;
Et, dût-il m'en coûter un éternel martyre,
Le destin l'a voulu, c'est à moi d'y souscrire.
J'aime donc, mais, malgré l'appât flatteur et doux
Des tendres sentiments qui me parlent pour vous,
Je ne puis oublier qu'Ariane exilée
S'est, pour vos intérêts, elle-même immolée;
Qu'aucun amour jamais n'eut tant de fermeté;
Qu'ayant tout fait pour vous, elle a tout mérité;
Et plus l'instant approche où cette infortunée,
Après un long espoir, doit être abandonnée,

---

[1] Phèdre devait là-dessus parler avec plus d'élégance. Cette scène est ennuyeuse, et l'amour de Phèdre et de Thésée déplaît à tout le monde. L'ennui vient de ce qu'on sait qu'ils s'aiment et qu'ils sont d'accord; ils n'ont plus rien alors d'intéressant à se dire. Cette scène pouvait être belle; mais quand Phèdre dit *que la gloire est le secours d'un cœur bien né*, et qu'avoir dit *une fois qu'on aime*, c'est le *dire toujours*, on ne croit pas entendre une tragédie.

Plus un secret remords trouve à me reprocher
Que je lui vole un bien qui lui coûte si cher.
Vous lui devez ce cœur dont vous m'offrez l'hommage;
Vous lui devez la foi que votre amour m'engage;
Vous lui devez ces vœux que déja tant de fois....
THÉSÉE.
Ah! ne me parlez plus de ce que je lui dois.
Pour elle contre vous qu'ai-je oublié de faire?
Quels efforts! J'ai tâché de l'aimer pour vous plaire,
C'est mon crime, et peut-être il m'en faudroit haïr;
Mais vous m'en donniez l'ordre, il falloit obéir.
Il falloit me la peindre aimable, jeune et belle,
Voir son pays quitté, mes jours sauvés par elle:
C'étoit de quoi sans doute assujettir mes vœux
A n'aimer qu'à lui plaire, à m'en tenir heureux.
Mais son mérite en vain sembloit fixer ma flamme;
Un tendre souvenir frappoit soudain mon ame:
Dès le moindre retour vers un charme si doux,
Je cédois au penchant qui m'entraîne vers vous,
Et sentois dissiper par cette ardeur nouvelle
Tous les projets d'amour que j'avois faits pour elle.
PHÈDRE.
J'aurois de ces combats affranchi votre cœur
Si j'eusse eu pour rivale une autre qu'une sœur;
Mais trahir l'amitié dont on la voit sans cesse....
Non, Thésée; elle m'aime avec trop de tendresse.
D'un supplice si rude il faut la garantir;
Sans doute elle en mourroit, je n'y puis consentir.
Rendez-lui votre amour, cet amour qui sans elle
Auroit peut-être dû me demeurer fidéle;

Cet amour qui, toujours trop propre à me charmer,
N'ose....

THÉSÉE.

Apprenez-moi donc à ne vous plus aimer,
A briser ces liens où mon ame asservie
A mis tout ce qui fait le bonheur de ma vie.
Ces feux dont ma raison ne sauroit triompher,
Apprenez-moi comment on les peut étouffer,
Comment on peut du cœur bannir la chère image....
Mais à quel sentiment ma passion m'engage!
Si la douceur d'aimer a pour vous quelque appas,
Me pourriez-vous apprendre à ne vous aimer pas?

PHÈDRE.

Il en est un moyen que ma gloire envisage:
Il faut de votre cœur arracher cette image.
Ma vue étant pour vous un mal contagieux,
Pour dégager ce cœur commencez par les yeux.
Fuyez de mes regards la trop flatteuse amorce;
Plus vous les souffrirez, plus ils auront de force.
Ce n'est qu'en s'éloignant qu'on pare de tels coups:
Si le triomphe est rude, il est digne de vous.
Il est beau d'étouffer ce qui peut trop nous plaire;
D'immoler à sa gloire....

THÉSÉE.

Et le pourrez-vous faire?
Ces traits qu'en votre cœur mon amour a tracés,
Quand vous me verrez moins, seront-ils effacés?
Oublierez-vous si tôt cet ardent sacrifice....

PHÈDRE.

Cruel! pourquoi vouloir accroître mon supplice?

M'accable-t-il si peu qu'il y faille ajouter
Les plaintes d'un amour que je n'ose écouter?
Puisque mon fier devoir le condamne à se taire,
Laissez-moi me cacher que vous m'avez su plaire:
Laissez-moi déguiser à mes chagrins jaloux
Qu'il n'est point d'heur pour moi, point de repos sans vous.
C'est trop: déja mon cœur, à ma gloire infidéle,
De mes sens mutinés suit le parti rebelle;
Il se trouble, il s'emporte; et dès que je vous voi,
Ma tremblante vertu ne répond plus de moi.

THÉSÉE.

Ah! puisqu'en ma faveur l'amour fait ce miracle,
Oubliez qu'une sœur y voudra mettre obstacle.
Pourquoi, pour l'épargner, trahir un si beau feu?

PHÈDRE.

Mais sur quoi vous flatter d'obtenir son aveu?
Sachant que vous m'aimez....

THÉSÉE.

     C'est ce qu'il lui faut taire.
Sa fuite de Minos allume la colère:
Pour s'en mettre à couvert elle a besoin d'appui.
Le roi l'aime; faisons qu'elle s'attache à lui,
Et qu'acceptant sa main au défaut de la mienne
Elle souffre en ces lieux qu'un trône la soutienne.
Quand un nouvel amour, par l'hymen établi,
M'aura par l'habitude attiré son oubli,
Qu'elle verra pour moi son mépris nécessaire,
Nous pourrons de nos feux découvrir le mystère.
Mais, prêt à la porter à ce grand changement,
J'ai besoin de vous voir enhardir un amant;

De voir que dans vos yeux, quand ce projet me flatte,
En faveur de l'amour un peu de joie éclate;
Que, contre vos frayeurs rassurant votre esprit,
Elle efface....

PHÈDRE.

Allez, prince; on vous aime, il suffit.
Peut-être que sur moi la crainte a trop d'empire.
Suivez ce qu'en secret votre cœur vous inspire;
Et de quoi que le mien puisse encor s'alarmer,
N'écoutez que l'amour, si vous savez aimer.

FIN DU PREMIER ACTE.

ACTE SECOND.

SCÈNE I.

ARIANE, NÉRINE.

NÉRINE.
Le roi de ce refus eût eu lieu de se plaindre,
Madame; vous devez un moment vous contraindre;
Et, quoiqu'en l'écoutant vous ne puissiez douter
Que c'est son amour seul qu'il vous faut écouter,
Votre hymen, dont enfin l'heureux moment s'avance,
Semble vous obliger à cette complaisance.
Il vous perd, et la plainte a de quoi soulager.
ARIANE.
Je sais qu'avec le roi j'ai tout à ménager;
J'aurois tort de l'aigrir. L'asile qu'il nous prête
Contre la violence assure ma retraite.
D'ailleurs, tant de respect accompagne ses vœux,
Que souvent j'ai regret qu'il ne puisse être heureux.
Mais quand d'un premier feu l'ame tout occupée [1]

---

[1] On voit dans ces vers quelque chose du style de Pierre Corneille : ce sont des maximes générales : elles sont justes ; mais disons toujours que les grandes passions ne s'expriment point en maximes. J'ai déja remarqué que vous n'en trouvez pas un seul exemple dans Racine. *Trouver de la douceur à des traits*, n'est pas

ARIANE.

Ne trouve de douceur qu'aux traits qui l'ont frappée,
C'est un sujet d'ennui qui ne peut s'exprimer,
Qu'un amant qu'on néglige, et qui parle d'aimer.
Pour m'en rendre la peine à souffrir plus aisée [1],
Tandis que le roi vient, parle-moi de Thésée:
Peins-moi bien quel honneur je reçois de sa foi;
Peins-moi bien tout l'amour dont il brûle pour moi;
Offre-s-en à mes yeux la plus sensible image.

NÉRINE.

Je crois que de son cœur vous avez tout l'hommage;
Mais au point que de lui je vois vos sens charmés,
C'est beaucoup s'il vous aime autant que vous l'aimez.

ARIANE.

Et puis-je trop l'aimer, quand, tout brillant de gloire,

élégant. *C'est un sujet d'ennui qui ne peut s'exprimer*, est de la prose de comédie. *Un amant qui parle d'aimer*, est un pléonasme faible.

[1] Le premier vers est prosaïque et mal fait. *Parle-moi de Thésée tandis que le roi vient*. Ce vers ne me paraît pas assez passionné; ce *tandis que le roi vient*, semble dire, *parle-moi de Thésée en attendant*. Observez comme Hermione, dans *Andromaque*, dit la même chose avec plus de sentiment et d'élégance :

> Ah! qu'Oreste à son gré m'impute ses douleurs;
> N'avons-nous d'entretien que celui de ses pleurs?
> Pyrrhus revient à nous! Hé bien! chère Cléone,
> Conçois-tu les transports de l'heureuse Hermione?
> Sais-tu quel est Pyrrhus? t'es-tu fait raconter
> Le nombre des exploits? Mais qui les peut compter?
> Intrépide, et partout suivi de la victoire, etc.

Cela est bien supérieur aux *cent monstres dont l'univers a été dégagé par Thésée, et qui se voit purgé d'un mauvais sang*, à ces *victimes prises par Thésée et par Hercule*, etc.

ACTE II, SCÈNE I.

Mille fameux exploits l'offrent à ma mémoire?
De cent monstres par lui l'univers dégagé
Se voit d'un mauvais sang heureusement purgé.
Combien, ainsi qu'Hercule, a-t-il pris de victimes!
Combien vengé de morts! combien puni de crimes!
Procruste et Cercyon, la terreur des humains,
N'ont-ils pas succombé sous ses vaillantes mains?
Ce n'est point le vanter que ce qu'on m'entend dire;
Tout le monde le sait, tout le monde l'admire:
Mais c'est peu; je voudrois que tout ce que je voi
S'en entretînt sans cesse, en parlât comme moi.
J'aime Phédre; tu sais combien elle m'est chère[1] :
Si quelque chose en elle a de quoi me déplaire,
C'est de voir son esprit, de froideur combattu,
Négliger entre nous de louer sa vertu.
Quand je dis qu'il s'acquiert une gloire immortelle,
Elle applaudit, m'approuve: et qui feroit moins qu'elle?
Mais enfin d'elle-même on ne l'entend jamais
De ce charmant héros élever les hauts faits:
Il faut en leur faveur expliquer son silence.

NÉRINE.

Je ne m'étonne point de cette indifférence:
N'ayant jamais aimé, son cœur ne conçoit pas[2]....

ARIANE.

Elle évite peut-être un cruel embarras.

---

[1] Ce sentiment d'Ariane me paraît bien naturel, et en même temps du plus grand art. Le spectateur sent avec un extrême plaisir les raisons du silence de Phédre.

[2] Ce sentiment est encore très touchant, quoique le mot d'*embarras* soit trop faible.

L'amour n'a bien souvent qu'une douceur trompeuse :
Mais vivre indifférente, est-ce une vie heureuse[1] ?

NÉRINE.

Apprenez-le du roi, qui, de vous trop charmé,
Ne souffriroit pas tant s'il n'avoit point aimé.

SCÈNE II.

OENARUS, ARIANE, NÉRINE.

OENARUS.

Ne vous offensez point, princesse incomparable[2],
Si, prêt à succomber au malheur qui m'accable,
Pour la dernière fois j'ai tâché d'obtenir
La triste liberté de vous entretenir.
Je la demande entière; et, quoi que puisse dire
Ce feu qui malgré vous prend sur moi trop d'empire,
Vous pouvez sans scrupule en voir mon cœur atteint,

---

[1] Ce vers serait fort plat, si Ariane parlait d'elle-même; mais elle parle de sa sœur; elle la plaint de ne point aimer, tandis qu'en effet elle aime Thésée. On est déja bien vivement intéressé.

[2] OEnarus joue ici le rôle de l'Antiochus de *Bérénice*; mais il est bien moins raisonnable et bien moins touchant : il a le ridicule de parler d'amour à une princesse dont il sait que Thésée est idolâtré, et qu'il croit que Thésée adore ; et il ne l'a aimée que depuis qu'il a été témoin de leurs amours. Antiochus, au contraire, a aimé Bérénice avant qu'elle se fût déclarée pour Titus, et il ne lui parle que lorsqu'il va la quitter pour jamais. Ce qui rend surtout OEnarus très inférieur à Antiochus, c'est la manière dont il parle.

Thésée a du mérite, et il l'a dit cent fois. Les sens ravis d'OEnarus ont cédé à l'amour dès qu'il a vu Ariane. Il falloit n'en parler

ACTE II, SCÈNE II.

Quand, pour prix de mes maux, je ne veux qu'être plaint.
ARIANE.
Je connois tout l'amour dont votre ame est éprise.
Son excès m'a souvent causé de la surprise;
Et vous ne direz rien que mon cœur interdit
Pour vous-même avant vous ne se soit déja dit.
Tant d'ardeur méritoit que ce cœur, plus sensible
A l'offre de vos vœux, ne fût pas inflexible,
Que d'un si noble hommage il se trouvât charmé;
Mais, quand je vous ai vu, Thésée étoit aimé :
Vous savez son mérite, et le prix qu'il me coûte.
Après cela, seigneur, parlez, je vous écoute.
OENARUS.
Thésée a du mérite, et, je l'ai dit cent fois,
Votre amour eût eu peine à faire un plus beau choix.
Par-tout sa gloire éclate; on l'estime, on l'honore.
Il vous aime, ou plutôt, madame, il vous adore;
Vous le dire à toute heure est son soin le plus doux :
Et qui pourroit moins faire étant aimé de vous?
Après cette justice à sa flamme rendue,
La mienne par pitié sera-t-elle entendue?
Je ne vous redis point que tous mes sens ravis

plus, il l'a fait par respect, il n'a point changé d'ame; il a langui d'amour tout consumé. Il demande, pour *flatter son martyre,* un *mot favorable, et un sincère soupir.*

Ariane répond qu'elle n'est *point ingrate,* que *Thésée se trouve adoré dans son cœur,* que dès la *première fois elle l'a déclaré,* et répète encore, *dès la première fois,* comme si c'était un beau discours à répéter. Ce dialogue, trop négligé, devoit être écrit avec la plus grande finesse. On ne s'aperçoit pas de ces défauts à la représentation; ils choquent à la lecture.

Cédèrent à l'amour sitôt que je vous vis :
Vous l'avez déja su par l'aveu téméraire
Que de ma passion j'osai d'abord vous faire.
Il fallut, pour cesser de vous être suspect,
Ne vous en parler plus : je l'ai fait par respect.
Pour ne vous aigrir pas, d'un rigoureux silence
Je me suis imposé la dure violence ;
Et s'il m'est échappé d'en soupirer tout bas,
C'étoit bien m'en punir que ne m'écouter pas.
Tant de rigueur n'a pu diminuer ma flamme.
Pour vous voir sans pitié, je n'ai point changé d'ame.
J'ai souffert, j'ai langui, d'amour tout consumé,
Madame, et tout cela sans espoir d'être aimé ;
Par vos seuls intérêts vous m'avez été chère :
J'ai regardé l'amour sans chercher le salaire ;
Et même, en ce funeste et dernier entretien,
Prêt peut-être à mourir, je ne demande rien.
Rendez Thésée heureux ; vous l'aimez, il vous aime :
Mais songez, en plaignant mon infortune extrême,
Que vos bienfaits n'ont point sollicité ma foi ;
Que vous n'avez rien fait, rien hasardé pour moi ;
Et que lorsque mon cœur dispose de ma vie,
C'est sans vous la devoir qu'il vous la sacrifie.
Pour prix du pur amour qui le fait soupirer,
S'il étoit quelque grace où je pusse aspirer,
Je vous demanderois, pour flatter mon martyre,
Qu'au moins quand je vous perds vous daignassiez me dire
Que, sans ce premier feu pour vous si plein d'appas,
J'aurois pu par mes soins ne vous déplaire pas.
Pour adoucir les maux où votre hymen m'expose,

ACTE II, SCÈNE II.

Ce que j'ose exiger sans doute est peu de chose;
Mais un mot favorable, un sincère soupir,
Est tout pour qui ne veut que l'entendre, et mourir.

ARIANE.

Seigneur, tant de vertu dans votre amour éclate,
Qu'il faut vous l'avouer, je ne suis point ingrate.
Mon cœur se sent touché de ce que je vous doi,
Et voudroit être à vous s'il pouvoit être à moi;
Mais il perdroit le prix dont vous le croyez être
Si l'infidélité vous en rendoit le maître.
Thésée y règne seul, et s'y trouve adoré.
Dès la première fois je vous l'ai déclaré;
Dès la première fois....

OENARUS.

C'en est assez, madame;
Thésée a mérité que vous payiez sa flamme.
Pour lui Pirithoüs arrivé dans ma cour
Va presser votre hymen; choisissez-en le jour.
S'il faut que je donne ordre à l'apprêt nécessaire,
Parlez; il me suffit que ce sera vous plaire :
J'exécuterai tout. Peut-être il seroit mieux
De vouloir épargner ce supplice à mes yeux.
Que doit faire le coup, si l'image me tue!
Mais je me priverois par là de votre vue.
C'est ce qui peut sur-tout aigrir mon désespoir;
Et j'aime mieux mourir que cesser de vous voir.

SCÈNE III.

OENARUS, THÉSÉE, ARIANE, NÉRINE.

OENARUS.

Prince, mon trouble parle ; et, quand je voudrois taire [1]
Le supplice où m'expose un destin trop contraire,
De mes yeux interdits la confuse langueur
Trahiroit malgré moi le secret de mon cœur.
J'aime ; et de cet amour dont j'adore les charmes
La princesse est l'objet. N'en prenez point d'alarmes :
Au point de votre hymen vous en faire l'aveu,
C'est vous montrer assez ce qu'est un si beau feu.
De tous ses mouvements ma raison me rend maître :
L'effort est grand, sans doute ; on en souffre ; et peut-être
Un rival tel que moi, par sa vertu trahi,
Mérite d'être plaint, et non d'être haï.
C'est tout ce qu'il prétend pour prix de sa victoire,
Ce malheureux rival qui s'immole à sa gloire.
Vos soupçons auroient pu faire outrage à ma foi,
S'ils s'étoient avec vous expliqués avant moi :
C'est en les prévenant que je me justifie.
Ne considérez point le malheur de ma vie.

---

[1] On ne doit, ce me semble, faire un pareil aveu que quand il est absolument nécessaire. Aucune raison ne doit engager OEnarus à se déclarer le rival de Thésée. Antiochus, dans *Bérénice*, ne fait un pareil aveu qu'à la fin du cinquième acte ; et c'est en quoi il y a un très grand art. Le style d'OEnarus met le comble à

ACTE II, SCÈNE III.

L'hymen depuis long-temps attire tous vos vœux ;
J'y consens, dès demain vous pouvez être heureux.
Pirithoüs présent n'y laisse plus d'obstacle ;
Ma cour, qui vous honore, attend ce grand spectacle :
Ordonnez-en la pompe ; et, dans un sort si doux,
Quoi que j'aie à souffrir, ne regardez que vous.
Adieu, madame.

SCÈNE IV.

THÉSÉE, ARIANE, NÉRINE.

THÉSÉE.

Il faut l'avouer à sa gloire,
Sa vertu va plus loin que je n'aurois pu croire.
Au bonheur d'un rival lui-même consentir !

ARIANE.

L'honneur à cet effort a dû l'assujettir.
Qu'eût-il fait ? il sait trop que mon amour extrême,
En s'attachant à vous, n'a cherché que vous-même ;
Et qu'ayant tout quitté pour vous prouver ma foi,
Mille trônes offerts ne pourroient rien sur moi.

THÉSÉE.

Tant d'amour me confond ; et plus je vois, madame,
Que je dois....

---

l'insipidité de son rôle ; il adore *les charmes de son amour*, il en fait *l'aveu au point de l'hymen*. Il dit que *c'est montrer assez ce qu'est un si beau feu*, et qu'il est *trahi par sa vertu*. Comment est-il trahi par sa vertu, puisqu'il renonce à un si beau feu, et qu'il va préparer le mariage de Thésée et d'Ariane ?

ARIANE.

Apprenez un projet de ma flamme [1].
Pour m'attacher à vous par de plus fermes nœuds,
J'ai dans Pirithoüs trouvé ce que je veux.
Vous l'aimez chèrement; il faut que l'hyménée
De ma sœur avec lui joigne la destinée,
Et que nous partagions ce que pour les grands cœurs
L'amour et l'amitié font naître de douceurs.
Ma sœur a du mérite; elle est aimable et belle [2];
Suit mes conseils en tout; et je vous réponds d'elle.
Voyez Pirithoüs, et tâchez d'obtenir
Que par elle avec nous il consente à s'unir.

THÉSÉE.

L'offre de cet hymen rendra sa joie extrême :
Mais, madame, le roi.... Vous savez qu'il vous aime.
S'il faut....

ARIANE.

Je vous entends : le roi trop combattu
Peut laisser à l'amour séduire sa vertu.
Cet inquiet souci ne sauroit me déplaire;

---

[1] Ce dessein d'Ariane d'unir une sœur qu'elle aime à l'ami de Thésée, tandis que cette sœur lui prépare la plus cruelle trahison, forme une situation très belle et très intéressante; c'est là connaître l'art de la tragédie et du dialogue; c'est même une espèce de coup de théâtre. L'embarras de Thésée et l'extrême bonté d'Ariane attachent le spectateur le plus indifférent : les vers, à la vérité, sont faibles.

[2] Ma sœur a du mérite; elle est aimable et belle....—
L'offre de cet hymen rendra sa joie extrême, etc.

sont des expressions trop négligées; mais la scène par elle-même est excellente.

ACTE II, SCÈNE IV.

Et, pour le dissiper, je sais ce qu'il faut faire.

THÉSÉE.

C'en est trop.... Mon cœur.... Dieux !

ARIANE.

Que ce trouble m'est doux !
Ce qu'il vous fait sentir, je me le dis pour vous.
Je me dis....

THÉSÉE.

Plût aux dieux ! vous sauriez la contrainte....

ARIANE.

Encore un coup, perdez cette jalouse crainte :
J'en connois le reméde ; et, si l'on m'ose aimer,
Vous n'aurez pas long-temps à vous en alarmer.

THÉSÉE.

Minos peut vous poursuivre, et si de sa vengeance....

ARIANE.

Et n'ai-je pas en vous une sûre défense ?

THÉSÉE.

Elle est sûre, il est vrai ; mais....

ARIANE.

Achevez.

THÉSÉE.

J'attends....

ARIANE.

Ce désordre me gêne, et dure trop long-temps.
Expliquez-vous enfin.

THÉSÉE.

Je le veux, et ne l'ose ;
A mes propres souhaits moi-même je m'oppose ;
Je poursuis un aveu que je crains d'obtenir.

Il faut parler pourtant : c'est trop me retenir.
Vous m'aimez, et peut-être une plus digne flamme
N'a jamais eu de quoi toucher une grande ame.
Tout mon sang auroit peine à m'acquitter vers vous ;
Et cependant le sort, de ma gloire jaloux,
Par une tyrannie à vos desirs funeste....
Adieu : Pirithoüs vous peut dire le reste.
Sans l'amour, qui du roi vous soumet les états,
Je vous conseillerois de ne l'apprendre pas.

SCÈNE V.

ARIANE, PIRITHOÜS, NÉRINE.

ARIANE.

Quel est ce grand secret, prince ? et par quel mystère
Vouloir me l'expliquer, et tout à coup se taire ?

PIRITHOÜS.

Ne me demandez rien : il sort tout interdit,
Madame ; et par son trouble il vous en a trop dit.

ARIANE.

Je vous comprends tous deux. Vous arrivez d'Athènes [1] :
Du sang dont je suis née on n'y veut point de reines ;

---

[1] Ariane tombe dans la même méprise que Bérénice, qui impute au trouble de Titus un tout autre sujet que le véritable. Il vaudrait mieux peut-être qu'Ariane demandât à Pirithoüs si les Athéniens ne s'opposent pas à son mariage avec Thésée, plutôt que de soupçonner tout d'un coup qu'ils s'y opposent. Mais enfin cette méprise, ne servant qu'à faire éclater davantage l'amour d'Ariane, intéresse beaucoup pour elle.

Et le peuple, indigné, refuse à ce héros
D'admettre dans son lit la fille de Minos.
Qu'après la mort d'Égée il soit toujours le même,
Qu'il m'ôte, s'il le peut, l'honneur du rang suprême :
Trône, sceptre, grandeurs, sont des biens superflus ;
Thésée étant à moi, je ne veux rien de plus.
Son amour paie assez ce que le mien me coûte ;
Le reste est peu de chose.

PIRITHOÜS.

Il vous aime, sans doute.
Et comment pourroit-il avoir le cœur si bas [1]
Que tenir tout de vous et ne vous aimer pas ?
Mais, madame, ce n'est que des ames communes
Que l'amour s'autorise à régler les fortunes.
Qu'Athènes se déclare ou pour ou contre vous,
Vous avez de Minos à craindre le courroux ;
Et l'hymen seul du roi peut sans incertitude
Vous ôter là-dessus tout lieu d'inquiétude.

[1] Et comment pourroit-il avoir le cœur si bas,
   Que tenir tout de vous, et ne vous aimer pas ?

Ces deux vers sont imités de ces deux-ci, de Sévère, dans *Polyeucte* :

   Un homme aimé de vous ; mais quel cœur assez bas
   Auroit pu vous connoître, et ne vous aimer pas ?

Ce mot *bas* n'est tolérable, ni dans la bouche de Sévère, ni dans celle de Pirithoüs. Un homme n'est point du tout *bas*, pour connaître une femme et ne la pas aimer ; et ce n'est point à Pirithoüs à dire que son ami aurait le cœur *bas*, s'il n'aimait pas Ariane. De plus, ce n'est point une bassesse d'être perfide en amour. Chaque chose a son nom propre ; et sans la convenance des termes il n'y a rien de beau.

5.

Il vous aime; et de vous Naxe prenant la loi
Calmera....

ARIANE.

Vous voulez que j'épouse le roi?
Certes, l'avis est rare! et, si j'ose vous croire,
Un noble changement me va combler de gloire!
Me connoissez-vous bien?

PIRITHOÜS.

Les moindres lâchetés [1]
Sont pour votre grand cœur des crimes détestés;
Vous avez pour la gloire une ardeur sans pareille:
Mais, madame, je sais ce que je vous conseille;
Et si vous me croyez, quels que soient mes avis,
Vous vous trouverez bien de les avoir suivis.

ARIANE.

Qui? moi les suivre? moi qui voudrois pour Thésée [2]

---

[1] Cette impropriété de termes déplaît à quiconque aime la justesse dans les discours. Le mot de *lâcheté* ne convient pas plus que celui de *bas;* et l'*ardeur sans pareille pour la gloire*, est déplacée quand il s'agit d'amour. Cette scène ressemble encore à celle où Antiochus vient annoncer à Bérénice qu'elle doit renoncer à Titus; mais il y a bien plus d'art à faire apprendre le malheur de Bérénice par son amant même, qu'à faire instruire Ariane de sa disgrace par un homme qui n'y a nul intérêt.

[2] .... Moi qui voudrois pour Thésée
    A cent et cent périls voir ma vie exposée.

Cela est encore imité de Racine:

Moi, dont vous connoissez le trouble et les tourments,
Quand vous ne me quittez que pour quelques moments,
Moi qui mourrois le jour qu'on voudroit m'interdire
De vous....

Cela vaut mieux que *cent et cent périls,* mais la situation est très

A cent et cent périls voir ma vie exposée?
Dieux! quel étonnement seroit au sien égal,
S'il savoit qu'un ami parlât pour son rival,
S'il savoit qu'il voulût lui ravir ce qu'il aime!

PIRITHOÜS.

Vous le consulterez; n'en croyez que lui-même.

ARIANE.

Quoi! si l'offre d'un trône avoit pu m'éblouir,
Je lui demanderois si je dois le trahir,
Si je dois l'exposer au plus cruel martyre
Qu'un amant....

PIRITHOÜS.

Je n'ai dit que ce que j'ai dû dire.
Vous y penserez mieux; et peut-être qu'un jour
Vous prendrez un peu moins le parti de l'amour.
Adieu, madame.

ARIANE.

Il dit ce qu'il faut qu'il me dise!
Demeurez. Avec moi c'est en vain qu'on déguise:
Vous en avez trop dit pour ne me pas tirer
D'un doute dont mon cœur commence à soupirer.
J'en tremble, et c'est pour moi la plus sensible atteinte.
Éclaircissez ce doute, et dissipez ma crainte:
Autrement je croirai qu'une nouvelle ardeur
Rend Thésée infidèle, et me vole son cœur;
Que pour un autre objet, sans souci de sa gloire....

PIRITHOÜS.

Je me tais; c'est à vous à voir ce qu'il faut croire.

touchante, et c'est presque toujours la situation qui fait le succès au théâtre.

ARIANE.

Ce qu'il faut croire! ah dieux! vous me désespérez.
Je verrois à mes vœux d'autres vœux préférés!
Thésée à me quitter.... Mais quel soupçon j'écoute!
Non, non, Pirithoüs, on vous trompe, sans doute.
Il m'aime; et s'il m'en faut séparer quelque jour,
Je pleurerai sa mort, et non pas son amour.

PIRITHOÜS.

Souvent ce qui nous plaît, par une erreur fatale....

ARIANE.

Parlez plus clairement: ai-je quelque rivale?
Thésée a-t-il changé? viole-t-il sa foi?

PIRITHOÜS.

Mon silence déja s'est expliqué pour moi;
Par là je vous dis tout. Vos ennuis me font peine;
Mais quand leur seul remède est de vous faire reine,
N'oubliez point qu'à Naxe on veut vous couronner;
C'est le meilleur conseil qu'on vous puisse donner.
Ma présence commence à vous être importune:
Je me retire.

SCÈNE VI.

ARIANE, NÉRINE.

ARIANE.

As-tu conçu mon infortune?
Il n'en faut point douter, je suis trahie. Hélas[1],
Nérine!

[1] Il manque peut-être à cette scène de la gradation dans la dou-

NÉRINE.

Je vous plains.

ARIANE.

Qui ne me plaindroit pas?
Tu le sais, tu l'as vu, j'ai tout fait pour Thésée;
Seule à son mauvais sort je me suis opposée:
Et quand je me dois tout promettre de sa foi,
Thésée a de l'amour pour une autre que moi!
Une autre passion dans son cœur a pu naître!
J'ai mal ouï, Nérine, et cela ne peut être.
Ce seroit trahir tout, raison, gloire, équité.
Thésée a trop de cœur pour tant de lâcheté,
Pour croire qu'à ma mort son injustice aspire.

NÉRINE.

Pirithoüs ne dit que ce qu'il lui fait dire:
Et quand il a voulu l'attendre si long-temps,
Ce n'étoit qu'un prétexte à ses feux inconstants;
Il nourrissoit dès lors l'ardeur qui le domine.

ARIANE.

Ah! que me fais-tu voir, trop cruelle Nérine?
Sur le gouffre des maux qui me vont abymer,
Pourquoi m'ouvrir les yeux quand je les veux fermer?
Hélas! il est donc vrai que mon ame abusée
N'adoroit qu'un ingrat en adorant Thésée!

leur, et de la force dans les sentiments. Ariane ne doit point dire *qu'elle regrette cette raison barbare*. La raison ne s'oppose point du tout à sa juste douleur; et ce n'est pas ainsi que le désespoir s'exprime: c'est le poëte qui fait là une petite digression sur la *raison barbare*; ce n'est point Ariane. Thomas Corneille imitait souvent de son frère ce grand défaut, qui consiste à vouloir raisonner quand il faut sentir.

Dieux, contre un tel ennui soutenez ma raison;
Elle céde à l'horreur de cette trahison:
Je la sens qui déja.... Mais quand elle s'égare,
Pourquoi la regretter cette raison barbare,
Qui ne peut plus servir qu'à me faire mieux voir
Le sujet de ma rage et de mon désespoir?
Quoi! Nérine, pour prix de l'amour le plus tendre....

SCÈNE VII.

ARIANE, PHÈDRE, NÉRINE.

ARIANE.

Ah! ma sœur, savez-vous ce qu'on vient de m'apprendre?
Vous avez cru Thésée un héros tout parfait[1];
Vous l'estimiez, sans doute; et qui ne l'eût pas fait?
N'attendez plus de foi, plus d'honneur: tout chancelle,
Tout doit être suspect; Thésée est infidéle.

PHÈDRE.

Quoi! Thésée....

ARIANE.

Oui, ma sœur, après ce qu'il me doit,
Me quitter est le prix que ma flamme en reçoit;
Il me trahit. Au point que sa foi violée
Doit avoir irrité mon ame désolée,

---

[1] Vous avez cru Thésée un héros tout parfait.
.... Et qui ne l'eût pas fait?.... Tout chancelle, etc.

Voilà des expressions bien étranges; il n'était plus permis d'écrire avec tant de négligence, après les modèles que Thomas Corneille avait devant les yeux.

ACTE II, SCÈNE VII.

J'ai honte, en vous contant l'excès de mes malheurs,
Que mon ressentiment s'exhale par mes pleurs.
Son sang devroit payer la douleur qui me presse¹.
C'est là, ma sœur, c'est là, sans pitié, sans tendresse,
Comme après un forfait si noir, si peu commun,
On traite les ingrats; et Thésée en est un.
Mais quoi qu'à ma vengeance un fier dépit suggère,
Mon amour est encor plus fort que ma colère.
Ma main tremble; et, malgré son parjure odieux,
Je vois toujours en lui ce que j'aime le mieux.

PHÈDRE.

Un revers si cruel vous rend sans doute à plaindre;
Et, vous voyant souffrir ce qu'on n'a pas dû craindre,
On conçoit aisément jusqu'où le désespoir....

ARIANE.

Ah! qu'on est éloigné de le bien concevoir!
Pour pénétrer l'horreur du tourment de mon ame,
Il faudroit qu'on sentît même ardeur, même flamme;
Qu'avec même tendresse on eût donné sa foi :
Et personne jamais n'a tant aimé que moi.
Se peut-il qu'un héros d'une vertu sublime
Souille ainsi.... Quelquefois le remords suit le crime.

---

¹ Pour parler ainsi, Ariane devait être plus sûre de l'infidélité de Thésée. Ce que lui a dit Pirithoüs n'est point assez clair pour la convaincre de son malheur; elle devait demander des éclaircissements à Pirithoüs; elle devait même chercher Thésée. L'amour aime à se flatter; le doute, l'agitation, le trouble, devaient être plus marqués. Phèdre se présente ici d'elle-même; c'était à sa sœur à la faire prier de venir. Phèdre ne doit point dire : *Quoi! Thésée?....* Feindre en cette occasion de l'étonnement, c'est un artifice qui rend Phèdre odieuse.

Si le sien lui faisoit sentir ces durs combats....
Ma sœur, au nom des dieux, ne m'abandonnez pas.
Je sais que vous m'aimez, et vous le devez faire.
Vous m'avez dès l'enfance été toujours si chère,
Que cette inébranlable et fidéle amitié
Mérite bien de vous au moins quelque pitié.
Allez trouver.... hélas! dirai-je mon parjure?
Peignez-lui bien l'excès du tourment que j'endure:
Prenez, pour l'arracher à son nouveau penchant,
Ce que les plus grands maux offrent de plus touchant.
Dites-lui qu'à son feu j'immolerois ma vie,
S'il pouvoit vivre heureux après m'avoir trahie.
D'un juste et long remords avancez-lui les coups.
Enfin, ma sœur, enfin, je n'espère qu'en vous.
Le ciel m'inspira bien, quand par l'amour séduite [1]
Je vous fis malgré vous accompagner ma fuite :
Il semble que dès-lors il me faisoit prévoir
Le funeste besoin que j'en devois avoir.
Sans vous, à mes malheurs où chercher du reméde?

PHÉDRE.

Je vais mander Thésée; et si son cœur ne cède,
Madame, en lui parlant, vous devez présumer....

ARIANE.

Hélas! et plût au ciel que vous sussiez aimer [2],
Que vous pussiez savoir, par votre expérience,

---

[1] Voilà quatre vers dignes de Racine.

[2] Ce vers est encore fort beau, et par le naturel dont il est, et par la situation. Elle souhaite que sa sœur connaisse l'amour; et, pour son malheur, Phèdre ne le connaît que trop. Il serait à souhaiter que les vers suivants fussent dignes de celui-là.

Jusqu'où d'un fort amour s'étend la violence!
Pour émouvoir l'ingrat, pour fléchir sa rigueur,
Vous trouveriez bien mieux le chemin de son cœur;
Vous auriez plus d'adresse à lui faire l'image
De mes confus transports de douleur et de rage :
Tous les traits en seroient plus vivement tracés.
N'importe; essayez tout; parlez, priez, pressez.
Au défaut de l'amour, puisqu'il n'a pu vous plaire,
Votre amitié pour moi fera ce qu'il faut faire.
Allez, ma sœur; courez empêcher mon trépas.
Toi, viens, suis-moi, Nérine, et ne me quitte pas.

FIN DU SECOND ACTE.

ACTE TROISIÈME.

SCÈNE Iʳᵉ.[1]

PIRITHOÜS, PHÈDRE.

PIRITHOÜS.

Ce seroit perdre temps, il ne faut plus prétendre
Que rien touche Thésée, et le force à se rendre.
J'admire encor, madame, avec quelle vertu
Vous avez de nouveau si long-temps combattu.
Par son manque de foi, contre vous-même armée,
Vous avez fait paroître une sœur opprimée;
Vous avez essayé par un tendre retour
De ramener son cœur vers son premier amour;

---

[1] Cette scène est une de celles qui devaient être traitées avec le plus d'art et d'élégance. C'est le mérite de bien dire qui seul peut donner du prix à ces dialogues, où l'on ne peut dire que des choses communes. Que serait *Aricie*, que serait *Atalide*, si l'auteur n'avait employé tous les charmes de la diction pour faire valoir un fonds médiocre? C'est là ce que la poésie a de plus difficile; c'est elle qui orne les moindres objets;

Qui dit sans s'avilir les plus petites choses,
Fait des plus secs chardons des œillets et des roses.

In tenui labor, at tenuis non gloria.

Ce rôle de Phèdre était très délicat à traiter : quelque chose

Et prière, et menace, et fierté de courage,
Tout vient pour le fléchir d'être mis en usage.
Mais, sur ce changement qui semble vous gêner,
L'ingratitude en vain vous le fait condamner :
Vos yeux rendent pour lui ce crime nécessaire;
Et s'il cède aux remords quelquefois pour vous plaire,
Quoi que vous ait promis ce repentir confus,
Sitôt qu'il vous regarde il ne s'en souvient plus.

PHÉDRE.

Les dieux me sont témoins que de son injustice
Je souffre malgré moi qu'il me rende complice.
Ce qu'il doit à ma sœur méritoit que sa foi
Se fît de l'aimer seule une sévère loi;
Et quand des longs ennuis où ce refus l'expose
Par ma facilité je me trouve la cause,
Il n'est peine, supplice, où, pour l'en garantir,
La pitié de ses maux ne me fît consentir.
L'amour que j'ai pour lui me noircit peu vers elle :
Je l'ai pris sans songer à le rendre infidèle;
Ou plutôt j'ai senti tout mon cœur s'enflammer

qu'elle dise pour se justifier, elle est coupable; et dès qu'elle a fait l'aveu de sa passion à Thésée, on ne peut la regarder que comme une perfide qui cherche à pallier sa trahison. Cependant il y a beaucoup d'art et de bienséance dans les reproches qu'elle se fait, et dans la résolution qu'elle semble prendre :

> Que de foiblesse! Il faut l'empêcher d'en jouir,
> Combattre incessamment son infidèle audace.
> Allez, Pirithoüs; revoyez-le, de grace.

Et, si les vers étaient meilleurs, ce sentiment rendrait Phédre supportable.

Avant que de savoir si je voulois aimer.
Mais si ce feu trop prompt n'eut rien de volontaire,
Il dépendoit de moi de parler, ou me taire.
J'ai parlé, c'est mon crime; et Thésée applaudi
A l'infidélité par là s'est enhardi.
Ah! qu'on se défend mal auprès de ce qu'on aime!
Ses regards m'expliquoient sa passion extrême;
Les miens à la flatter s'échappoient malgré moi :
N'étoit-ce pas assez pour corrompre sa foi?
J'eus beau vouloir régler son ame trop charmée,
Il fallut voir sa flamme, et souffrir d'être aimée;
J'en craignis le péril, il me sut éblouir.
Que de foiblesse! il faut l'empêcher d'en jouir,
Combattre incessamment son infidèle audace.
Allez, Pirithoüs; revoyez-le, de grace :
De peur qu'en mon amour il prenne trop d'appui,
Otez-lui tout espoir que je puisse être à lui.
J'ai déja beaucoup dit, dites-lui plus encore.

PIRITHOÜS.

Nous avancerions peu, madame; il vous adore[1] :
Et quand, pour l'étonner à force de refus,
Vous vous obstineriez à ne l'écouter plus,
Son ame toute à vous n'en seroit pas plus prête
A suivre d'autres lois, et changer de conquête.
Quoique le coup soit rude, achevons de frapper,
Pour servir Ariane, il faut la détromper;
Il faut lui faire voir qu'une flamme nouvelle

---

[1] Le personnage de Pirithoüs est un peu lâche. Est-ce à lui d'encourager Phèdre dans sa perfidie?

ACTE III, SCÈNE I.

Ayant détruit l'amour que Thésée eut pour elle,
Sa sûreté l'oblige à ne pas dédaigner
La gloire d'un hymen qui la fera régner.
Le roi l'aime, et son trône est pour elle un asile.

PHÈDRE.

Quoi! je la trahirois, elle qui, trop facile [1],
Trop aveugle à m'aimer, se confie à ma foi
Pour toucher un amant qui la quitte pour moi!
Et quand elle sauroit que par mes foibles charmes,
Pour lui percer le cœur, j'aurois prêté des armes,
Je pourrois à ses yeux lâchement exposer
Les criminels appas qui la font mépriser!
Je pourrois soutenir le sensible reproche
Qu'un trop juste courroux....

PIRITHOÜS.

Voyez qu'elle s'approche.
Parlons : son intérêt nous oblige à bannir
Tout l'espoir que son feu tâche d'entretenir.

---

[1] L'art du dialogue exige qu'on réponde précisément à ce que l'interlocuteur a dit. Ce n'est que dans une grande passion, dans l'excès d'un grand malheur, qu'on doit ne pas observer cette règle : l'ame alors est toute remplie de ce qui l'occupe, et non de ce qu'on lui dit : c'est alors qu'il est beau de ne pas bien répondre; mais ici Pirithoüs ouvre à Phèdre la voie la plus convenable et la plus honnête de réussir dans sa passion : cette passion même doit la forcer à répondre à l'ouverture de Pirithoüs.

SCÈNE II.

ARIANE, PIRITHOÜS, PHÈDRE, NÉRINE.

ARIANE.

Hé bien ! ma sœur, Thésée est-il inexorable ?
N'avez-vous pu surprendre un soupir favorable ?
Et, quand au repentir on le porte à céder [1],
Croit-il que mon amour ose trop demander ?

PHÈDRE.

Madame, j'ai tout fait pour ébranler son ame ;
J'ai peint son changement lâche, odieux, infâme.
Pirithoüs lui-même est témoin des efforts
Par où j'ai cru pouvoir le contraindre au remords.
Il connoît et son crime et son ingratitude ;
Il s'en hait ; il en sent la peine la plus rude ;
Ses ennuis de vos maux égalent la rigueur :
Mais l'amour en tyran dispose de son cœur ;
Et le destin, plus fort que sa reconnoissance,
Malgré ce qu'il vous doit, l'entraîne à l'inconstance.

---

[1] Ces scènes sont trop faiblement écrites : mais le plus grand défaut est la nécessité malheureuse où l'auteur met Phèdre, de ne faire que tromper. Il fallait un coup de l'art pour ennoblir ce rôle. Peut-être si Phèdre avait pu espérer qu'Ariane épouserait le roi de Naxe, si, sur cette espérance, elle s'était engagée avec Thésée, alors, étant moins coupable, elle serait beaucoup plus intéressante.

Ariane, d'ailleurs, ne dit pas toujours ce qu'elle doit dire ; elle se sert du mot de *rage* ; elle veut qu'on peigne bien *sa rage*. Ce n'est pas ainsi qu'on cherche à attendrir son amant.

ACTE III, SCÈNE II.

ARIANE.

Quelle excuse ! et pour moi qu'il rend peu de combat !
Il hait l'ingratitude, et se plaît d'être ingrat !
　Puisqu'en sa dureté son lâche cœur demeure,
Ma sœur, il ne sait point qu'il faudra que j'en meure;
Vous avez oublié de bien marquer l'horreur
Du fatal désespoir qui règne dans mon cœur;
Vous avez oublié, pour bien peindre ma rage,
D'assembler tous les maux dont on connoît l'image :
Il y seroit sensible, et ne pourroit souffrir
Que qui sauva ses jours fût forcée à mourir.

PHÈDRE.

Si vous saviez pour vous ce qu'a fait ma tendresse,
Vous soupçonneriez moins....

ARIANE.

　　　　　　　J'ai tort, je le confesse;
Mais, dans un mal sous qui la constance est à bout,
On s'égare, on s'emporte, et l'on s'en prend à tout.

PIRITHOÜS.

Madame, de ces maux à qui la raison céde,
Le temps, qui calme tout, est l'unique reméde;
C'est par lui seul....

ARIANE.

　　　　　Les coups n'en sont guère importants,
Quand on peut se résoudre à s'en remettre au temps.
Thésée est insensible à l'ennui qui me touche !
Il y consent ! Je veux l'apprendre de sa bouche.
Je l'attendrai, ma sœur; qu'il vienne.

PIRITHOÜS.

　　　　　　　　Je crains bien

Que vous ne vous plaigniez de ce triste entretien.
Voir un ingrat qu'on aime, et le voir inflexible,
C'est de tous les ennuis l'ennui le plus sensible.
Vous en souffrirez trop; et pour peu de souci....

ARIANE.

Allez, ma sœur, de grace, et l'envoyez ici.

SCÈNE III.

ARIANE, PIRITHOÜS, NÉRINE.

PIRITHOÜS.

Par ce que je vous dis, ne croyez pas, madame[1],
Que je veuille applaudir à sa nouvelle flamme.
Sachant ce qu'il devoit au généreux amour
Qui vous fit tout oser pour lui sauver le jour,
Je partageai dès-lors l'heureuse destinée
Qu'à ses vœux les plus doux offroit votre hyménée;
Et je venois ici, plein de ressentiment,
Rendre grace à l'amante, en embrassant l'amant.
Jugez de ma surprise à le voir infidèle,
A voir que vers une autre une autre ardeur l'appelle,
Et qu'il ne m'attendoit que pour vous annoncer
L'injustice où l'amour se plaît à le forcer.

ARIANE.

Et ne devois-je pas, quoi qu'il me fît entendre,

---

[1] Cette scène est inutile, et par là devient languissante au théâtre. Pirithoüs ne fait que redire en vers faibles ce qu'il a déja dit; et Ariane dit des choses trop vagues.

Pénétrer les raisons qui vous faisoient attendre,
Et juger qu'en un cœur épris d'un feu constant,
L'amour à l'amitié ne défère pas tant?
Ah! quand il est ardent, qu'aisément il s'abuse!
Il croit ce qu'il souhaite, et prend tout pour excuse.
Si Thésée avoit peu de ces empressements
Qu'une sensible ardeur inspire aux vrais amants,
Je croyois que son ame, au-dessus du vulgaire,
Dédaignoit de l'amour la conduite ordinaire,
Et qu'en sa passion garder tant de repos,
C'étoit suivre en aimant la route des héros.
Je faisois plus; j'allois jusqu'à voir sans alarmes
Que des beautés de Naxe il estimât les charmes;
Et ne pouvois penser qu'ayant reçu sa foi,
Quelques vœux égarés pussent rien contre moi.
Mais enfin, puisque rien pour lui n'est plus à taire,
Quel est ce rare objet que son choix me préfère?

PIRITHOÜS.

C'est ce que de son cœur je ne puis arracher.

ARIANE.

Ma colère est suspecte, il faut me le cacher.

PIRITHOÜS.

J'ignore ce qu'il craint; mais, lorsqu'il vous outrage,
Songez que d'un grand roi vous recevez l'hommage:
Il vous offre son trône; et, malgré le destin,
Votre malheur par là trouve une heureuse fin.
Tout vous porte, madame, à ce grand hyménée.
Pourriez-vous demeurer errante, abandonnée?
Déja la Crète cherche à se venger de vous;
Et Minos....

6.

ARIANE.

J'en crains peu le plus ardent courroux.
Qu'il s'arme contre moi, que j'en sois poursuivie;
Sans ce que j'aime, hélas! que faire de la vie?
Aux décrets de mon sort achevons d'obéir.
Thésée avec le ciel conspire à me trahir:
Rompre un si grand projet, ce seroit lui déplaire.
L'ingrat veut que je meure, il faut le satisfaire,
Et lui laisser sentir, pour double châtiment,
Le remords de ma perte et de son changement.

PIRITHOÜS.

Le voici qui paroît. N'épargnez rien, madame,
Pour rentrer dans vos droits, pour regagner son ame;
Et si l'espoir en vain s'obstine à vous flatter,
Songez ce qu'offre un trône à qui peut y monter.

SCÈNE IV.

ARIANE, THÉSÉE, NÉRINE.

ARIANE.

Approchez-vous, Thésée, et perdez cette crainte[1].
Pourquoi dans vos regards marquer tant de contrainte,
Et m'aborder ainsi, quand rien ne vous confond,
Le trouble dans les yeux, et la rougeur au front?

---

[1] Cette scène est très touchante au théâtre, du moins de la part d'Ariane; elle le serait encore davantage, si Ariane n'était pas tout-à-fait sûre de son malheur. Il faut toujours faire durer cette incertitude le plus qu'on peut; c'est elle qui est l'ame de la tragédie. L'auteur l'a si bien senti, qu'Ariane semble encore douter

ACTE III, SCÈNE IV.

Un héros tel que vous, à qui la gloire est chère[1],

du changement de Thésée, quand elle doit en être sûre. *Pourquoi m'aborder*, dit-elle, *la rougeur au front, quand rien ne vous confond? et si ce qu'on m'a dit a quelque vérité.* C'est s'exprimer en doutant, et c'est ce qui est dans la nature; mais il ne fallait donc pas que, dans les scènes précédentes, on l'eût instruite positivement qu'elle était abandonnée.

> [1] Un héros tel que vous, à qui la gloire est chère,
> Quoi qu'il fasse, ne fait que ce qu'il voit à faire.

Voilà de mauvais vers, et ceux-ci ne sont pas meilleurs :

> Et que s'est-il offert que je pusse tenter,
> Qu'en ta faveur ma flamme ait craint d'exécuter?

Mais aussi il y a des vers très heureux, comme :

> .... Éblouis-moi si bien,
> Que je puisse penser que tu ne me dois rien.
> Je te suis; mène-moi dans quelque île déserte.
> Tu n'as qu'à dire un mot, ce crime est effacé.
> Tu le vois, c'en est fait, je n'ai plus de colère.

Mais sur-tout :

> Remène-moi, barbare, aux lieux où tu m'as prise,

est admirable.

Le cœur humain est sur-tout bien développé et bien peint quand Ariane dit à Thésée : *Ote-toi de mes yeux, je ne veux pas avoir l'affront que tu me quittes;* et que, dans le moment même, elle est au désespoir qu'il prenne congé d'elle. Il y a beaucoup de vers dignes de Racine, et entièrement dans son goût. Ceux-ci, par exemple :

> As-tu vu quelle joie a paru dans ses yeux?
> Combien il est sorti satisfait de ma haine?
> Que de mépris!....

Cette césure interrompue au second pied, c'est-à-dire, au bout de quatre syllabes, fait un effet charmant sur l'oreille et sur le cœur. Ces finesses de l'art furent introduites par Racine, et il n'y a que les connaisseurs qui en sentent le prix.

Quoi qu'il fasse, ne fait que ce qu'il voit à faire;
Et si ce qu'on m'a dit a quelque vérité,
Vous cessez de m'aimer, je l'aurai mérité.
Le changement est grand, mais il est légitime,
Je le crois: seulement apprenez-moi mon crime,
Et d'où vient qu'exposée à de si rudes coups,
Ariane n'est plus ce qu'elle fut pour vous.

THÉSÉE.

Ah! pourquoi le penser? Elle est toujours la même;
Même zèle toujours suit mon respect extrême [1];
Et le temps dans mon cœur n'affoiblira jamais
Le pressant souvenir de ses rares bienfaits:
M'en acquitter vers elle est ma plus forte envie.
Oui, madame, ordonnez de mon sang, de ma vie:
Si la fin vous en plaît, le sort me sera doux
Par qui j'obtiendrai l'heur de la perdre pour vous.

ARIANE.

Si quand je vous connus la fin eût pu m'en plaire,
Le destin la vouloit, je l'aurois laissé faire.
Par moi, par mon amour, le labyrinthe ouvert
Vous fit fuir le trépas à vos regards offert:
Et quand à votre foi cet amour s'abandonne,
Des serments de respect sont le prix qu'on lui donne!
Par ce soin de vos jours qui m'a tout fait quitter,

---

[1] Thésée ne peut guère répondre que par ses protestations vagues de reconnaissance; mais c'est alors que la beauté de la diction doit réparer le vice du sujet, et qu'il faut tâcher de dire d'une manière singulière des choses communes.

Tous les sentiments d'Ariane, dans cette scène, sont naturels et attendrissants; on ne pourrait leur reprocher qu'une diction un peu prosaïque et négligée.

N'aspirois-je à rien plus qu'à me voir respecter?
Un service pareil veut un autre salaire.
C'est le cœur, le cœur seul, qui peut y satisfaire:
Il a seul pour mes vœux ce qui peut les borner;
C'est lui seul....

THÉSÉE.

Je voudrois vous le pouvoir donner:
Mais ce cœur, malgré moi, vit sous un autre empire:
Je le sens à regret; je rougis à le dire;
Et quand je plains vos feux par ma flamme déçus,
Je hais mon injustice, et ne puis rien de plus.

ARIANE.

Tu ne peux rien de plus! Qu'aurois-tu fait, parjure,
Si, quand tu vins du monstre éprouver l'aventure,
Abandonnant ta vie à ta seule valeur,
Je me fusse arrêtée à plaindre ton malheur?
Pour mériter ce cœur qui pouvoit seul me plaire,
Si j'ai peu fait pour toi, que falloit-il plus faire?
Et que s'est-il offert que je pusse tenter,
Qu'en ta faveur ma flamme ait craint d'exécuter?
Pour te sauver le jour dont ta rigueur me prive,
Ai-je pris à regret le nom de fugitive?
La mer, les vents, l'exil, ont-ils pu m'étonner?
Te suivre, c'étoit plus que me voir couronner.
Fatigues, peines, maux, j'aimois tout par leur cause.
Dis-moi que non, ingrat, si ta lâcheté l'ose;
Et, désavouant tout, éblouis-moi si bien,
Que je puisse penser que tu ne me dois rien.

THÉSÉE.

Comment désavouer ce que l'honneur me presse

De voir, d'examiner, de me dire sans cesse?
Si, par mon changement, je trompe votre choix,
C'est sans rien oublier de ce que je vous dois.
Ainsi joignez au nom de traître et de parjure
Tout l'éclat que produit la plus sanglante injure:
Ce que vous me direz n'aura point la rigueur
Des reproches secrets qui déchirent mon cœur.
Mais pourquoi, m'accusant, en croître les atteintes?
Madame, croyez-moi, je ne vaux pas vos plaintes.
L'oubli, l'indifférence, et vos plus fiers mépris
De mon manque de foi doivent être le prix.
A monter sur le trône un grand roi vous invite;
Vengez-vous, en l'aimant, d'un lâche qui vous quitte.
Quoi qu'aujourd'hui pour moi l'inconstance ait de doux,
Vous perdant pour jamais je perdrai plus que vous.

ARIANE.

Quelle perte, grands dieux! quand elle est volontaire!
Périsse tout, s'il faut cesser de t'être chère!
Qu'ai-je à faire du trône et de la main d'un roi?
De l'univers entier je ne voulois que toi.
Pour toi, pour m'attacher à ta seule personne,
J'ai tout abandonné, repos, gloire, couronne;
Et quand ces mêmes biens ici me sont offerts,
Que je puis en jouir, c'est toi seul que je perds!
Pour voir leur impuissance à réparer ta perte,
Je te suis, mène-moi dans quelque isle déserte,
Où, renonçant à tout, je me laisse charmer
De l'unique douceur de te voir, de t'aimer:
Là, possédant ton cœur, ma gloire est sans seconde;
Ce cœur me sera plus que l'empire du monde.

ACTE III, SCÈNE IV.

Point de ressentiment de ton crime passé;
Tu n'as qu'à dire un mot, ce crime est effacé.
C'en est fait, tu le vois, je n'ai plus de colère.

THÉSÉE.

Un si beau feu m'accable, il devroit seul me plaire;
Mais telle est de l'amour la tyrannique ardeur....

ARIANE.

Va, tu me répondras des transports de mon cœur:
Si ma flamme sur toi n'avoit qu'un foible empire,
Si tu la dédaignois, il falloit me le dire,
Et ne pas m'engager, par un trompeur espoir,
A te laisser sur moi prendre tant de pouvoir.
C'est là sur-tout, c'est là ce qui souille ta gloire:
Tu t'es plu sans m'aimer à me le faire croire;
Tes indignes serments sur mon crédule esprit....

THÉSÉE.

Quand je vous les ai faits, j'ai cru ce que j'ai dit;
Je partois glorieux d'être votre conquête:
Mais enfin, dans ces lieux poussé par la tempête,
J'ai trop vu ce qu'à voir me convioit l'amour;
J'ai trop....

ARIANE.

Naxe te change! Ah! funeste séjour!
Dans Naxe, tu le sais, un roi, grand, magnanime,
Pour moi, dès qu'il me vit, prit une tendre estime:
Il soumit à mes vœux et son trône et sa foi:
Quoi qu'il ait pu m'offrir, ai-je fait comme toi?
Si tu n'es point touché de ma douleur extrême,
Rends-moi ton cœur, ingrat, par pitié de toi-même.
Je ne demande point quelle est cette beauté

Qui semble te contraindre à l'infidélité:
Si tu crois quelque honte à la faire connoître,
Ton secret est à toi; mais, qui qu'elle puisse être,
Pour gagner ton estime et mériter ta foi,
Peut-être elle n'a pas plus de charmes que moi.
Elle n'a pas du moins cette ardeur toute pure
Qui m'a fait pour te suivre étouffer la nature;
Ces beaux feux qui, volant d'abord à ton secours,
Pour te sauver la vie ont exposé mes jours;
Et si de mon amour ce tendre sacrifice
De ta légèreté ne rompt point l'injustice,
Pour ce nouvel objet, ne lui devant pas tant,
Par où présumes-tu pouvoir être constant?
A peine ton hymen aura payé sa flamme,
Qu'un violent remords viendra saisir ton ame:
Tu ne pourras plus voir ton crime sans effroi;
Et qui sait ce qu'alors tu sentiras pour moi?
Qui sait par quel retour ton ardeur refroidie
Te fera détester ta lâche perfidie?
Tu verras de mes feux les transports éclatants;
Tu les regretteras; il ne sera plus temps.
Ne précipite rien; quelque amour qui t'appelle,
Prends conseil de ta gloire avant qu'être infidéle.
Vois Ariane en pleurs: Ariane autrefois,
Tout aimable à tes yeux, méritoit bien ton choix:
Elle n'a point changé, d'où vient que ton cœur change?

THÉSÉE.

Par un amour forcé qui sous ses lois me range.
Je le crois comme vous, le ciel est juste; un jour
Vous me verrez puni de ce perfide amour:

ACTE III, SCÈNE IV.

Mais à sa violence il faut que ma foi céde.
Je vous l'ai déja dit, c'est un mal sans reméde.

ARIANE.

Ah! c'est trop; puisque rien ne te sauroit toucher,
Parjure, oublie un feu qui dut t'être si cher.
Je ne demande plus que ta lâcheté cesse,
Je rougis d'avoir pu m'en souffrir la bassesse:
Tire-moi seulement d'un séjour odieux,
Où tout me désespère, où tout blesse mes yeux;
Et, pour faciliter ta coupable entreprise,
Reméne-moi, barbare, aux lieux où tu m'as prise.
La Créte, où pour toi seul je me suis fait haïr,
Me plaira mieux que Naxe, où tu m'oses trahir.

THÉSÉE.

Vous remener en Créte! oubliez-vous, madame,
Ce qu'est pour vous un père, et quel courroux l'enflamme?
Songez-vous quels ennuis vous y sont apprêtés?

ARIANE.

Laisse-les-moi souffrir, je les ai mérités;
Mais de ton faux amour les feintes concertées,
Tes noires trahisons, les ai-je méritées?
Et ce qu'en ta faveur il m'a plu d'immoler
Te rend-il cette foi que tu veux violer?
Vaine et fausse pitié, quand ma mort peut te plaire!
Tu crains pour moi les maux que j'ai voulu me faire,
Ces maux qu'ont tant hâtés mes plus tendres souhaits;
Et tu ne trembles point de ceux que tu me fais!
N'espère pas pourtant éviter le supplice
Que toujours après soi fait suivre l'injustice.
Tu romps ce que l'amour forma de plus beaux nœuds;

ARIANE.

Tu m'arraches le cœur. J'en mourrai; tu le veux;
Mais, quitte des ennuis où m'enchaîne la vie;
Crois déja, crois me voir, de ma douleur suivie,
Dans le fond de ton ame armer, pour te punir,
Ce qu'a de plus funeste un fatal souvenir,
Et te dire d'un ton et d'un regard sévère:
« J'ai tout fait, tout osé pour t'aimer, pour te plaire;
« J'ai trahi mon pays, et mon père, et mon roi:
« Cependant vois le prix, ingrat, que j'en reçoi! »

THÉSÉE.

Ah! si mon changement doit causer votre perte,
Frappez, prenez ma vie, elle vous est offerte;
Prévenez par ce coup le forfait odieux
Qu'un amour trop aveugle....

ARIANE.

Ote-toi de mes yeux:
De ta constance ailleurs va montrer les mérites;
Je ne veux pas avoir l'affront que tu me quittes.

THÉSÉE.

Madame....

ARIANE.

Ote-toi, dis-je, et me laisse en pouvoir
De te haïr autant que je le crois devoir.

SCÈNE V.

ARIANE, NÉRINE.

ARIANE.

Il sort, Nérine. Hélas!

NÉRINE.

Qu'auroit fait sa présence,
Qu'accroître de vos maux la triste violence?

ARIANE.

M'avoir ainsi quittée, et par-tout me trahir!

NÉRINE.

Vous l'avez commandé.

ARIANE.

Devoit-il obéir?

NÉRINE.

Que vouliez-vous qu'il fît? vous pressiez sa retraite.

ARIANE.

Qu'il sût en s'emportant ce que l'amour souhaite,
Et qu'à mon désespoir souffrant un libre cours
Il s'entendît chasser, et demeurât toujours.
Quoique sa trahison et m'accable et me tue,
Au moins j'aurois joui du plaisir de sa vue.
Mais il ne sauroit plus souffrir la mienne. Ah dieux!
As-tu vu quelle joie a paru dans ses yeux,
Combien il est sorti satisfait de ma haine?
Que de mépris!

NÉRINE.

Son crime auprès de vous le gêne,

Madame ; et, n'ayant point d'excuse à vous donner,
S'il vous fuit, j'y vois peu de quoi vous étonner :
Il s'épargne une peine à peu d'autres égale.

ARIANE.

M'en voir trahie ! Il faut découvrir ma rivale.
Examine avec moi. De toute cette cour
Qui crois-tu la plus propre à donner de l'amour ?
Est-ce Mégiste, Églé, qui le rend infidéle ?
De tout ce qu'il y voit Cyane est la plus belle :
Il lui parle souvent; mais, pour m'ôter sa foi,
Doit-elle être à ses yeux plus aimable que moi ?

Vains et foibles appas qui m'aviez trop flattée,
Voilà votre pouvoir, un lâche m'a quittée !
Mais si d'un autre amour il se laisse éblouir,
Peut-être il n'aura pas la douceur d'en jouir :
Il verra ce que c'est que de me percer l'ame.
Allons, Nérine, allons ; je suis amante et femme :
Il veut ma mort, j'y cours ; mais, avant que mourir,
Je ne sais qui des deux aura plus à souffrir.

FIN DU TROISIÈME ACTE.

ACTE QUATRIÈME.

SCÈNE I.

OENARUS, PHÈDRE.

OENARUS.
Un si grand changement ne peut trop me surprendre [1] ;
J'en ai la certitude, et ne le puis comprendre.
Après ce pur amour dont il suivoit la loi,
Thésée à ce qu'il aime ose manquer de foi !
Dans la rigueur du coup je ne vois qu'avec crainte
Ce qu'au cœur d'Ariane il doit porter d'atteinte.
J'en tremble ; et si tantôt, lui peignant mon amour,
Je voulois être plaint, je la plains à son tour.

---

[1] Cette scène d'OEnarus et de Phèdre est une de celles qui refroidissent le plus la pièce ; on le sent assez. Ce roi, qui sait le dernier ce qui se passe dans sa cour, et qui dit que, *voir un bel espoir tout à coup avorter passe tous les malheurs qu'on ait à redouter*, et que *c'est du courroux du ciel la preuve la plus funeste*, paraît un roi assez méprisable ; mais quand il dit qu'il sera responsable de ce que Thésée aime probablement dans sa cour quelque fille d'honneur, et qu'on voudra qu'il soit le garant de cet hommage inconnu, on ne peut lui pardonner ces discours indignes d'un prince.

Ce que lui dit Phèdre est plus froid encore. Toutes les scènes où Ariane ne paraît pas sont absolument manquées.

Perdre un bien qui jamais ne permit d'espérance
N'est qu'un mal dont le temps calme la violence;
Mais voir un bel espoir tout-à-coup avorter
Passe tous les malheurs qu'on ait à redouter :
C'est du courroux du ciel la plus funeste preuve.

PHÈDRE.

Ariane, seigneur, en fait la triste épreuve;
Et si de ses ennuis vous n'arrêtez le cours,
J'ignore, pour le rompre, où chercher du secours.
Son cœur est accablé d'une douleur mortelle.

OENARUS.

Vous ne savez que trop l'amour que j'ai pour elle;
Il veut, il offre tout : mais, hélas! je crains bien
Que cet amour ne parle, et qu'il n'obtienne rien.
Si Thésée a changé, j'en serai responsable :
C'est dans ma cour qu'il trouve un autre objet aimable;
Et sans doute on voudra que je sois le garant
De l'hommage inconnu que sa flamme lui rend.

PHÈDRE.

Je doute qu'Ariane, encor que méprisée,
Veuille par votre hymen se venger de Thésée;
Et si ce changement vous permet d'espérer,
Il ne fant pas, seigneur, vous y trop assurer.
Mais quoi qu'elle résolve après la perfidie
Qui doit tenir pour lui sa flamme refroidie,
Qu'elle accepte vos vœux, ou refuse vos soins,
La gloire vous oblige à ne l'aimer pas moins.
Vous lui pouvez toujours servir d'appui fidéle,
Et c'est ce que je viens vous demander pour elle :
Si la Crète vous force à d'injustes combats,

ACTE IV, SCÈNE I.

Au courroux de Minos ne l'abandonnez pas;
Vous savez les périls où sa fuite l'expose.

OENARUS.

Ah! pour l'en garantir il n'est rien que je n'ose,
Madame : et vous verrez mon trône trébucher,
Avant que je néglige un intérêt si cher.
Plût aux dieux que ce soin la tînt seul inquiète!

PHÈDRE.

Voyez dans quels ennuis ce changement la jette:
Son visage vous parle, et sa triste langueur
Vous fait lire en ses yeux ce que souffre son cœur.

SCÈNE II.

OENARUS, ARIANE, PHÈDRE, NÉRINE.

OENARUS.

Madame, je ne sais si l'ennui qui vous touche [1]
Doit m'ouvrir pour vous plaindre ou me fermer la bouche :

---

[1] On ne peut parler plus mal. Il ne sait si l'ennui qui touche Ariane doit *lui ouvrir pour la plaindre, ou lui fermer la bouche;* il doit en partager les coups, quoiqu'il la blesse; il sent le changement *qui trompe la flamme d'Ariane*, et il le met au rang des *plus noirs attentats;* et le ciel lui est témoin, si Ariane en doute, *qu'il voudrait racheter de son sang ce que....* Ariane fait fort bien de l'interrompre; mais le mauvais style d'OEnarus la gagne. L'espérance qu'elle donne à OEnarus de l'épouser dès qu'elle connaîtra sa rivale heureuse, est d'un très grand artifice. Son dessein est de tuer cette rivale; c'est devant Phèdre qu'elle explique l'intérêt qu'elle a de connaître la personne qui lui enlève Thésée; et l'embarras de Phèdre ferait un très grand plaisir au spectateur, si le rôle de Phèdre était plus animé et mieux écrit.

Après les sentiments que j'ai fait voir pour vous,
Je dois, quoi qui vous blesse, en partager les coups.
Mais si j'ose assurer que, jusqu'au fond de l'ame,
Je sens le changement qui trahit votre flamme,
Que je le mets au rang des plus noirs attentats,
J'aime, il m'ôte un rival, vous ne me croirez pas.
Il est certain pourtant, et le ciel qui m'écoute
M'en sera le témoin si votre cœur en doute,
Que si de tout mon sang je pouvois racheter
Ce que....

ARIANE.

Cessez, seigneur, de me le protester.
S'il dépendoit de vous de me rendre Thésée,
La gloire y trouveroit votre ame disposée ;
Je le crois de ce cœur qui sut tout m'immoler :
Aussi veux-je avec vous ne rien dissimuler.
J'aimai, seigneur ; après mon infortune extrême,
Il me seroit honteux de dire encor que j'aime.
Ce n'est pas que le cœur qu'un vrai mérite émeut
Cesse d'être sensible au moment qu'il le veut.
Le mien fut à Thésée, et je l'en croyois digne :
Ses vertus à mes yeux étoient d'un prix insigne ;
Rien ne brilloit en lui que de grand, de parfait ;
Il feignoit de m'aimer, je l'aimois en effet ;
Et comme d'une foi qui sert à me confondre,
Ce qu'il doit à ma flamme eut lieu de me répondre,
Malgré l'ingratitude ordinaire aux amants,
D'autres que moi peut-être auroient cru ses serments.
Je m'immolois entière à l'ardeur d'un pur zéle ;
Cet effort valoit bien qu'il fût toujours fidéle.

Sa perfidie enfin n'a plus rien de secret;
Il la fait éclater, je la vois à regret.
C'est d'abord un ennui qui ronge, qui dévore;
J'en ai déja souffert, j'en puis souffrir encore:
Mais quand à n'aimer plus un grand cœur se résout,
Le vouloir, c'est assez pour en venir à bout.
Quoi qu'un pareil triomphe ait de dur, de funeste,
On s'arrache à soi-même, et le temps fait le reste.
 Voilà l'état, seigneur, où ma triste raison
A mis enfin mon ame après sa trahison.
Vous avez su tantôt, par un aveu sincère,
Que sans lui votre amour eût eu de quoi me plaire;
Et que mon cœur, touché du respect de vos feux,
S'il ne m'eût pas aimée, eût accepté vos vœux.
Puisqu'il me rend à moi, je vous tiendrai parole;
Mais après ce qu'il faut que ma gloire s'immole,
Étouffant un amour et si tendre et si doux,
Je ne vous réponds pas d'en prendre autant pour vous.
Ce sont des traits de feu que le temps seul imprime.
J'ai pour votre vertu la plus parfaite estime;
Et, pour être en état de remplir votre espoir,
Cette estime suffit à qui sait son devoir.

OENARUS.

Ah! pour la mériter, si le plus pur hommage....

ARIANE.

Seigneur, dispensez-moi d'en ouïr davantage.
J'ai tous les sens encor de trouble embarrassés:
Ma main dépend de vous, ce vous doit être assez;
Mais, pour vous la donner, j'avouerai ma foiblesse,
J'ai besoin qu'un ingrat par son hymen m'en presse.

Tant que je le verrois en pouvoir d'être à moi,
Je prétendrois en vain disposer de ma foi :
Un feu bien allumé ne s'éteint qu'avec peine.
Le parjure Thésée a mérité ma haine ;
Mon cœur veut être à vous, et ne peut mieux choisir :
Mais s'il me voit, me parle, il peut s'en ressaisir.
L'amour par le remords aisément se désarme :
Il ne faut quelquefois qu'un soupir, qu'une larme ;
Et du plus fier courroux quoi qu'on se soit promis,
On ne tient pas long-temps contre un amant soumis.
Ce sont vos intérêts que, sans m'en vouloir croire,
Thésée à ses desirs abandonne sa gloire ;
Dès que d'un autre objet je le verrai l'époux,
Si vous m'aimez encor, seigneur, je suis à vous.
Mon cœur de votre hymen se fait un heur suprême,
Et c'est ce que je veux lui déclarer moi-même.
Qu'on le fasse venir. Allez, Nérine. Ainsi,
De mon cœur, de ma foi, n'ayez aucun souci :
Après ce que j'ai dit, vous en êtes le maître.

OENARUS.
Ah ! madame, par où puis-je assez reconnoître....

ARIANE.
Seigneur, un peu de tréve ; en l'état où je suis,
J'ai comblé votre espoir, c'est tout ce que je puis.

SCÈNE III.

ARIANE, PHÈDRE.

PHÈDRE.

Ce retour me surprend. Tantôt contre Thésée
Du plus ardent courroux vous étiez embrasée ;
Et déja la raison a calmé ce transport !

ARIANE.

Que ferois-je, ma sœur ? c'est un arrêt du sort.
Thésée a résolu d'achever son parjure,
Il veut me voir souffrir ; je me tais, et j'endure.

PHÈDRE.

Mais vous, répondez-vous d'oublier aisément
Ce que sa passion eut pour vous de charmant ?
D'avoir à d'autres vœux un cœur si peu contraire,
Que....

ARIANE.

Je n'ai rien promis que je ne veuille faire.
Qu'il s'engage à l'hymen, j'épouserai le roi.

PHÈDRE.

Quoi ! par votre aveu même il donnera sa foi ?
Et lorsque son amour a tant reçu du vôtre,
Vous le verrez sans peine entre les bras d'une autre ?

ARIANE.

Entre les bras d'une autre [1] ! Avant ce coup, ma sœur,

---

[1] Voilà de la vraie passion. La fureur d'une amante trahie éclate ici d'une manière très naturelle. On souhaiterait seulement que Thomas Corneille n'eût point, dans cet endroit, imité son

J'aime, je suis trahie, on connoîtra mon cœur.
Tant de périls bravés, tant d'amour, tant de zéle,
M'auront fait mériter les soins d'un infidéle !
A ma honte par-tout ma flamme aura fait bruit,
Et ma lâche rivale en cueillera le fruit !
J'y donnerai bon ordre. Il faut, pour la connoître,
Empêcher, s'il se peut, ma fureur de paroître :
Moins l'amour outragé fait voir d'emportement,
Plus, quand le coup approche, il frappe sûrement.
C'est par là qu'affectant une douleur aisée,
Je feins de consentir à l'hymen de Thésée ;
A savoir son secret j'intéresse le roi.
Pour l'apprendre, ma sœur, travaillez avec moi ;
Car je ne doute pas qu'une amitié sincère
Contre sa trahison n'arme votre colère,
Que vous ne ressentiez tout ce que sent mon cœur.

PHÈDRE.

Madame, vous savez....

ARIANE.

Je vous connois, ma sœur.
Aussi c'est seulement en vous ouvrant mon ame

frère, qui débite des maximes quand il faut que le sentiment parle. Ariane dit :

> Moins l'amour outragé fait voir d'emportement,
> Plus, quand le coup approche, il frappe sûrement.

Il semble qu'elle débite une loi du code de l'amour pour s'y conformer. Voilà de ces fautes dans lesquelles Racine ne tombe pas. D'ailleurs tous les discours d'Ariane sont passionnés, comme ils doivent l'être ; mais la diction ne répond pas aux sentiments, et c'est un défaut capital.

Que dans son désespoir je soulage ma flamme.
Que de projets trahis ! Sans cet indigne abus,
J'arrêtois votre hymen avec Pirithoüs ;
Et de mon amitié cette marque nouvelle
Vous doit faire encor plus haïr mon infidéle.
Sur le bruit qu'aura fait son changement d'amour,
Sachez adroitement ce qu'on dit à la cour ;
Voyez Églé, Mégiste, et parlez d'Ariane.
Mais sur-tout prenez soin d'entretenir Cyane ;
C'est elle qui d'abord a frappé mon esprit.
Vous savez que l'amour aisément se trahit :
Observez ses regards, son trouble, son silence.

PHÉDRE.

J'y prends trop d'intérêt pour manquer de prudence.
Dans l'ardeur de venger tant de droits violés,
C'est donc cette rivale à qui vous en voulez ?

ARIANE.

Pour porter sur l'ingrat un coup vraiment terrible,
Il faut frapper par là ; c'est son endroit sensible [1].
Vous-même, jugez-en. Elle me fait trahir ;
Par elle je perds tout : la puis-je assez haïr ?
Puis-je assez consentir à tout ce que la rage

[1] Cette expression ridicule, et cette autre, qui est un plat solécisme, *elle me fait trahir* ; et celle-ci, *consentir à ce que la rage a de plus sanglant*, sont du style le plus incorrect et le plus lâche. Cependant, à la représentation, le public ne sent point ces fautes ; la situation entraîne : une excellente actrice glisse sur ces sottises, et ne vous fait apercevoir que les beautés de sentiment. Telle est l'illusion du théâtre ; tout passe quand le sujet est intéressant. Il n'y a que le seul Racine qui soutienne constamment l'épreuve de la lecture.

M'offre de plus sanglant pour venger mon outrage?
Rien, après ce forfait, ne me doit retenir;
Ma sœur, il est de ceux qu'on ne peut trop punir.

Si Thésée, oubliant un amour ordinaire,
M'avoit manqué de foi dans la cour de mon père,
Quoi que pût le dépit en secret m'ordonner,
Cette infidélité seroit à pardonner.
Ma rivale, dirois-je, a pu sans injustice
D'un cœur qui fut à moi chérir le sacrifice;
La douceur d'être aimée ayant touché le sien,
Elle a dû préférer son intérêt au mien.
Mais étrangère ici, pour l'avoir osé croire,
J'ai sacrifié tout, jusqu'au soin de ma gloire;
Et pour ce qu'a quitté ma trop crédule foi [1],

[1] Et pour ce qu'a quitté ma trop crédule foi,
Je n'avois que ce cœur que je croyois à moi.
Je le perds, on me l'ôte : il n'est rien que n'essaie
La fureur qui m'anime, afin qu'on me le paie.

On ne peut guère faire de plus mauvais vers. L'auteur veut, dans cette scène, imiter ces beaux vers d'*Andromaque:*

Je percerai ce cœur que je n'ai pu toucher;
Et mes sanglantes mains, contre mon sein tournées,
Aussitôt, malgré lui, joindront nos destinées;
Et, tout ingrat qu'il est, il me sera plus doux
De mourir avec lui que de vivre avec vous.

Thomas Corneille imite visiblement cet endroit, en faisant dire à Ariane:

Tout perfide qu'il est, ma mort suivra la sienne;
Et sur mon propre sang l'ardeur de nous unir
Me le fera venger aussitôt que punir.

Quoique Thomas Corneille eût pris son frère pour son modèle,

Je n'avois que ce cœur que je croyois à moi.

on voit que, malgré lui, il ne pouvait s'empêcher de chercher à suivre Racine, quand il s'agissait de faire parler les passions.

Cependant il se peut faire, et même il arrive souvent, que deux auteurs, ayant à traiter les mêmes situations, expriment les mêmes sentiments et les mêmes pensées ; la nature se fait également entendre à l'un et à l'autre. Racine faisait jouer *Bajazet* à peu près dans le temps que Corneille donnait *Ariane*. Il fait dire à Roxane :

> Quel surcroît de vengeance et de douceur nouvelle,
> De le montrer bientôt pâle et mort devant elle !
> De voir sur cet objet ses regards arrêtés,
> Me payer les plaisirs que je leur ai prêtés !

Ariane dit, dans un mouvement à peu près semblable :

> Vous figurez-vous bien son désespoir extrême,
> Quand, dégouttante encor du sang de ce qu'il aime,
> Ma main, offerte au roi dans ce fatal instant,
> Bravera jusqu'au bout la douleur qui l'attend ?

Voyez combien ce demi-vers, *Bravera jusqu'au bout*, gâte cette tirade. Que veut dire, *braver une douleur qui attend quelqu'un?* Un seul mauvais vers de cette espèce corrompt tout le plaisir que les sentiments les plus naturels peuvent donner. C'est sur-tout dans la peinture des passions qu'il faut que le style soit pur, et qu'il n'y ait pas un seul mot qui embarrasse l'esprit ; car alors le cœur n'est plus touché.

Ariane s'écarte malheureusement de la nature à la fin de cette scène ; c'est ce qui achève de la défigurer. Elle dit qu'*elle doit donner à son cœur* une *cruelle gêne*. Son cœur, dit-elle, l'a trahie, en lui faisant prendre un amour trop indigne. Il faut qu'elle trahisse son cœur à son tour ; et elle punira ce cœur de ce qu'il n'a pas connu qu'il parlait pour un traître en parlant pour Thésée. C'est là le comble du mauvais goût. Un style lâche est presque pardonnable en comparaison de ces froids jeux d'esprit dans lesquels on s'étudie à mal écrire.

Je le perds, on me l'ôte : il n'est rien que n'essaie
La fureur qui m'anime, afin qu'on me le paie.
J'en mettrai haut le prix, c'est à lui d'y penser.

PHÉDRE.

Ce revers est sensible, il faut le confesser :
Mais, quand vous connoîtrez celle qu'il vous préfère,
Pour venger votre amour que prétendez-vous faire ?

ARIANE.

L'aller trouver, la voir, et de ma propre main
Lui mettre, lui plonger un poignard dans le sein.
Mais, pour mieux adoucir les peines que j'endure,
Je veux porter le coup aux yeux de mon parjure,
Et qu'en son cœur les miens pénètrent à loisir
Ce qu'aura de mortel son affreux déplaisir.
Alors ma passion trouvera de doux charmes
A jouir de ses pleurs comme il fait de mes larmes ;
Alors il me dira si se voir lâchement
Arracher ce qu'on aime est un léger tourment.

PHÉDRE.

Mais, sans l'autoriser à vous être infidèle,
Cette rivale a pu le voir brûler pour elle ;
Elle a peine à ses vœux peut-être à consentir.

ARIANE.

Point de pardon, ma sœur ; il falloit m'avertir :
Son silence fait voir qu'elle a part au parjure.
Enfin il faut du sang pour laver mon injure.
De Thésée, il est vrai, je puis percer le cœur ;
Mais, si je m'y résous, vous n'avez plus de sœur.
Vous aurez beau vouloir que mon bras se retienne ;
Tout perfide qu'il est, ma mort suivra la sienne ;

ACTE IV, SCÈNE III.

Et sur mon propre sang l'ardeur de nous unir
Me le fera venger aussitôt que punir.
Non, non; un sort trop doux suivroit sa perfidie,
Si mes ressentiments se bornoient à sa vie :
Portons, portons plus loin l'ardeur de l'accabler,
Et donnons, s'il se peut, aux ingrats à trembler.
   Vous figurez-vous bien son désespoir extrême,
Quand, dégouttante encor du sang de ce qu'il aime,
Ma main, offerte au roi dans ce fatal instant,
Bravera jusqu'au bout la douleur qui l'attend?
C'est en vain de son cœur qu'il croit m'avoir chassée :
Je n'y suis pas peut-être encor tout effacée ;
Et ce sera de quoi mieux combler son ennui,
Que de vivre à ses yeux pour un autre que lui.

PHÈDRE.

Mais pour aimer le roi vous sentez-vous dans l'ame....

ARIANE.

Et le moyen, ma sœur, qu'un autre objet m'enflamme?
Jamais, soit qu'on se trompe ou réussisse au choix,
Les fortes passions ne touchent qu'une fois :
Ainsi l'hymen du roi me tiendra lieu de peine.
Mais je dois à mon cœur cette cruelle gêne :
C'est lui qui m'a fait prendre un trop indigne amour :
Il m'a trahie ; il faut le trahir à mon tour.
Oui, je le punirai de n'avoir pu connoître
Qu'en parlant pour Thésée il parloit pour un traître,
D'avoir.... Mais le voici. Contraignons-nous si bien,
Que de mon artifice il ne soupçonne rien.

SCÈNE IV.

ARIANE, THÉSÉE, PHÈDRE, NÉRINE.

ARIANE.

Enfin à la raison mon courroux rend les armes.
De l'amour aisément on ne vainc pas les charmes [1].
Si c'étoit un effort qui dépendît de nous,
Je regretterois moins ce que je perds en vous.
Il vous force à changer; il faut que j'y consente.
Au moins c'est de vos soins une marque obligeante,
Que, par ces nouveaux feux ne pouvant être à moi,
Vous preniez intérêt à me donner au roi.
Son trône est un appui qui flatte ma disgrace;
Mais ce n'est que par vous que j'y puis prendre place.
Si l'infidélité ne vous peut étonner,
J'en veux avoir l'exemple, et non pas le donner.

[1] Je n'insiste pas sur ce mot *vainc*, qui ne doit jamais entrer dans les vers, ni même dans la prose. On doit éviter tous les mots dont le son est désagréable, et qui ne sont qu'un reste de l'ancienne barbarie. Mais on ne voit pas trop ce que veut dire Ariane : *S'il dépendoit de nous de vaincre les charmes de l'amour, je regretterois moins ce que je perds en vous.* Cela ne se joint point à ce vers : *Il vous force à changer, il faut que j'y consente.* Il y a une logique secrète qui doit régner dans tout ce qu'on dit, et même dans les passions les plus violentes. Sans cette logique, on ne parle qu'au hasard, on débite des vers qui ne sont que des vers; le bon sens doit animer jusqu'au délire de l'amour.

Thésée joue par-tout un rôle désagréable, et ici plus qu'ailleurs. Un héros qui, dans une scène, ne dit que ces trois mots, *Madame, je n'ai pas....*, ferait mieux de ne rien dire du tout.

C'est peu qu'aux yeux de tous vous brûliez pour une autre :
Tout ce que peut ma main, c'est d'imiter la vôtre,
Lorsque, par votre hymen m'ayant rendu ma foi,
Vous m'aurez mise en droit de disposer de moi.
Pour me faire jouir des biens qu'on me prépare,
C'est à vous de hâter le coup qui nous sépare ;
Votre intérêt le veut encor plus que le mien.

THÉSÉE.

Madame, je n'ai pas....

ARIANE.

Ne me répliquez rien.
Si ma perte est un mal dont votre cœur soupire,
Vos remords trouveront le temps de me le dire ;
Et cependant, ma sœur, qui peut vous écouter,
Saura ce qu'il vous reste encore à consulter.

SCÈNE V.

PHÈDRE, THÉSÉE.

THÉSÉE.

Le ciel à mon amour seroit-il favorable
Jusqu'à rendre si tôt Ariane exorable ?
Madame, quel bonheur qu'après tant de soupirs
Je pusse sans contrainte expliquer mes desirs,
Vous peindre en liberté ce que pour vous m'inspire....

PHÈDRE.

Renfermez-le, de grace, et craignez d'en trop dire.
Vous voyez que j'observe, avant que vous parler,
Qu'aucun témoin ici ne se puisse couler.

Un grand calme à vos yeux commence de paroître.
Tremblez, prince, tremblez; l'orage est près de naître.
Tout ce que vous pouvez vous figurer d'horreur
Des violents projets de l'amour en fureur,
N'est qu'un foible crayon de la secréte rage
Qui posséde Ariane et trouble son courage.
L'aveu qu'à votre hymen elle semble donner,
Vers le piége tendu cherche à vous entraîner.
C'est par là qu'elle croit découvrir sa rivale;
Et, dans les vifs transports que sa vengeance étale,
Plus le sang nous unit, plus son ressentiment,
Quand je serai connue, aura d'emportement.
Rien ne m'en peut sauver, ma mort est assurée.
Tout à l'heure avec moi sa haine l'a jurée :
J'en ai reçu l'arrêt. Ainsi le fort amour,
Souvent sans le savoir, mettant sa flamme au jour,
Mon sang doit s'apprêter à laver son outrage.
Vous l'avez voulu, prince; achevez votre ouvrage.

THÉSÉE.

A quoi que son courroux puisse être disposé,
Il est pour s'en défendre un moyen bien aisé[1].
Ce calme qu'elle affecte afin de me surprendre
Ne me fait que trop voir ce que j'en dois attendre.
La foudre gronde, il faut vous mettre hors d'état
D'en ouïr la menace et d'en craindre l'éclat.
Fuyons d'ici, madame; et venez dans Athènes,
Par un heureux hymen, voir la fin de nos peines.

---

[1] Il ne trouve, pour défendre sa maîtresse, de meilleur moyen que de s'enfuir; il dit que la foudre gronde, parceque Ariane veut se venger de sa rivale. Ce n'est pas là le vrai Thésée. *Il veut, dès*

ACTE IV, SCÈNE V.

J'ai mon vaisseau tout prêt. Dès cette même nuit,
Nous pouvons de ces lieux disparoître sans bruit.
Quand même pour vos jours nous n'aurions rien à craindre,
Assez d'autres raisons nous y doivent contraindre.
Ariane, forcée à renoncer à moi,
N'aura plus de prétexte à refuser le roi :
Pour son propre intérêt, il faut s'éloigner d'elle.

PHÈDRE.

Et qui me répondra que vous serez fidèle?

THÉSÉE.

Ma foi, que ni le temps, ni le ciel en courroux....

PHÈDRE.

Ma sœur l'avoit reçue en fuyant avec vous.

THÉSÉE.

L'emmener avec moi fut un coup nécessaire :
Il falloit la sauver de la fureur d'un père ;
Et la reconnoissance eut part seule aux serments
Par qui mon cœur du sien paya les sentiments :

cette même nuit, de ces lieux disparoître sans bruit: c'est un propos de comédie.

La scène en général est mal écrite, et il y a des vers qu'on ne peut supporter, comme, par exemple, celui-ci :

Je la tue, et c'est vous qui me le faites faire.

Mais il y en a aussi d'heureux et de naturels, auxquels tout l'art de Racine ne pourrait rien ajouter :

Et qui me répondra que vous serez fidèle?
Votre légèreté peut me laisser ailleurs, etc.

La scène finit mal, *Donnez l'ordre qu'il faut, je serai prête à tout*. C'était là qu'on attendait quelques combats du cœur, quelques remords, et sur-tout de beaux vers qui rendissent le rôle de Phèdre plus supportable.

Ce cœur violenté n'aimoit qu'avec étude,
Et, quand il entreroit un peu d'ingratitude
Dans ce manque de foi qui vous semble odieux,
Pourquoi me reprocher un crime de vos yeux?
L'habitude à les voir me fit de l'inconstance
Une nécessité dont rien ne me dispense;
Et si j'ai trop flatté cette crédule sœur,
Vous en êtes complice aussi bien que mon cœur.
Vous voyant auprès d'elle, et mon amour extrême
Ne pouvant avec vous s'expliquer par vous-même,
Ce que je lui disois d'engageant et de doux,
Vous ne saviez que trop qu'il s'adressoit à vous.
Je n'examinois point, en vous ouvrant mon ame,
Si c'étoit d'Ariane entretenir la flamme;
Je songeois seulement à vous marquer ma foi,
Je me faisois entendre, et c'étoit tout pour moi.

PHÈDRE.

Dieux! qu'elle en souffrira! que d'ennuis! que de larmes!
J'en sens naître en mon cœur les plus rudes alarmes:
Il voit avec horreur ce qui doit arriver.
Cependant j'ai trop fait pour ne pas achever;
Ces foudroyants regards, ces accablants reproches,
Dont par son désespoir je vois les coups si proches,
Pour moi, pour une sœur, sont plus à redouter
Que cette triste mort qu'elle croit m'apprêter.
Elle a su votre amour, elle saura le reste.
De ses pleurs, de ses cris, fuyons l'éclat funeste;
Je vois bien qu'il le faut. Mais, las!....

THÉSÉE.

Vous soupirez?

ACTE IV, SCÈNE V.

PHÈDRE.

Oui, prince, je veux trop ce que vous desirez.
Elle se fie à moi, cette sœur, elle m'aime ;
C'est une ardeur sincère, une tendresse extrême ;
Jamais son amitié ne me refusa rien :
Pour l'en récompenser je lui vole son bien,
Je l'expose aux rigueurs du sort le plus sévère,
Je la tue, et c'est vous qui me le faites faire !
Pourquoi vous ai-je aimé ?

THÉSÉE.

Vous en repentez-vous ?

PHÈDRE.

Je ne sais. Pour mon cœur il n'est rien de plus doux :
Mais, vous le remarquez, ce cœur tremble, soupire ;
Et perdant une sœur, si j'ose encor le dire,
Vous la laissez dans Naxe en proie à ses douleurs ;
Votre légèreté me peut laisser ailleurs.
Qui voudra plaindre alors les ennuis de ma vie
Sur l'exemple éclatant d'Ariane trahie ?
Je l'aurai bien voulu. Mais c'en est fait ; partons.

THÉSÉE.

En vain....

PHÈDRE.

Le temps se perd quand nous en consultons.
Si vous blâmez la crainte où ce soupçon me livre,
J'en répare l'outrage en m'offrant à vous suivre.
Puisqu'à ce grand effort ma flamme se résout,
Donnez l'ordre qu'il faut, je serai prête à tout.

FIN DU QUATRIÈME ACTE.

ACTE CINQUIÈME.

SCÈNE I.

ARIANE, NÉRINE.

NÉRINE.
Un peu plus de pouvoir, madame, sur vous-même.
A quoi sert ce transport, ce désespoir extrême?
Vous avez, dans un trouble à nul autre pareil,
Prévenu ce matin le lever du soleil :
Dans le palais, errante, interdite, abattue,
Vous avez laissé voir la douleur qui vous tue :
Ce ne sont que soupirs, que larmes, que sanglots.

ARIANE.
On me trahit, Nérine; où trouver du repos?
Quoi! ce parfait amour dont mon ame ravie
Ne croyoit voir la fin qu'en celle de ma vie,
Ces feux, ces tendres feux pour moi trop allumés,
Dans le cœur d'un ingrat sont déja consumés!
Thésée avec plaisir a pu les voir éteindre!
Ma mort n'est qu'un malheur qui ne vaut pas le craindre[1]!

---

[1] Cette expression n'est pas française ; c'est un reste des mauvaises façons de parler de l'ancien temps, que Thomas Corneille se permettait rarement.
  Il y a beaucoup d'art à jeter dans cette scène quelques légers

ARIANE.

Et ce parjure amant qui se rit de ma foi,
Quoiqu'il vive toujours, ne vivra plus pour moi!
Que fait Pirithoüs? viendra-t-il?

NÉRINE.

Oui, madame;
Je l'ai fait avertir.

ARIANE.

Quels combats dans mon ame!

NÉRINE.

Pirithoüs viendra; mais ce transport jaloux
Qu'attend-il de sa vue? et que lui direz-vous?

ARIANE.

Dans l'excès étonnant de mon cruel martyre,
Hélas! demandes-tu ce que je pourrai dire?
Dût ma douleur sans cesse avoir le même cours,
Se plaint-on trop souvent de ce qu'on sent toujours?
Tu dis donc qu'hier au soir chacun avec murmure
Parloit diversement de ma triste aventure,
Que la jeune Cyane est celle que l'on croit
Que Thésée....

NÉRINE.

On la nomme à cause qu'il la voit:

soupçons sur Phèdre, et à les détruire. On ne peut mieux préparer le coup mortel qu'Ariane recevra quand elle apprendra que Thésée est parti avec sa sœur. Il est vrai que le style est bien négligé; l'intérêt se soutient, et c'est beaucoup; mais les oreilles délicates ne peuvent supporter:

> Que la jeune Cyane est celle que l'on croit
> Que Thésée.... On la nomme à cause qu'il la voit.

Un tel style gâte les choses les plus intéressantes.

Mais qu'en pouvoir juger? il voit Phédre de même;
Et cependant, madame, est-ce Phédre qu'il aime?
ARIANE.
Que n'a-t-il pu l'aimer! Phédre l'auroit connu,
Et par là mon malheur eût été prévenu.
De sa flamme par elle aussitôt avertie,
Dans sa première ardeur je l'aurois amortie.
Par où vaincre d'ailleurs les rebuts de ma sœur?
NÉRINE.
En vain il auroit cru pouvoir toucher son cœur;
Je le sais : mais enfin quand un amant sait plaire,
Qui consent à l'ouïr peut aimer et se taire.
ARIANE.
Je soupçonnerois Phédre, elle de qui les pleurs
Sembloient en s'embarquant présager nos malheurs!
Avant que la résoudre à seconder ma fuite,
A quoi, pour la gagner, ne fus-je pas réduite!
Combien de résistance et d'obstinés refus!
NÉRINE.
Vous n'avez rien, madame, à craindre là-dessus.
Je connois sa tendresse, elle est pour vous si forte,
Qu'elle mourroit plutôt....
ARIANE.
Je veux la voir, n'importe.
Va, fais-lui promptement savoir que je l'attends;
Dis-lui que le sommeil l'arrête trop long-temps,
Que je sens ma douleur croître par son absence.
Qu'elle est heureuse, hélas! dans son indifférence!
Son repos n'est troublé d'aucun mortel souci.
Pirithoüs paroît; fais-la venir ici.

SCÈNE II.

ARIANE, PIRITHOUS.

ARIANE.

Eh bien! puis-je accepter la main qui m'est offerte?
Le roi s'empresse-t-il à réparer ma perte?
Et, pour me laisser libre à payer son amour,
De l'hymen de Thésée a-t-on choisi le jour?

PIRITHOÜS.

Le roi sur ce projet entretint hier Thésée;
Mais il trouva son ame encor mal disposée.
Il est pour les ingrats de rigoureux instants;
Thésée en fit l'épreuve, et demanda du temps.

ARIANE.

Différer d'être heureux après son inconstance,
C'est montrer en aimant bien peu d'impatience,
Et ce nouvel objet dont son cœur est épris
Y doit pour son amour croire trop de mépris.
Pour moi, je l'avouerai, sa trahison me fâche;
Mais puisqu'en me quittant il lui plaît d'être lâche,
Si je dois être au roi, je voudrois que sa main
Eût pu déja fixer mon destin incertain.
L'irrésolution m'embarrasse et me gêne.

PIRITHOÜS.

Si l'on m'avoit dit vrai, vous seriez hors de peine [1];

---

[1] Pirithoüs est ici plus petit que jamais. L'intime ami de Thésée ne sait rien de ce qui se passe, et ne joue qu'un personnage de valet.

Mais, madame, je puis être mal averti.
ARIANE.
Et de quoi, prince?
PIRITHOÜS.
On dit que Thésée est parti.
Par là vous seriez libre.
ARIANE.
Ah! que viens-je d'entendre?
Il est parti, dit-on?
PIRITHOÜS.
Ce bruit doit vous surprendre.
ARIANE.
Il est parti! Le ciel me trahiroit toujours!
Mais non; que deviendroient ses nouvelles amours?
Feroit-il cet outrage à l'objet qui l'enflamme?
L'abandonneroit-il?
PIRITHOÜS.
Je ne sais; mais, madame,
Un vaisseau cette nuit s'est échappé du port
ARIANE.
Ce n'est pas lui, sans doute; on le soupçonne à tort.
Peut-il être parti sans que le roi le sache,
Sans que Pirithoüs, à qui rien ne se cache,
Sans qu'enfin.... mais de quoi me voudrois-je étonner?
Que ne peut-il pas faire? il m'ose abandonner,
Oublier un amour qui, toujours trop fidéle,
M'oblige encor pour lui....

SCÈNE III.

ARIANE, PIRITHOUS, NÉRINE.

ARIANE, *à Nérine.*

Que fait ma sœur? vient-elle[1]?
Avec quelle surprise elle va recevoir
La nouvelle d'un coup qui confond mon espoir,
D'un coup par qui ma haine à languir est forcée!

NÉRINE.

Madame, j'ai long-temps....

ARIANE.

Où l'as-tu donc laissée?
Parle.

NÉRINE.

De tous côtés j'ai couru vainement;
On ne la trouve point dans son appartement.

ARIANE.

On ne la trouve point! Quoi! si matin! Je tremble.
Tant de maux à mes yeux viennent s'offrir ensemble,
Que, stupide, égarée, en ce trouble importun,
De crainte d'en trop voir, je n'en regarde aucun.
N'as-tu rien ouï dire?

NÉRINE.

On parle de Thésée.
On veut que cette nuit, voyant la fuite aisée....

---

[1] Cette scène est véritablement intéressante; elle montre bien qu'il faut toujours jusqu'à la fin de l'inquiétude et de l'incertitude au théâtre.

ARIANE.

O nuit! ô trahison dont la double noirceur
Passe tout.... Mais pourquoi m'alarmer de ma sœur?
Sa tendresse pour moi, l'intérêt de sa gloire,
Sa vertu, tout enfin me défend de rien croire.
Cependant contre moi quand tout prend son parti,
Elle ne paroît point, et Thésée est parti[1] !
Qu'on la cherche; c'est trop languir dans ce supplice;
Je m'en sens accablée, il est temps qu'il finisse.
Quoique mon cœur rejette un doute injurieux,
Il a besoin, ce cœur, du secours de mes yeux.
La moindre inquiétude est trop tard apaisée.

SCÈNE IV.

ARIANE, PIRITHOUS, ARCAS, NÉRINE.

ARCAS, à *Pirithoüs.*
Seigneur, je vous apporte un billet de Thésée.

ARIANE.
Donnez, je le verrai. Par qui l'a-t-on reçu?
D'où l'a-t-on envoyé? Qu'a-t-on fait? Qu'a-t-on su?
Il est parti, Nérine. Ah! trop funeste marque!

ARCAS.
On vient de voir au port arriver une barque;
C'est de là qu'est venu le billet que voici.

---

[1] Ce sont là de ces vers que la situation seule rend excellents; les moindres ornements les affaibliraient. Il y en a quelques uns de cette espèce dans *Ariane;* c'est un très grand mérite : tant il est vrai que le naturel est toujours ce qui plaît le plus.

ARIANE.

Lisons : mon amour tremble à se voir éclairci.

Thésée à Pirithoüs.

« Pardonnez une fuite où l'amour me condamne ;
  « Je pars sans vous en avertir.
« Phédre du même amour n'a pu se garantir ;
« Elle fuit avec moi. Prenez soin d'Ariane. »

Prenez soin d'Ariane ! Il viole sa foi[1],
Me désespère, et veut qu'on prenne soin de moi !

PIRITHOÜS.

Madame, en vos malheurs, qui font peine à comprendre....

ARIANE.

Laissez-moi ; je ne veux vous voir ni vous entendre.
C'est vous, Pirithoüs, dont le funeste abord,
Toujours fatal pour moi, précipite ma mort.

PIRITHOÜS.

J'ignore....

ARIANE.

Allez au roi porter cette nouvelle :
Nérine me demeure, il me suffira d'elle.

PIRITHOÜS.

D'un départ si secret le roi sera surpris.

ARIANE.

Sans son ordre, Thésée eût-il rien entrepris ?

---

[1] Cette répétition des mots du billet de Thésée, *Qu'on prenne soin de moi*, est excellente. *Il viole sa foi, me désespère*, etc., est faible et lâche. C'est de sa sœur qu'elle doit parler : elle savait bien déja que Thésée avait violé sa foi. *Il me désespère* est un terme vague. Ariane ne dit pas ce qu'elle doit dire ; ainsi le mauvais est souvent à côté du bon, et le goût consiste à démêler ces nuances.

Son aveu l'autorise; et de ses injustices,
Le roi, vous, et les dieux, vous êtes tous complices[1].

SCÈNE V.

ARIANE, NÉRINE.

ARIANE.

Ah, Nérine[2]!

NÉRINE.

Madame, après ce que je voi,
Je l'avoue, il n'est plus ni d'honneur ni de foi :
Sur les plus saints devoirs l'injustice l'emporte.
Que de chagrins!

ARIANE.

Tu vois, ma douleur est si forte,
Que, succombant aux maux qu'on me fait découvrir,
Je demeure insensible à force de souffrir.
Enfin d'un fol espoir je suis désabusée;
Pour moi, pour mon amour, il n'est plus de Thésée.

---

[1] Ce vers passe pour être beau; il le serait en effet, si les dieux avaient eu quelque part à la pièce, si quelque oracle avait trompé Ariane; il faut avouer que *les dieux* viennent là assez inutilement pour remplir le vers, et pour frapper l'oreille de la multitude; mais ce vers fait toujours effet.

[2] Cette simple exclamation est très touchante. On se peint à soi-même Ariane plongée dans une douleur qu'elle n'a pas la force d'exprimer. Mais, lorsque le moment d'après elle dit que sa *douleur est si forte, que, succombant aux maux qu'on lui fait découvrir,* elle *demeure insensible à force de souffrir,* ce n'est plus la douleur d'Ariane qui parle, c'est l'esprit du poëte. Il me paraît qu'Ariane raisonne trop, et qu'elle ne raisonne pas assez bien.

Le temps au repentir auroit pu le forcer;
Mais c'en est fait, Nérine, il n'y faut plus penser.
  Hélas! qui l'auroit cru, quand son injuste flamme
Par l'ennui de le perdre accabloit tant mon ame,
Qu'en ce terrible excès de peine et de douleurs
Je ne connusse encor que mes moindres malheurs?
Une rivale au moins pour soulager ma peine,
M'offroit en la perdant de quoi plaire à ma haine;
Je promettois son sang à mes bouillants transports[1];
Mais je trouve à briser les liens les plus forts;
Et, quand dans une sœur, après ce noir outrage,
Je découvre en tremblant la cause de ma rage,
Ma rivale et mon traître, aidés de mon erreur,
Triomphent par leur fuite, et bravent ma fureur!
Nérine, entres-tu bien, lorsque le ciel m'accable,
Dans tout ce qu'a mon sort d'affreux, d'épouvantable?
La rivale sur qui tombe cette fureur,
C'est Phédre, cette Phédre à qui j'ouvrois mon cœur!
Quand je lui faisois voir ma peine sans égale,
Quand j'en marquois l'horreur, c'étoit à ma rivale!

[1] L'un n'est pas opposé à l'autre. Le poëte ne s'exprime pas comme il le doit; il veut dire, *J'espérois me venger d'une rivale, et cette rivale est ma sœur; elle fuit avec mon amant, et tous deux bravent ma vengeance.* Il y a là une douzaine de vers fort mal faits; mais rien n'est plus beau que ceux-ci:

> La perfide, abusant de ma tendre amitié,
> Montroit de ma disgrace une fausse pitié!
> Et, jouissant des maux que j'aimois à lui peindre,
> Elle en étoit la cause, et feignoit de me plaindre!

Voyez comme, dans ces quatre vers, tout est naturel et aisé, comme il n'y a aucun mot inutile, ou hors de sa place.

La perfide, abusant de ma tendre amitié,
Montroit de ma disgrace une fausse pitié!
Et, jouissant des maux que j'aimois à lui peindre,
Elle en étoit la cause, et feignoit de me plaindre!
C'est là mon désespoir. Pour avoir trop parlé,
Je perds ce que déja je tenois immolé.
Je l'ai portée à fuir, et, par mon imprudence,
Moi-même je me suis dérobé ma vengeance.

Dérobé ma vengeance! A quoi pensé-je? Ah dieux!
L'ingrate! On la verroit triompher à mes yeux!
C'est trop de patience en de si rudes peines.
Allons, partons, Nérine, et volons vers Athènes;
Mettons un prompt obstacle à ce qu'on lui promet.
Elle n'est pas encore où son espoir la met.
Sa mort, sa seule mort, mais une mort cruelle....

NÉRINE.

Calmez cette douleur: où vous emporte-t-elle?
Madame, songez-vous que tous ces vains projets
Par l'éclat de vos cris s'entendent au palais?

ARIANE.

Qu'importe que par-tout mes plaintes soient ouïes?
On connoît, on a vu des amantes trahies;
A d'autres quelquefois on a manqué de foi:
Mais, Nérine, jamais il n'en fut comme moi.
Par cette tendre ardeur dont j'ai chéri Thésée
Avois-je mérité de m'en voir méprisée?
De tout ce que j'ai fait considère le fruit!
Quand je fuis pour lui seul, c'est moi seule qu'il fuit.
Pour lui seul je dédaigne une couronne offerte:
En séduisant ma sœur, il conspire ma perte.

De ma foi chaque jour ce sont gages nouveaux :
Je le comble de biens, il m'accable de maux [1];
Et, par une rigueur jusqu'au bout poursuivie,
Quand j'empêche sa mort, il m'arrache la vie.
Après l'indigne éclat d'un procédé si noir,
Je ne m'étonne plus qu'il craigne de me voir :
La honte qu'il en a lui fait fuir ma rencontre.
Mais enfin à mes yeux il faudra qu'il se montre :
Nous verrons s'il tiendra contre ce qu'il me doit ;
Mes larmes parleront, c'en est fait s'il les voit.
Ne les contraignons plus, et par cette foiblesse
De son cœur étonné surprenons la tendresse.

[1] Il est naturel à la douleur de se répandre en plaintes ; la loquacité même lui est permise, mais c'est à condition qu'on ne dira rien que de juste, et qu'on ne se plaindra point vaguement, et en termes impropres. Ariane n'a pas comblé Thésée de biens ; il faut qu'elle exprime sa situation, et non pas qu'elle dise faiblement qu'on l'accable de maux. Comment peut-elle dire que Thésée évite sa rencontre par la honte qu'il a de sa perfidie, dans le temps que Thésée est parti avec Phèdre ? Comment peut-elle dire qu'il faudra bien enfin qu'il se montre ? Ariane, en se plaignant ainsi, sèche les larmes des connaisseurs qui s'attendrissaient pour elle. Elle a beau dire, par un retour sur soi-même, à *quel lâche espoir mon trouble me réduit!* ce trouble n'a point dû lui faire oublier que sa sœur lui a enlevé son amant, et qu'ils voguent tous deux vers Athènes ; bien au contraire, c'est sur cette fuite que tous ses emportements et tout son désespoir doivent être fondés. Les vers qu'elle débite ne sont pas assez bien faits :

> La peur d'en faire trop seroit hors de saison.
> .... Si je demeure aimée.... où mon cœur se ravale.
> De cette assassinante et trop funeste idée.
> Quelques bras que contre eux ma haine puisse unir.
> Je souffre plus encor qu'elle ne peut punir, etc.

Ayant à mon amour immolé ma raison,
La peur d'en faire trop seroit hors de saison.
Plus d'égard à ma gloire; approuvée ou blâmée,
J'aurai tout fait pour moi, si je demeure aimée....
Mais à quel lâche espoir mon trouble me réduit!
Si j'aime encor Thésée, oublié-je qu'il fuit?
Peut-être en ce moment aux pieds de ma rivale
Il rit des vains projets où mon cœur se ravale.
Tous deux peut-être.... Ah ciel! Nérine, empêche-moi
D'ouïr ce que j'entends, de voir ce que je voi.
Leur triomphe me tue; et, toute possédée
De cette assassinante et trop funeste idée,
Quelques bras que contre eux ma haine puisse unir,
Je souffre plus encor qu'elle ne peut punir.

SCÈNE VI.

OENARUS, ARIANE, PIRITHOUS, NÉRINE, ARCAS.

OENARUS.

Je ne viens point, madame, opposer à vos plaintes
De faux raisonnements ou d'injustes contraintes [1];
Je viens vous protester que tout ce qu'en ma cour....

---

[1] Ce pauvre prince de Naxe, qui ne vient point opposer d'injustes contraintes et de faux raisonnements, et qui ne finit jamais sa phrase, achève son rôle aussi mal qu'il l'a commencé.

Enfin, dans cette pièce, il n'y a qu'Ariane. C'est une tragédie faible, dans laquelle il y a des morceaux très naturels et très touchants, et quelques uns même très bien écrits.

ACTE V, SCÈNE VI.

ARIANE.

Je sais ce que je dois, seigneur, à votre amour;
Je connois même à quoi ma parole m'engage :
Mais....

OENARUS.

A vos déplaisirs épargnons cette image.
Vous répondriez mal d'un cœur....

ARIANE.

Comment, hélas!
Répondrois-je de moi? Je ne me connois pas.

OENARUS.

Si du secours du temps ma foi favorisée
Peut mériter qu'un jour vous oubliiez Thésée....

ARIANE.

Si j'oublierai Thésée? Ah dieux! mon lâche cœur
Nourriroit pour Thésée une honteuse ardeur!
Thésée encor sur moi garderoit quelque empire!
Je dois haïr Thésée, et voudrois m'en dédire!
Oui, Thésée à jamais sentira mon courroux;
Et si c'est pour vos vœux quelque chose de doux,
Je jure par les dieux, par ces dieux qui peut-être
S'uniront avec moi pour me venger d'un traître,
Que j'oublierai Thésée; et que, pour m'émouvoir,
Remords, larmes, soupirs, manqueront de pouvoir.

PIRITHOÜS.

Madame, si j'osois....

ARIANE.

Non, parjure Thésée,
Ne crois pas que jamais je puisse être apaisée;
Ton amour y feroit des efforts superflus.

Le plus grand de mes maux est de ne t'aimer plus :
Mais après ton forfait, ta noire perfidie,
Pourvu qu'à te gêner le remords s'étudie,
Qu'il te livre sans cesse à de secrets bourreaux,
C'est peu pour m'étonner que le plus grand des maux.
J'ai trop gémi, j'ai trop pleuré tes injustices ;
Tu m'as bravée : il faut qu'à ton tour tu gémisses.
Mais quelle est mon erreur ! Dieux ! je menace en l'air.
L'ingrat se donne ailleurs quand je crois lui parler.
Il goûte la douceur de ses nouvelles chaînes.
Si vous m'aimez, seigneur, suivons-le dans Athènes.
Avant que ma rivale y puisse triompher,
Partons ; portons-y plus que la flamme et le fer.
Que par vous la perfide entre mes mains livrée
Puisse voir ma fureur de son sang enivrée.
Par ce terrible éclat signalez ce grand jour,
Et méritez ma main en vengeant mon amour.

OENARUS.

Consultons-en le temps, madame, et s'il faut faire....

ARIANE.

Le temps ! Mon désespoir souffre-t-il qu'on diffère ?
Puisque tout m'abandonne, il est pour mon secours
Une plus sûre voie, et des moyens plus courts.
 (*Elle se jette sur l'épée de Pirithoüs.*)
Tu m'arrêtes, cruel !

NÉRINE.

   Que faites-vous, madame ?

ARIANE, *à Nérine.*

Soutiens-moi ; je succombe aux transports de mon ame.
Si dans mes déplaisirs tu veux me secourir,

Ajoute à ma foiblesse, et me laisse mourir.
OENARUS.
Elle semble pâmer. Qu'on la secoure vite.
Sa douleur est un mal qu'un prompt reméde irrite;
Et c'en seroit sans doute accroître les efforts,
Qu'opposer quelque obstacle à ses premiers transports.

FIN D'ARIANE.

LE COMTE D'ESSEX,

TRAGÉDIE.

1678.

AU LECTEUR.

Il y a trente ou quarante ans que feu M. de La Calprenède traita le sujet du comte d'Essex, et le traita avec beaucoup de succès. Ce que je me suis hasardé à faire après lui semble n'avoir point déplu; et la matière est si heureuse par la pitié qui en est inséparable, qu'elle n'a pas laissé examiner mes fautes avec toute la sévérité que j'avois à craindre. Il est certain que le comte d'Essex eut grande part aux bonnes graces d'Élisabeth. Il étoit naturellement ambitieux. Les services qu'il avoit rendus à l'Angleterre lui enflèrent le courage. Ses ennemis l'accusèrent d'intelligence avec le comte de Tyron, que les rebelles d'Irlande avoient pris pour chef. Les soupçons qu'on en eut lui firent ôter le commandement de l'armée. Ce changement le piqua. Il vint à Londres, révolta le peuple, fut pris, condamné; et, ayant toujours refusé de demander grace, il eut la tête coupée le 25 février 1601. Voilà ce que l'histoire m'a fourni. J'ai été surpris qu'on m'ait imputé de l'avoir falsifiée, parceque je ne me suis point servi de l'incident d'une bague qu'on prétend que la reine avoit donnée au comte d'Essex pour gage d'un pardon certain, quelque crime qu'il pût jamais commettre contre l'état : mais je suis persuadé que cette bague est de l'invention de M. de La Calprenède; du moins je n'en ai rien lu dans aucun historien. Cambdenus, qui a fait un gros volume de la seule vie d'Élisabeth, n'en parle point; et c'est une particularité que je me serois cru en pouvoir de supprimer, quand même je l'aurois trouvée dans son histoire.

PRÉFACE DE VOLTAIRE.

La mort du comte d'Essex a été le sujet de quelques tragédies, tant en France qu'en Angleterre. La Calprenède fut le premier qui mit ce sujet sur la scène en 1632. Sa pièce eut un très grand succès. L'abbé Boyer, long-temps après, traita ce sujet différemment en 1672. Sa pièce était plus régulière; mais elle était froide, et elle tomba. Thomas Corneille, en 1678, donna sa tragédie du *Comte d'Essex*: elle est la seule qu'on joue encore quelquefois. Aucun de ces trois auteurs ne s'est attaché scrupuleusement à l'histoire.

Pictoribus atque poetis
Quidlibet audendi semper fuit æqua potestas.

Mais cette liberté a ses bornes, comme toute autre espèce de liberté. Il ne sera pas inutile de donner ici un précis de cet événement.

Élisabeth, reine d'Angleterre, qui régna avec beaucoup de prudence et de bonheur, eut pour base de sa conduite, depuis qu'elle fut sur le trône, le dessein de ne se jamais donner de mari, et de ne se soumettre jamais à un amant. Elle aimait à plaire, et elle n'était pas insensible. Robert Dudley, fils du duc de Northumberland, lui inspira d'abord quelque inclination, et fut regardé quelque temps comme un favori déclaré, sans qu'il fût un amant heureux.

Le comte de Leicester succéda dans la faveur à Dudley; et enfin, après la mort de Leicester, Robert d'Évreux, comte d'Essex, fut dans ses bonnes graces. Il était fils d'un comte d'Essex, créé par la reine comte-maréchal d'Irlande : cette famille était originaire de Normandie, comme le nom d'Évreux le témoigne assez. Ce n'est pas que la ville d'Évreux eût jamais appartenu à cette maison; elle avait été érigée en comté par Richard Ier, duc de Normandie, pour un de ses fils, nommé Robert, archevêque de Rouen, qui, étant archevêque, se maria solennellement à une demoiselle nommée Herléve. De ce mariage, que l'usage approuvait alors, naquit une fille, qui porta le comté d'Évreux dans la maison de Montfort. Philippe-Auguste acquit Évreux en 1200 par une transaction; ce comté fut depuis réuni à la couronne, et cédé ensuite en pleine propriété, en 1651, par Louis XIV, à la maison de la Tour d'Auvergne de Bouillon. La maison d'Essex, en

PRÉFACE

Angleterre, descendait d'un officier subalterne, natif d'Évreux, qui suivit Guillaume le Bâtard à la conquête de l'Angleterre, et qui prit le nom de la ville où il était né. Jamais Évreux n'appartint à cette famille, comme quelques uns l'ont cru. Le premier de cette maison qui fut comte d'Essex fut Gauthier d'Évreux, père du favori d'Élisabeth; et ce favori, nommé Guillaume, laissa un fils, qui fut fort malheureux, et dans qui la race s'éteignit.

Cette petite observation n'est que pour ceux qui aiment les recherches historiques, et n'a aucun rapport avec la tragédie que nous examinerons.

Le jeune Guillaume, comte d'Essex, qui fait le sujet de la pièce, s'étant un jour présenté devant la reine, lorsqu'elle allait se promener dans un jardin, il se trouva un endroit rempli de fange sur le passage; Essex détacha sur-le-champ un manteau broché d'or qu'il portait, et l'étendit sous les pieds de la reine. Elle fut touchée de cette galanterie. Celui qui la faisait était d'une figure noble et aimable; il parut à la cour avec beaucoup d'éclat. La reine, âgée de cinquante-huit ans, prit bientôt pour lui un goût que son âge mettait à l'abri des soupçons : il était aussi brillant par son courage et par la hauteur de son esprit que par sa bonne mine. Il demanda la permission d'aller conquérir, à ses dépens, un canton de l'Irlande, et se signala souvent en volontaire. Il fit revivre l'ancien esprit de la chevalerie, portant toujours à son bonnet un gant de la reine Élisabeth. C'est lui qui, commandant les troupes anglaises au siége de Rouen, proposa un duel à l'amiral de Villars-Brancas, qui défendait la place, pour lui prouver, disait-il dans son cartel, que sa maîtresse était plus belle que celle de l'amiral. Il fallait qu'il entendît par là quelque autre dame que la reine Élisabeth, dont l'âge et le grand nez n'avaient pas de puissants charmes. L'amiral lui répondit qu'il se souciait fort peu que sa maîtresse fût belle ou laide, et qu'il l'empêcherait bien d'entrer dans Rouen. Il défendit très bien la place, et se moqua de lui.

La reine le fit grand-maître de l'artillerie, lui donna l'ordre de la Jarretière, et enfin le mit de son conseil privé. Il y eut quelque temps le premier crédit; mais il ne fit jamais rien de mémorable; et, lorsqu'en 1599 il alla en Irlande contre les rebelles, à la tête d'une armée de plus de vingt mille hommes, il laissa dépérir entièrement cette armée, qui devait subjuguer l'Irlande en se montrant. Obligé de rendre compte d'une si mauvaise conduite devant le conseil, il ne répondit que par des bravades qui n'auraient pas même convenu après une campagne heureuse. La reine, qui avait encore pour lui quelque bonté, se contenta de lui ôter sa place au conseil, de suspendre l'exercice de ses autres dignités, et de lui défendre la cour. Elle avait alors soixante-huit ans. Il est ridicule d'imaginer que l'amour pût avoir la moindre part dans cette aventure. Le comte conspira indignement contre sa bienfaitrice; mais sa conspiration fut celle d'un homme sans jugement. Il crut que Jacques, roi d'Écosse, héritier naturel d'Élisabeth, pourrait le secourir, et venir détrôner la reine. Il se flatta d'avoir un parti dans Londres; on le vit dans les rues, suivi de quelques insensés attachés à sa fortune, tenter inutilement de soulever le peuple. On le saisit, ainsi que plusieurs de ses complices. Il fut condamné et exécuté selon les lois, sans être plaint de personne. On prétend qu'il était devenu dévot dans sa prison, et qu'un malheureux prédicant presbytérien lui ayant persuadé qu'il serait damné, s'il n'accusait pas tous ceux qui avaient part à son crime, il eut la lâcheté d'être leur délateur, et de déshonorer ainsi la fin de sa vie. Le goût qu'Élisabeth avait eu autrefois pour lui, et dont il était en effet très peu digne, a servi de prétexte à des romans et à des tragédies. On a prétendu qu'elle avait hésité à signer l'arrêt de mort que les pairs du royaume avaient prononcé contre lui. Ce qui est sûr, c'est qu'elle le signa; rien n'est plus avéré, et cela seul dément les romans et les tragédies.

PERSONNAGES.

ÉLISABETH, reine d'Angleterre.
LA DUCHESSE D'IRTON, aimée du comte d'Essex.
LE COMTE D'ESSEX.
CÉCILE, ennemi du comte d'Essex.
LE COMTE DE SALSBURY, ami du comte d'Essex.
CROMMER, capitaine des gardes de la reine.
TILNEY, confidente d'Élisabeth.
SUITE.

La scène est à Londres.

LE COMTE D'ESSEX.

ACTE PREMIER.

SCÈNE I.

LE COMTE D'ESSEX, LE COMTE DE SALSBURY.

LE COMTE D'ESSEX.

Non, mon cher Salsbury, vous n'avez rien à craindre [1];
Quel que soit son courroux, l'amour saura l'éteindre;
Et, dans l'état funeste où m'a plongé le sort,
Je suis trop malheureux pour obtenir la mort.
Non qu'il ne me soit dur qu'on permette à l'envie
D'attaquer lâchement la gloire de ma vie:
Un homme tel que moi, sur l'appui de son nom,

---

[1] Il n'y eut point de Salsbury (Salisbury) mêlé dans l'affaire du comte d'Essex. Son principal complice était un comte de Southampton; mais apparemment que le premier nom parut plus sonore à l'auteur, ou plutôt il n'était pas au fait de l'histoire d'Angleterre.

Devroit comme du crime être exempt du soupçon.
Mais enfin cent exploits et sur mer et sur terre
M'ont fait connoître assez à toute l'Angleterre,
Et j'ai trop bien servi pour pouvoir redouter
Ce que mes ennemis ont osé m'imputer.
Ainsi, quand l'imposture auroit surpris la reine,
L'intérêt de l'état rend ma grace certaine;
Et l'on ne sait que trop, par ce qu'a fait mon bras,
Que qui perd mes pareils ne les retrouve pas.

SALSBURY.

Je sais ce que de vous, par plus d'une victoire,
L'Angleterre a reçu de surcroît à sa gloire :
Vos services sont grands, et jamais potentat
N'a sur un bras plus ferme appuyé son état.
Mais, malgré vos exploits, malgré votre vaillance,
Ne vous aveuglez point sur trop de confiance :
Plus la reine, au mérite égalant ses bienfaits,
Vous a mis en état de ne tomber jamais,
Plus vous devez trembler que trop d'orgueil n'éteigne
Un amour qu'avec honte elle voit qu'on dédaigne.
Pour voir votre faveur tout-à-coup expirer,
La main qui vous soutient n'a qu'à se retirer.
Et quelle sûreté le plus rare service
Donne-t-il à qui marche au bord du précipice?
Un faux pas y fait choir; mille fameux revers
D'exemples étonnants ont rempli l'univers.
Souffrez à l'amitié qui nous unit ensemble....

LE COMTE D'ESSEX.

Tout a tremblé sous moi, vous voulez que je tremble?
L'imposture m'attaque, il est vrai; mais ce bras

Rend l'Angleterre à craindre aux plus puissants états.
Il a tout fait pour elle, et j'ai sujet de croire
Que la longue faveur où m'a mis tant de gloire
De mes vils ennemis viendra sans peine à bout :
Elle me coûte assez pour en attendre tout.

SALSBURY.

L'état fleurit par vous, par vous on le redoute :
Mais enfin, quelque sang que sa gloire vous coûte,
Comme un sujet doit tout, s'il s'oublie une fois,
On regarde son crime, et non pas ses exploits.
On veut que vos amis, par de sourdes intrigues,
Se soient mêlés pour vous de cabales, de ligues;
Qu'au comte de Tyron ayant souvent écrit
Vous ayez ménagé ce dangereux esprit;
Et qu'avec l'Irlandois appuyant sa querelle
Vour preniez le parti de ce peuple rebelle :
On produit des témoins, et l'indice est puissant.

LE COMTE D'ESSEX.

Et que peut leur rapport si je suis innocent?
Le comte de Tyron, que la reine appréhende,
Voudroit rentrer en grace, y remettre l'Irlande;
Et je croirois servir l'état plus que jamais,
Si mon avis suivi pouvoit faire sa paix.
Comme il hait les méchants, il me seroit utile
A chasser un Coban, un Raleigh, un Cécile [1],

---

[1] Robert Cecil, lord Burleigh, fils de William Cecil, lord Burleigh, principal ministre d'état sous Élisabeth, fut depuis comte de Salisbury. Il s'en fallait beaucoup que ce fût un homme sans nom. L'auteur ne devait pas faire d'un comte de Salisbury un confident du comte d'Essex, puisque le véritable comte de Salisbury

Un tas d'hommes sans nom, qui, lâchement flatteurs,
Des désordres publics font gloire d'être auteurs :
Par eux tout périra. La reine, qu'ils séduisent,
Ne veut pas que contre eux les gens de bien l'instruisent :
Maîtres de son esprit, ils lui font approuver
Tout ce qui peut servir à les mieux élever.
Leur grandeur se formant par la chute des autres....

SALSBURY.

Ils ont leurs intérêts, ne parlons que des vôtres.
Depuis quatre ou cinq jours, sur quels justes projets
Avez-vous de la reine assiégé le palais,
Lorsque le duc d'Irton épousant Henriette....[1]

LE COMTE D'ESSEX.

Ah! faute irréparable, et que trop tard j'ai faite!
Au lieu d'un peuple lâche et prompt à s'étonner,
Que n'ai-je eu pour secours une armée à mener!
Par le fer, par le feu, par tout ce qui peut être,

était ce même Cecil, son ennemi personnel, un des seigneurs qui le condamnèrent. Walter Raleigh était un vice-amiral, célèbre par ses grandes actions et par son génie, et dont le mérite solide était fort supérieur au brillant du comte d'Essex. Il n'y eut jamais de Coban, mais bien un lord Cobham, d'une des plus illustres maisons du pays, qui, sous le roi Jacques Ier, fut mis en prison pour une conspiration vraie ou prétendue. Il n'est pas permis de falsifier à ce point une histoire si récente, et de traiter avec tant d'indignité des hommes de la plus grande naissance et du plus grand mérite. Les personnes instruites en sont révoltées, sans que les ignorants y trouvent beaucoup de plaisir.

[1] Il n'y a jamais eu ni duc d'Irton, ni aucun homme de ce nom à la cour de Londres. Il est bon de savoir que, dans ce temps-là, on n'accordait le titre de duc qu'aux seigneurs alliés des rois et des reines.

ACTE I, SCÈNE I.

J'aurois de ce palais voulu me rendre maître.
C'en est fait; biens, trésors, rangs, dignités, emploi,
Ce dessein m'a manqué, tout est perdu pour moi.

SALSBURY.

Que m'apprend ce transport?

LE COMTE D'ESSEX.

Qu'une flamme secrète
Unissoit mon destin à celui d'Henriette,
Et que de mon amour son jeune cœur charmé
Ne me déguisoit pas que j'en étois aimé.

SALSBURY.

Le duc d'Irton l'épouse, elle vous abandonne;
Et vous pouvez penser....

LE COMTE D'ESSEX.

Son hymen vous étonne;
Mais enfin apprenez par quels motifs secrets
Elle s'est immolée à mes seuls intérêts.
Confidente à-la-fois et fille de la reine,
Elle avoit su vers moi le penchant qui l'entraîne.
Pour elle chaque jour réduite à me parler [1],
Elle a voulu me vaincre, et n'a pu m'ébranler;
Et, voyant son amour, où j'étois trop sensible,
Me donner pour la reine un dédain invincible,
Pour m'en ôter la cause en m'ôtant tout espoir,

---

[1] Il semblerait qu'Élisabeth fût une Roxane, qui, n'osant entretenir le comte d'Essex, lui fit parler d'amour sous le nom d'une Atalide. Quand on sait que la reine d'Angleterre était presque septuagénaire, ces petites intrigues, ces petites sollicitations amoureuses deviennent bien extraordinaires.

Quant au style, il est faible, mais clair, et entièrement dans le genre médiocre.

Elle s'est mariée.... Hé! qui l'eût pu prévoir!
Sans cesse, en condamnant mes froideurs pour la reine,
Elle me préparoit à cette affreuse peine;
Mais, après la menace, un tendre et prompt retour
Me mettoit en repos sur la foi de l'amour:
Enfin, par mon absence à me perdre enhardie,
Elle a contre elle-même usé de perfidie.
Elle m'aimoit, sans doute, et n'a donné sa foi
Qu'en m'arrachant un cœur qui devoit être à moi.
A ce funeste avis, quelles rudes alarmes!
Pour rompre son hymen j'ai fait prendre les armes;
En tumulte au palais je suis vite accouru,
Dans toute sa fureur mon transport a paru.
J'allois sauver un bien qu'on m'ôtoit par surprise;
Mais, averti trop tard, j'ai manqué l'entreprise;
Le duc, unique objet de ce transport jaloux,
De l'aimable Henriette étoit déja l'époux.
Si j'ai trop éclaté, si l'on m'en fait un crime,
Je mourrai de l'amour innocente victime;
Malheureux de savoir qu'après ce vain effort
Le duc toujours heureux jouira de ma mort.

SALSBURY.

Cette jeune duchesse a mérité, sans doute,
Les cruels déplaisirs que sa perte vous coûte;
Mais, dans l'heureux succès que vos soins avoient eu,
Aimé d'elle en secret, pourquoi vous être tû?
La reine dont pour vous la tendresse infinie
Prévient jusqu'aux souhaits....

LE COMTE D'ESSEX.

C'est là sa tyrannie.

ACTE I, SCÈNE I.

Et que me sert, hélas! cet excès de faveur,
Qui ne me laisse pas disposer de mon cœur?
Toujours trop aimé d'elle, il m'a fallu contraindre
Cet amour qu'Henriette eut beau vouloir éteindre.
Pour ne hasarder pas un objet si charmant,
De la sœur de Suffolk je me feignis amant [1].
Soudain son implacable et jalouse colère
Éloigna de mes yeux et la sœur et le frère.
Tous deux, quoique sans crime, exilés de la cour,
M'apprirent encor mieux à cacher mon amour.
Vous en voyez la suite, et mon malheur extrême.
Quel supplice! un rival possède ce que j'aime!
L'ingrate au duc d'Irton a pu se marier!
Ah ciel!

SALSBURY.
Elle est coupable, il la faut oublier.

LE COMTE D'ESSEX.
L'oublier! et ce cœur en deviendroit capable!
Ah! non, non; voyons-la cette belle coupable.

---

[1] Il n'y avait pas plus de sœur de Suffolk que de duc d'Irton. Le comte d'Essex était marié. L'intrigue de la tragédie n'est qu'un roman; le grand point est que ce roman puisse intéresser. On demande jusqu'à quel point il est permis de falsifier l'histoire dans un poëme? Je ne crois pas qu'on puisse changer, sans déplaire, les faits ni même les caractères connus du public. Un auteur qui représenterait César battu à Pharsale, serait aussi ridicule que celui qui, dans un opéra, introduisait César sur la scène, chantant *alla fuga, a lo scampo, signori*. Mais quand les événements qu'on traite sont ignorés d'une nation, l'auteur en est absolument le maître. Presque personne en France, du temps de Thomas Corneille, n'était instruit de l'histoire d'Angleterre: aujourd'hui un poëte devrait être plus circonspect.

Je l'attends en ce lieu. Depuis le triste jour
Que son funeste hymen a trahi mon amour.
N'ayant pu lui parler, je viens enfin lui dire....

SALSBURY.

La voici qui paroît. Adieu, je me retire.
Quoi que vous attendiez d'un si cher entretien,
Songez qu'on veut vous perdre, et ne négligez rien.

SCÈNE II.

LA DUCHESSE, LE COMTE D'ESSEX.

LA DUCHESSE.

J'ai causé vos malheurs; et le trouble où vous êtes
M'apprend de mon hymen les plaintes que vous faites;
Je me les fais pour vous. Vous m'aimiez, et jamais
Un si beau feu n'eut droit de remplir mes souhaits :
Tout ce que peut l'amour avoir de fort, de tendre,
Je l'ai vu dans les soins qu'il vous a fait me rendre.
Votre cœur tout à moi méritoit que le mien
Du plaisir d'être à vous fît son unique bien;
C'est à quoi son penchant l'auroit porté sans peine.
Mais vous vous êtes fait trop aimer de la reine :
Tant de biens répandus sur vous jusqu'à ce jour,
Payant ce qu'on vous doit, déclarent son amour.
Cet amour est jaloux; qui le blesse est coupable;
C'est un crime qui rend sa perte inévitable :
La vôtre auroit suivi. Trop aveugle pour moi,
Du précipice ouvert vous n'aviez point d'effroi.
Il a fallu prêter un aide à la foiblesse

Qui de vos sens charmés se rendoit la maîtresse :
Tant que vous m'eussiez vue en pouvoir d'être à vous,
Vous auriez dédaigné ce qu'eût pu son courroux.
Mille ennemis secrets qui cherchent à vous nuire,
Attaquant votre gloire, auroient pu vous détruire ;
Et d'un crime d'amour leur indigne attentat
Vous eût dans son esprit fait un crime d'état.
Pour ôter contre vous tout prétexte à l'envie,
J'ai dû vous immoler le repos de ma vie.
A votre sûreté mon hymen importoit.
Il falloit vous trahir ; mon cœur y résistoit :
J'ai déchiré ce cœur, afin de l'y contraindre.
Plaignez-vous là-dessus, si vous osez vous plaindre.

LE COMTE D'ESSEX.

Oui, je me plains, madame ; et vous croyez en vain
Pouvoir justifier ce barbare dessein.
Si vous m'aviez aimé, vous auriez par vous-même
Connu que l'on perd tout quand on perd ce qu'on aime,
Et que l'affreux supplice où vous me condamniez
Surpassoit tous les maux dont vous vous étonniez.
Votre dure pitié, par le coup qui m'accable,
Pour craindre un faux malheur, m'en fait un véritable.
Et que peut me servir le destin le plus doux ?
Avois-je à souhaiter un autre bien que vous ?
Je méritois peut-être, en dépit de la reine,
Qu'à me le conserver vous prissiez quelque peine.
Une autre eût refusé d'immoler un amant ;
Vous avez cru devoir en user autrement.
Mon cœur veut révérer la main qui le déchire ;
Mais, encore une fois j'oserai vous le dire,

Pour moi contre ce cœur votre bras s'est armé.
Vous ne l'auriez pas fait, si vous m'aviez aimé.
LA DUCHESSE.
Ah! comte, plût au ciel, pour finir mon supplice,
Qu'un semblable reproche eût un peu de justice!
Je ne sentirois pas avec tant de rigueur
Tout mon repos céder aux troubles de mon cœur.
Pour vous au plus haut point ma flamme étoit montée;
Je n'en dois point rougir, vous l'aviez méritée;
Et le comte d'Essex, si grand, si renommé,
M'aimant avec excès, pouvoit bien être aimé.
C'est dire peu : j'ai beau n'être plus à moi-même,
Avec la même ardeur je sens que je vous aime,
Et que le changement où m'engage un époux,
Malgré ce que je dois, ne peut rien contre vous.
Jugez combien mon sort est plus dur que le vôtre :
Vous n'êtes point forcé de brûler pour une autre;
Et quand vous me perdez, si c'est perdre un grand bien,
Du moins, en m'oubliant, vous pouvez n'aimer rien.
Mais c'est peu que mon cœur, dans ma disgrace extrême,
Pour suivre son devoir s'arrache à ce qu'il aime;
Il faut, par un effort pire que le trépas,
Qu'il tâche à se donner à ce qu'il n'aime pas.
Si la nécessité de vaincre pour ma gloire
Vous fait voir quels combats doit coûter la victoire,
Si vous en concevez la fatale rigueur,
Ne m'ôtez pas le fruit des peines de mon cœur.
C'est pour vous conserver les bontés de la reine
Que j'ai voulu me rendre à moi-même inhumaine;
De son amour pour vous elle m'a fait témoin :

Ménagez-en l'appui, vous en avez besoin.
Pour noircir, abaisser vos plus rares services,
Aux traits de l'imposture on joint mille artifices;
Et l'honneur vous engage à ne rien oublier
Pour repousser l'outrage, et vous justifier.

LE COMTE D'ESSEX.

Et me justifier? moi! Ma seule innocence
Contre mes envieux doit prendre ma défense.
D'elle-même on verra l'imposture avorter,
Et je me ferois tort si j'en pouvois douter.

LA DUCHESSE.

Vous êtes grand, fameux, et jamais la victoire
N'a d'un sujet illustre assuré mieux la gloire;
Mais, plus dans un haut rang la faveur vous a mis,
Plus la crainte de choir vous doit rendre soumis.
Outre qu'avec l'Irlande on vous croit des pratiques,
Vous êtes accusé de révoltes publiques.
Avoir à main armée investi le palais....

LE COMTE D'ESSEX.

O malheur pour l'amour à n'oublier jamais!
Vous épousez le duc, je l'apprends, et ma flamme
Ne peut vous empêcher de devenir sa femme.
Que ne sus-je plus tôt que vous m'alliez trahir!
En vain on vous auroit ordonné d'obéir :
J'aurois.... Mais c'en est fait. Quoi que la reine pense,
Je tairai les raisons de cette violence.
De mon amour pour vous le mystère éclairci,
Pour combler mes malheurs, vous banniroit d'ici.

LA DUCHESSE.

Mais vous ne songez pas que la reine soupçonne

Qu'un complot si hardi regardoit sa couronne.
Des témoins contre vous en secret écoutés
Font pour vrais attentats passer des faussetés.
Raleigh prend leur rapport, et le lâche Cécile....
　　　　　LE COMTE D'ESSEX.
L'un et l'autre eut toujours l'ame basse et servile.
Mais leur malice en vain conspire mon trépas;
La reine me connoît, et ne les croira pas.
　　　　　LA DUCHESSE.
Ne vous y fiez point; de vos froideurs pour elle
Le chagrin lui tient lieu d'une injure mortelle :
C'est par son ordre exprès qu'on s'informe, s'instruit.
　　　　　LE COMTE D'ESSEX.
L'orage, quel qu'il soit, ne fera que du bruit :
La menace en est vaine, et trouble peu mon ame.
　　　　　LA DUCHESSE.
Et si l'on vous arrête?
　　　　　LE COMTE D'ESSEX.
　　　　　　　　On n'oseroit, madame[1] :
Si l'on avoit tenté ce dangereux éclat,
Le coup qui le peut suivre entraîneroit l'état.
　　　　　LA DUCHESSE.
Quoique votre personne à la reine soit chère,
Gardez, en la bravant, d'augmenter sa colère.

---

[1] C'est la réponse que fit le duc de Guise le Balafré à un billet, dans lequel on l'avertissait que Henri III devait le faire saisir; il mit au bas du billet : *on n'oseroit*. Cette réponse pouvait convenir au duc de Guise, qui était alors aussi puissant que son souverain; et non au comte d'Essex, déchu alors de tous ses emplois. Mais les spectateurs n'y regardent pas de si près.

ACTE I, SCÈNE II.

Elle veut vous parler; et, si vous l'irritez,
Je ne vous réponds pas de toutes ses bontés.
C'est pour vous avertir de ce qu'il vous faut craindre,
Qu'à ce triste entretien j'ai voulu me contraindre.
Du trouble de mes sens mon devoir alarmé
Me défend de revoir ce que j'ai trop aimé;
Mais, m'étant fait déja l'effort le plus funeste,
Pour conserver vos jours je dois faire le reste,
Et ne permettre pas....

LE COMTE D'ESSEX.

Ah! pour les conserver
Il étoit un moyen plus facile à trouver;
C'étoit en m'épargnant l'effroyable supplice
Où vous prévoyiez.... Ciel! quelle est votre injustice!
Vous redoutez ma perte, et ne la craigniez pas
Quand vous avez signé l'arrêt de mon trépas.
Cet amour où mon cœur tout entier s'abandonne....

LA DUCHESSE.

Comte, n'y pensez plus, ma gloire vous l'ordonne.
Le refus d'un hymen par la reine arrêté
Eût de notre secret trahi la sûreté.
L'orage est violent; pour calmer sa furie,
Contraignez ce grand cœur, c'est moi qui vous en prie;
Et, quand le mien pour vous soupire encor tout bas,
Souvenez-vous de moi, mais ne me voyez pas.
Un penchant si flatteur.... Adieu : je m'embarrasse;
Et Cécile qui vient me fait quitter la place.

SCÈNE III.

LE COMTE D'ESSEX, CÉCILE.

CÉCILE.

La reine m'a chargé de vous faire savoir
Que vous vous teniez prêt dans une heure à la voir.
Comme votre conduite a pu lui faire naître
Quelques légers soupçons que vous devez connoître,
C'est à vous de penser aux moyens d'obtenir
Que son cœur alarmé consente à les bannir;
Et je ne doute pas qu'il ne vous soit facile
De rendre à son esprit une assiette tranquille.
Sur quelque impression qu'il ait pu s'émouvoir,
L'innocence auprès d'elle eut toujours tout pouvoir.
Je n'ai pu refuser cet avis à l'estime
Que j'ai pour un héros qui doit haïr le crime,
Et me tiendrois heureux que sa sincérité
Contre vos ennemis fît votre sûreté.

LE COMTE D'ESSEX.

Ce zèle me surprend, il est et noble et rare;
Et comme à m'accabler peut-être on se prépare,
Je vois qu'en mon malheur il doit m'être bien doux
De pouvoir espérer un juge tel que vous;
J'en connois la vertu. Mais achevez, de grace,
Vous devez être instruit de tout ce qui se passe.
Ma haine à vos amis étant à redouter,
Quels crimes pour me perdre osent-ils inventer?
Et, près d'être accusé, sur quelles impostures

Ai-je pour y répondre à prendre des mesures?
Rien ne vous est caché; parlez, je suis discret,
Et j'ai quelque intérêt à garder le secret.

CÉCILE.

C'est reconnoître mal le zéle qui m'engage
A vous donner avis de prévenir l'orage.
Si l'orgueil qui vous porte à des projets trop hauts
Fait parmi vos vertus connoître des défauts,
Ceux qui pour l'Angleterre en redoutent la suite
Ont droit de condamner votre aveugle conduite.
Quoique leur sentiment soit différent du mien;
Ce sont gens sans reproche, et qui ne craignent rien.

LE COMTE D'ESSEX.

Ces zélés pour l'état ont mérité sans doute
Que, sans mal juger d'eux, la reine les écoute;
J'y crois de la justice, et qu'enfin il en est
Qui, parlant contre moi, parlent sans intérêt.
Mais Raleigh, mais Coban, mais vous-même peut-être,
Vous en avez beaucoup à me déclarer traître.
Tant qu'on me laissera dans le poste où je suis,
Vos avares desseins seront toujours détruits.
Je vous empêcherai d'augmenter vos fortunes
Par le redoublement des misères communes;
Et le peuple, réduit à gémir, endurer,
Trouvera, malgré vous, peut-être à respirer.

CÉCILE.

Ce que ces derniers jours nous vous avons vu faire
Montre assez qu'en effet vous êtes populaire.
Mais, dans quelque haut rang que vous soyez placé,
Souvent le plus heureux s'y trouve renversé :

Ce poste a ses périls.

LE COMTE D'ESSEX.

Je l'avouerai sans feindre,
Comme il est élevé, tout m'y paroît à craindre :
Mais, quoique dangereux pour qui fait un faux pas,
Peut-être encor si tôt je ne tomberai pas ;
Et j'aurai tout loisir, après de longs outrages,
D'apprendre qui je suis à des flatteurs à gages[1],
Qui, me voyant du crime ennemi trop constant,
Ne peuvent s'élever qu'en me précipitant.

CÉCILE.

Sur un avis donné....

LE COMTE D'ESSEX.

L'avis m'est favorable :
Mais comme l'amitié vous rend si charitable,
Depuis quand et sur quoi vous croyez-vous permis
De penser que le temps ait pu nous rendre amis?
Est-ce que l'on m'a vu, par d'indignes foiblesses,
Aimer les lâchetés, appuyer des bassesses,
Et prendre le parti de ces hommes sans foi
Qui de l'art de trahir font leur unique emploi?

CÉCILE.

Je souffre par raison un discours qui m'outrage ;
Mais, réduit à céder, au moins j'ai l'avantage
Que la reine, craignant les plus grands attentats,
Vous traite de coupable, et ne m'accuse pas.

---

[1] On ne peut guère traiter ainsi un principal ministre d'état ; toutes les expressions du comte d'Essex sont peu mesurées, et ne sont pas assez nobles.

LE COMTE D'ESSEX.

Je sais que contre moi vous animez la reine.
Peut-être à la séduire aurez-vous quelque peine;
Et, quand j'aurai parlé, tel qui noircit ma foi
Pour obtenir sa grace aura besoin de moi.

CÉCILE, *seul.*

Agissons, il est temps; c'est trop faire l'esclave.
Perdons un orgueilleux dont le mépris nous brave;
Et ne balançons plus, puisqu'il faut éclater,
A prévenir le coup qu'il cherche à nous porter.

FIN DU PREMIER ACTE.

ACTE SECOND.

SCÈNE I.

ÉLISABETH, TILNEY.

ÉLISABETH.
En vain tu crois tromper la douleur qui m'accable;
C'est parcequ'il me hait qu'il s'est rendu coupable;
Et la belle Suffolk, refusée à ses vœux,
Lui fait joindre le crime au mépris de mes feux.
Pour le justifier, ne dis point qu'il ignore
Jusqu'où va le poison dont l'ardeur me dévore :
Il a trop de ma bouche, il a trop de mes yeux[1]

[1] Je n'examine point si ces vers sont mauvais. Une reine telle qu'Élisabeth, presque décrépite, qui parle du poison qui dévore son cœur, et de ce que ses yeux et sa bouche ont dit à son ingrat, est un personnage comique. C'est là peut-être un des plus grands exemples du défaut qu'on a si souvent reproché à notre nation, de changer la tragédie en roman amoureux.

S'il s'agissait d'une jeune reine, ce roman serait tolérable ; et on ne peut attribuer le succès de cette pièce qu'à l'ignorance où était le parterre de l'âge d'Élisabeth. Tout ce qu'elle pouvait raisonnablement dire, c'est qu'autrefois elle avait eu de l'inclination pour Essex; mais alors il n'y aurait eu rien d'intéressant. L'intérêt ne peut donc subsister qu'aux dépens de la vraisemblance. Qu'en doit-on conclure? que l'aventure du comte d'Essex est un sujet mal choisi.

Appris qu'il est, l'ingrat, ce que j'aime le mieux.
Quand j'ai blâmé son choix, n'étoit-ce pas lui dire
Que je veux que son cœur pour moi seule soupire?
Et mes confus regards n'ont-ils pas expliqué
Ce que par mes refus j'avois déja marqué?
Oui, de ma passion il sait la violence;
Mais l'exil de Suffolk l'arme pour sa vengeance :
Au crime pour lui plaire il s'ose abandonner,
Et n'en veut à mes jours que pour la couronner[1].

TILNEY.

Quelques justes soupçons que vous en puissiez prendre,
J'ai peine contre vous à ne le pas défendre :
L'état qu'il a sauvé, sa vertu, son grand cœur,
Sa gloire, ses exploits, tout parle en sa faveur.
Il est vrai qu'à vos yeux Suffolk cause sa peine;
Mais, madame, un sujet doit-il aimer sa reine[2]?

[1] Quelle était donc cette jeune Suffolk que ce comte d'Essex voulait ainsi couronner? Il n'y en avait point alors; et comment le comte d'Essex aurait-il donné la couronne d'Angleterre? Il fallait au moins expliquer une chose si peu vraisemblable, et lui donner quelque couleur. Voilà une jeune Suffolk tombée des nues, qu'Essex veut faire reine d'Angleterre, sans qu'on sache pourquoi ni par quels moyens. Une chose si importante ne devait pas être dite en passant. La reine se plaint qu'on en veut à ses jours; cela est bien plus grave, et elle n'y insiste pas; elle n'en parle que comme d'un petit incident. Cela n'est pas dans la nature; mais telle est la force du préjugé, que le peuple aima cette tragédie, sans considérer autre chose que l'amour d'une reine et l'orgueil d'un héros infortuné, quoique Élisabeth n'eût point été en effet amoureuse, et qu'Essex n'eût pas été un héros du premier ordre. Aussi cet ouvrage, qui séduisit le peuple, ne fut jamais du goût des connaisseurs.

[2] Il est bien question de savoir s'il est permis ou non à un su-

Et quand l'amour naîtroit, a-t-il à triompher
Où le respect, plus fort, combat pour l'étouffer?
ÉLISABETH.
Ah! contre la surprise où nous jettent ses charmes,
La majesté du rang n'a que de foibles armes.
L'amour, par le respect dans un cœur enchaîné,
Devient plus violent, plus il se voit gêné.
Mais le comte, en m'aimant, n'auroit eu rien à craindre.
Je lui donnois sujet de ne se point contraindre ¹;
Et c'est de quoi rougir, qu'après tant de bonté
Ses froideurs soient le prix que j'en ai mérité.
TILNEY.
Mais je veux qu'à vous seule il cherche enfin à plaire;
De cette passion que faut-il qu'il espère?
ÉLISABETH.
Ce qu'il faut qu'il espère? Et qu'en puis-je espérer,
Que la douceur de voir, d'aimer, de soupirer?
Triste et bizarre orgueil qui m'ôte à ce que j'aime!
Mon bonheur, mon repos s'immole au rang suprême,
Et je mourrois cent fois plutôt que faire un roi
Qui, dans le trône assis, fût au-dessous de moi.
Je sais que c'est beaucoup que vouloir que son ame
Brûle à jamais pour moi d'une inutile flamme,

---

jet d'avoir de l'amour pour sa reine, quand un sujet est accusé d'un crime d'état si grand! Ces mauvais vers servent encore à faire voir combien il faut d'art pour développer les ressorts du cœur humain, quel choix de mots, quels tours délicats, quelle finesse on doit employer.

¹ Quelles faibles et prosaïques expressions! et que veut dire une femme quand elle avoue qu'elle n'a point donné à son amant sujet de se contraindre avec elle?

Qu'aimer sans espérance est un cruel ennui;
Mais la part que j'y prends doit l'adoucir pour lui;
Et lorsque par mon rang je suis tyrannisée,
Qu'il le sait, qu'il le voit, la souffrance est aisée.
Qu'il me plaigne, se plaigne, et, content de m'aimer....
Mais, que dis-je? d'une autre il s'est laissé charmer;
Et tant d'aveuglement suit l'ardeur qui l'entraîne,
Que, pour la satisfaire, il veut perdre sa reine.
Qu'il craigne cependant de me trop irriter;
Je contrains ma colère à ne pas éclater :
Mais quelquefois l'amour qu'un long mépris outrage,
Las enfin de souffrir, se convertit en rage;
Et je ne réponds pas....

SCÈNE II.

ÉLISABETH, LA DUCHESSE, TILNEY.

ÉLISABETH.

Hé bien, duchesse, à quoi
Ont pu servir les soins que vous prenez pour moi?
Avez-vous vu le comte, et se rend-il traitable?

LA DUCHESSE.

Il fait voir un respect pour vous inviolable;
Et si vos intérêts ont besoin de son bras,
Commandez, le péril ne l'étonnera pas :
Mais il ne peut souffrir sans quelque impatience
Qu'on ose auprès de vous noircir son innocence.
Le crime, l'attentat, sont des noms pleins d'horreur
Qui mettent dans son ame une noble fureur.

Il se plaint qu'on l'accuse, et que sa reine écoute
Ce que des imposteurs....

ÉLISABETH.

Je lui fais tort, sans doute :
Quand jusqu'en mon palais il ose m'assiéger,
Sa révolte n'est rien, je la dois négliger ;
Et ce qu'avec l'Irlande il a d'intelligence
Marque dans ses projets la plus haute innocence !
Ciel ! faut-il que ce cœur, qui se sent déchirer,
Contre un sujet ingrat tremble à se déclarer ;
Que, ma mort qu'il résout me demandant la sienne,
Une indigne pitié m'étonne, me retienne ;
Et que toujours trop foible, après sa lâcheté,
Je n'ose mettre enfin ma gloire en sûreté ?
Si l'amour une fois laisse place à la haine,
Il verra ce que c'est que d'outrager sa reine [1] ;
Il verra ce que c'est que de s'être caché
Cet amour où pour lui mon cœur s'est relâché.

---

[1] Il est clair que si Essex a conspiré contre la vie d'Élisabeth, elle ne doit pas se borner à dire : *Il verra ce que c'est que d'outrager sa reine ;* et s'il s'en est tenu *à s'être caché cet amour où pour lui le cœur d'Élisabeth est attaché,* elle ne doit pas dire qu'il a conspiré sa mort. Ce n'est point ici une amante désespérée, qui dit à son amant infidèle *qu'il la tue ;* c'est une vieille et grande reine qui dit positivement qu'on a voulu la détrôner et la tuer. Elle ne dit donc point du tout ce qu'elle doit dire ; elle ne parle ni en amante abandonnée, ni en reine contre laquelle on conspire ; elle mêle ensemble ces deux attentats si différents l'un de l'autre ; elle dit : *J'ai souffert jusqu'ici malgré ses injustices.* L'injustice était un peu forte, de vouloir lui ôter la vie. *Il faut en l'abaissant étonner les ingrats.* Quoi ! elle prétend qu'Essex est coupable de haute trahison, de lèse-majesté au premier chef, et elle se contente de

ACTE II, SCÈNE II.

J'ai souffert jusqu'ici; malgré ses injustices,
J'ai toujours contre moi fait parler ses services :
Mais, puisque son orgueil va jusqu'aux attentats,
Il faut en l'abaissant étonner les ingrats;
Il faut à l'univers, qui me voit, me contemple,
D'une juste rigueur donner un grand exemple :
Il cherche à m'y contraindre, il le veut, c'est assez.

LA DUCHESSE.

Quoi! pour ses ennemis vous vous intéressez,
Madame? ignorez-vous que l'éclat de sa vie
Contre le rang qu'il tient arme en secret l'envie?
Coupable en apparence....

ÉLISABETH.

Ah! dites en effet :
Les témoins sont ouïs, son procès est tout fait [1];

dire qu'*il faut l'abaisser*, qu'*il faut étonner les ingrats*! J'avoue que tous ces termes, si mal mesurés, si peu convenables à la situation, et qui ne disent rien que de vague, cette obscurité, cette incertitude, ne me permettent pas de prendre le moindre intérêt à ces personnages. Le lecteur, le spectateur éclairé veut savoir précisément de quoi il s'agit. Il est tenté d'interrompre la reine Élisabeth, et de lui dire : De quoi vous plaignez-vous? Expliquez-vous nettement. Le comte d'Essex a-t-il voulu vous poignarder, se faire reconnaître roi d'Angleterre en épousant la sœur de ce Suffolk? Développez-nous donc comment un dessein si atroce et si fou a pu se former; comment votre général de l'artillerie, dépossédé par vous, comment un simple gentilhomme s'est mis dans la tête de vous succéder; Cela vaut bien la peine d'être expliqué. Ce que vous dites est aussi incroyable que vos lamentations de n'être point aimée à l'âge de près de soixante et dix ans sont ridicules. J'ajouterais encore : Parlez en plus beaux vers, si vous voulez me toucher.

[1] Ce n'est pas la peine d'écrire en vers quand on se permet un

Et si je veux enfin cesser de le défendre,
L'arrêt ne dépend plus que de le faire entendre.
Qu'il y songe; autrement....

LA DUCHESSE.

Hé quoi! ne peut-on pas
L'avoir rendu suspect sur de faux attentats?

ÉLISABETH.

Ah! plût au ciel! Mais non, les preuves sont trop fortes.
N'a-t-il pas du palais voulu forcer les portes?
Si le peuple qu'en foule il avoit attiré
Eût appuyé sa rage, il s'en fût emparé :
Plus de trône pour moi, l'ingrat s'en rendoit maître.

LA DUCHESSE.

On n'est pas criminel toujours pour le paroître.
Mais, je veux qu'il le soit, ce cœur de lui charmé
Résoudra-t-il sa mort? Vous l'avez tant aimé!

ÉLISABETH.

Ah! cachez-moi l'amour qu'alluma trop d'estime;
M'en faire souvenir, c'est redoubler son crime.
A ma honte, il est vrai, je le dois confesser,
Je sentis, j'eus pour lui.... Mais que sert d'y penser?

---

style si commun ; ce n'est là que rimer de la prose triviale. Il y a dans cette scène quelques mouvements de passion, quelques combats du cœur : mais qu'ils sont mal exprimés ! Il semble qu'on ait applaudi, dans cette pièce, plutôt ce que les acteurs devaient dire, que ce qu'ils disent, plutôt leur situation que leurs discours. C'est ce qui arrive souvent dans les ouvrages fondés sur les passions ; le cœur du spectateur s'y prête à l'état des personnages, et n'examine point. Ainsi tous les jours nous nous attendrissons à la vue des personnes malheureuses, sans faire attention à la manière dont elles expriment leurs infortunes.

ACTE II, SCÈNE II.

Suffolk me l'a ravi; Suffolk, qu'il me préfère,
Lui demande mon sang; le lâche veut lui plaire.
Ah! pourquoi, dans les maux où l'amour m'exposoit,
N'ai-je fait que bannir celle qui les causoit?
Il falloit, il falloit à plus de violence
Contre cette rivale enhardir ma vengeance.
Ma douceur a nourri son criminel espoir.

LA DUCHESSE.

Mais cet amour sur elle eut-il quelque pouvoir?
Vous a-t-elle trahie, et d'une ame infidèle
Excité contre vous....

ÉLISABETH.

Je souffre tout par elle:
Elle s'est fait aimer, elle m'a fait haïr;
Et c'est avoir plus fait cent fois que me trahir.

LA DUCHESSE.

Je n'ose m'opposer.... Mais Cécile s'avance.

SCÈNE III.

ÉLISABETH, LA DUCHESSE, CÉCILE, TILNEY.

CÉCILE.

On ne pouvoit user de plus de diligence,
Madame : on a du comte examiné le seing;
Les écrits sont de lui, nous connoissons sa main.
Sur un secours offert toute l'Irlande est prête
A faire au premier ordre éclater la tempête;
Et vous verrez dans peu renverser tout l'état,

Si vous ne prévenez cet horrible attentat.
              ÉLISABETH, *à la duchesse.*
Garderez-vous encor le zèle qui l'excuse?
Vous le voyez.
              LA DUCHESSE.
              Je vois que Cécile l'accuse;
Dans un projet coupable il le fait affermi[1] :
Mais j'en connois la cause, il est son ennemi.
              CÉCILE.
Moi, son ennemi?
              LA DUCHESSE.
              Vous.
              CÉCILE.
                  Oui, je le suis des traîtres
Dont l'orgueil téméraire attente sur leurs maîtres;
Et tant qu'entre mes mains leur salut sera mis,
Je ferai vanité de n'avoir point d'amis.
              LA DUCHESSE.
Le comte cependant n'a pas si peu de gloire
Que vous dussiez si tôt en perdre la mémoire :
L'état, pour qui cent fois on vit armer son bras,
Lui doit peut-être assez pour ne l'oublier pas.
              CÉCILE.
S'il s'est voulu d'abord montrer sujet fidèle,
La reine a bien payé ce qu'il a fait pour elle;
Et plus elle estima ses rares qualités,

---

[1] On ne peut guère écrire plus mal. Mais le rôle de Cécile est plus mauvais que ce style; il est froid, il est subalterne. Quand on veut peindre de tels hommes, il faut employer les couleurs dont Racine a peint Narcisse.

Plus elle doit punir qui trahit ses bontés.

LA DUCHESSE.

Si le comte périt, quoi que l'envie en pense,
Le coup qui le perdra punira l'innocence.
Jamais du moindre crime...

ÉLISABETH.

Hé bien! on le verra.

(*à Cécile.*)

Assemblez le conseil; il en décidera.
Vous attendrez mon ordre.

SCÈNE IV.

ÉLISABETH, LA DUCHESSE.

LA DUCHESSE.

Ah! que voulez-vous faire,
Madame? en croirez-vous toute votre colère?
Le comte....

ÉLISABETH.

Pour ses jours n'ayez aucun souci.
Voici l'heure donnée, il se va rendre ici.
L'amour que j'eus pour lui le fait son premier juge;
Il peut y rencontrer un assuré refuge :
Mais si dans son orgueil il ose persister,
S'il brave cet amour, il doit tout redouter.
Je suis lasse de voir....

SCÈNE V.

ÉLISABETH, LA DUCHESSE, TILNEY.

TILNEY.
Le comte est là, madame.
ÉLISABETH.
Qu'il entre. Quels combats troublent déja mon ame!
C'est lui de mes bontés qui doit chercher l'appui,
Le péril le regarde; et je crains plus que lui.

SCÈNE VI.

ÉLISABETH, LE COMTE D'ESSEX,
LA DUCHESSE, TILNEY.

ÉLISABETH.
Comte, j'ai tout appris, et je vous parle instruite[1]
De l'abyme où vous jette une aveugle conduite :
J'en sais l'égarement, et par quels intérêts

---

[1] Cette scène était aussi difficile à faire que le fonds en est tragique. C'est un sujet accusé d'avoir trahi sa souveraine, comme Cinna ; c'est un amant convaincu d'être ingrat envers sa souveraine, comme Bajazet. Ces deux situations sont violentes ; mais l'une fait tort à l'autre. Deux accusations, deux caractères, deux embarras à soutenir à-la-fois, demandent le plus grand art. Élisabeth est ici reine et amante, fière et tendre, indignée en qualité de souveraine, et outragée dans son cœur. L'entrevue est donc très intéressante. Le dialogue répond-il à l'importance et à l'intérêt de la scène ?

ACTE II, SCÈNE VI.

Vous avez jusqu'au trône élevé vos projets.
Vous voyez qu'en faveur de ma première estime
Nommant égarement le plus énorme crime,
Il ne tiendra qu'à vous que de vos attentats
Votre reine aujourd'hui ne se souvienne pas.
Pour un si grand effort qu'elle offre de se faire,
Tout ce qu'elle demande est un aveu sincère :
S'il fait peine à l'orgueil qui vous fit trop oser,
Songez qu'on risque tout à me le refuser,
Que quand trop de bonté fait agir ma clémence,
Qui l'ose dédaigner doit craindre ma vengeance,
Que j'ai la foudre en main pour qui monte trop haut,
Et qu'un mot prononcé vous met sur l'échafaud.

LE COMTE D'ESSEX.

Madame, vous pouvez résoudre de ma peine.
Je connois ce que doit un sujet à sa reine,
Et sais trop que le trône où le ciel vous fait seoir [1]
Vous donne sur ma vie un absolu pouvoir :
Quoi que d'elle par vous la calomnie ordonne,
Elle m'est odieuse, et je vous l'abandonne;
Dans l'état déplorable où sont réduits mes jours,
Ce sera m'obliger que d'en rompre le cours.
Mais ma gloire, qu'attaque une lâche imposture,
Sans indignation n'en peut souffrir l'injure :

---

[1] *Notandi sunt tibi mores.*

Le costume n'est pas observé ici. Le trône où le ciel fait seoir Élisabeth ne lui donne un pouvoir absolu sur la vie de personne, encore moins sur celle d'un pair du royaume. Cette maxime serait peut-être convenable dans Maroc ou dans Ispahan ; mais elle est absolument fausse à Londres.

Elle est assez à moi pour me laisser en droit
De voir avec douleur l'affront qu'elle reçoit.
Si de quelque attentat vous avez à vous plaindre,
Si pour l'état tremblant la suite en est à craindre [1],
C'est à voir des flatteurs s'efforcer aujourd'hui,
En me rendant suspect, d'en abattre l'appui.

ÉLISABETH.

La fierté qui vous fait étaler vos services
Donne de la vertu d'assez foibles indices;
Et, si vous m'en croyez, vous chercherez en moi
Un moyen plus certain....

LE COMTE D'ESSEX.

Madame, je le voi,
Des traîtres, des méchants accoutumés au crime [2],
M'ont par leurs faussetés arraché votre estime;
Et toute ma vertu contre leur lâcheté

---

[1] Cette tirade, écrite d'un style prosaïque et froid, en prose rimée, finit par une rodomontade qu'on excuse. parceque le poëte suppose que le comte d'Essex est un grand homme qui a sauvé l'Angleterre. Mais, en général, il est toujours beaucoup plus beau de faire sentir ses services que de les étaler, de laisser juger ce qu'on est plutôt que de le dire; et quand on est forcé de le dire pour repousser la calomnie, il faut le dire en très beaux vers.

[2] C'est se défendre trop vaguement. Il n'est ni grand, ni tragique, ni décent de répondre ainsi; la vérité de l'histoire dément trop ces accusations générales et ces vaines récriminations. Tout d'un coup il se contredit lui-même; il se rend coupable par ces vers, d'ailleurs très faibles:

C'est au trône où peut-être on m'eût laissé monter,
Que je me fusse mis en pouvoir d'éclater.

Le lord Essex au trône! De quel droit? comment? sur quelle

ACTE II, SCÈNE VI. 171

S'offre en vain pour garant de ma fidélité.
Si de la démentir j'avois été capable,
Sans rien craindre de vous, vous m'auriez vu coupable.
C'est au trône, où peut-être on m'eût laissé monter,
Que je me fusse mis en pouvoir d'éclater.
J'aurois, en m'élevant à ce degré sublime,
Justifié ma faute en commettant le crime;
Et la ligue qui cherche à me perdre innocent
N'eût vu mes attentats qu'en les applaudissant.

ÉLISABETH.

Et n'as-tu pas, perfide, armant la populace,
Essayé, mais en vain, de te mettre en ma place?
Mon palais investi ne te convainc-t-il pas
du plus grand, du plus noir de tous les attentats?
Mais, dis moi, car enfin le courroux qui m'anime
Ne peut faire céder ma tendresse à ton crime;
Et si par sa noirceur je tâche à t'étonner,
Je ne te la fais voir que pour te pardonner:
Pourquoi vouloir ma perte? et qu'avoit fait ta reine [1]
Qui dût à sa ruine intéresser ta haine?
Peut-être ai-je pour toi montré quelque rigueur,

---

apparence? par quels moyens? La reine Élisabeth devait ici l'interrompre; elle devait être surprise d'une telle folie. Quoi! un membre ordinaire de la chambre haute, convaincu d'avoir voulu en vain exciter une sédition, ose dire qu'il pouvait se faire roi! Si la chose dont il se vante si imprudemment est fausse, la reine ne peut voir en lui qu'un homme réellement fou; si elle est vraie, ce n'est pas là le temps de lui parler d'amour.

[1] Élisabeth, dans ce couplet, ne fait autre chose que de donner au comte d'Essex des espérances de l'épouser. Est-ce ainsi qu'Élisabeth aurait répondu à un grand-maître de l'artillerie hors d'exer-

Lorsque j'ai mis obstacle au penchant de ton cœur,
Suffolk t'avoit charmé : mais si tu peux te plaindre
Qu'apprenant cet amour j'ai tâché de l'éteindre,
Songe à quel prix, ingrat, et par combien d'honneurs
Mon estime a sur toi répandu mes faveurs.
C'est peu dire qu'estime, et tu l'as pu connoître :
Un sentiment plus fort de mon cœur fut le maître.
Tant de princes, de rois, de héros méprisés,
Pour qui, cruel, pour qui les ai-je refusés ?
Leur hymen eût, sans doute, acquis à mon empire
Ce comble de puissance où l'on sait que j'aspire :
Mais, quoi qu'il m'assurât, ce qui m'ôtoit à toi
Ne pouvoit rien avoir de sensible pour moi.
Ton cœur, dont je tenois la conquête si chère,
Étoit l'unique bien capable de me plaire ;
Et si l'orgueil du trône eût pu me le souffrir,
Je t'eusse offert ma main afin de l'acquérir.
Espère, et tâche à vaincre un scrupule de gloire,
Qui, combattant mes vœux, s'oppose à ta victoire :
Mérite par tes soins que mon cœur adouci
Consente à n'en plus croire un importun souci :
Fais qu'à ma passion je m'abandonne entière ;
Que cette Élisabeth si hautaine, si fière,
Elle à qui l'univers ne sauroit reprocher
Qu'on ait vu son orgueil jamais se relâcher,

---

cice, à un conseiller privé hors de charge, qui lui aurait fait entendre qu'il n'avait tenu qu'à ce conseiller privé de se mettre sur le trône d'Angleterre ? Élisabeth, à soixante et huit ans, pouvait-elle parler ainsi ? Cette idée choquante se présente toujours au lecteur instruit.

Cesse enfin, pour te mettre où son amour t'appelle,
De croire qu'un sujet ne soit pas digne d'elle.
Quelquefois à céder ma fierté se résout;
Que sais-tu si le temps n'en viendra pas à bout?
Que sais-tu....

LE COMTE D'ESSEX.

Non, madame, et je puis vous le dire,
L'estime de ma reine, à mes vœux doit suffire;
Si l'amour la portoit à des projets trop bas,
Je trahirois sa gloire à ne l'empêcher pas.

ÉLISABETH.

Ah! je vois trop jusqu'où la tienne se ravale :
Le trône te plairoit, mais avec ma rivale [1].
Quelque appât qu'ait pour toi l'ardeur qui te séduit,
Prends-y garde, ta mort en peut être le fruit.

LE COMTE D'ESSEX.

En perdant votre appui je me vois sans défense.
Mais la mort n'a jamais étonné l'innocence;
Et si, pour contenter quelque ennemi secret,
Vous souhaitez mon sang, je l'offre sans regret.

---

[1] Cette rivale imaginaire, qu'on ne voit point, rend les reproches d'Élisabeth aussi peu convenables que les discours d'Essex sont inconséquents. Si cette Suffolk a quelques droits au trône, si Essex a conspiré pour la faire reine, Élisabeth a donc dû s'assurer d'elle. Thomas Corneille a bien senti en général que la rivalité doit exciter la colère, que l'intérêt d'une couronne et celui d'une passion doivent produire des mouvements au théâtre; mais ces mouvements ne peuvent toucher quand ils ne sont pas fondés. Une conspiration, une reine en danger d'être détrônée, une amante sacrifiée, sont assurément des sujets tragiques; ils cessent de l'être dès que tout porte à faux.

ÉLISABETH.

Va, c'en est fait; il faut contenter ton envie.
A ton lâche destin j'abandonne ta vie,
Et consens, puisqu'en vain je tâche à te sauver,
Que sans voir.... Tremble, ingrat, que je n'ose achever.
Ma bonté, qui toujours s'obstine à te défendre,
Pour la dernière fois cherche à se faire entendre.
Tandis qu'encor pour toi je veux bien l'écouter,
Le pardon t'est offert, tu le peux accepter.
Mais si....

LE COMTE D'ESSEX.

J'accepterois un pardon! moi, madame [1]!

ÉLISABETH.

Il blesse, je le vois, la fierté de ton ame;
Mais, s'il te fait souffrir, il falloit prendre soin
D'empêcher que jamais tu n'en eusses besoin;
Il falloit, ne suivant que de justes maximes,
Rejeter....

LE COMTE D'ESSEX.

Il est vrai, j'ai commis de grands crimes;
Et ce que sur les mers mon bras a fait pour vous
Me rend digne en effet de tout votre courroux.
Vous le savez, madame; et l'Espagne confuse [2]
Justifie un vainqueur que l'Angleterre accuse.

---

[1] Cela est beau, et digne de Pierre Corneille. Ce vers est sublime, parceque le sentiment est grand, et qu'il est exprimé avec simplicité. Mais quand on sait qu'Essex était véritablement coupable, et que sa conduite avait été celle d'un insensé, cette belle réponse n'a plus la même force.

[2] En effet, le comte d'Essex était entré dans Cadix quand l'ami

ACTE II, SCÈNE VI.

Ce n'est pas pour vanter mes trop heureux exploits
Qu'à l'éclat qu'ils ont fait j'ose joindre ma voix :
Tout autre, pour sa reine employant son courage,
En même occasion eût eu même avantage.
Mon bonheur a tout fait, je le crois, mais enfin
Ce bonheur eût ailleurs assuré mon destin ;
Ailleurs, si l'imposture eût conspiré ma honte,
On n'auroit pas souffert qu'on ôsât....

ÉLISABETH.

Hé bien, comte,
Il faut faire juger dans la rigueur des lois
La récompense due à ces rares exploits :
Si j'ai mal reconnu vos importants services,
Vos juges n'auront pas les mêmes injustices ;
Et vous recevrez d'eux ce qu'auront mérité
Tant de preuves de zèle et de fidélité.

---

ral Howard, sous qui il servait, battit la flotte espagnole dans ces parages. C'était le seul service un peu signalé que le comte d'Essex eût jamais rendu. Il n'y avait pas là de quoi se faire tant valoir. Tel est l'inconvénient de choisir un sujet de tragédie dans un temps et chez un peuple si voisins de nous. Aujourd'hui que l'on est plus éclairé, on connaît la reine Élisabeth et le comte d'Essex, et on sait trop que l'un et l'autre n'étaient point ce que la tragédie les représente, et qu'ils n'ont rien dit de ce qu'on leur fait dire. Il n'en est pas ainsi de la fable de Bajazet traitée par Racine : on ne peut l'accuser d'avoir falsifié une histoire connue ; personne ne sait ce qu'était Roxane : l'histoire ne parle ni d'Atalide, ni du visir Acomat. Racine était en droit de créer ses personnages.

SCÈNE VII.

LA DUCHESSE, LE COMTE D'ESSEX.

LA DUCHESSE.

Ah! comte, voulez-vous, en dépit de la reine,
De vos accusateurs servir l'injuste haine?
Et ne voyez-vous pas que vous êtes perdu [1],
Si vous souffrez l'arrêt qui peut être rendu?
Quels juges avez-vous pour y trouver asile?
Ce sont vos ennemis, c'est Raleigh, c'est Cécile;
Et pouvez-vous penser qu'en ce péril pressant
Qui cherche votre mort vous déclare innocent?

LE COMTE D'ESSEX.

Quoi! sans m'intéresser pour ma gloire flétrie,
Je me verrai traiter de traître à ma patrie?
S'il est dans ma conduite une ombre d'attentat,
Votre hymen fit mon crime, il touche peu l'état;
Vous savez là-dessus quelle est mon innocence;
Et ma gloire avec vous étant en assurance,
Ce que mes ennemis en voudront présumer,
Quoi qu'ose leur fureur, ne sauroit m'alarmer.

---

[1] Assurément le comte d'Essex est perdu, s'il est condamné et exécuté; mais quelles façons de parler, *souffrir un arrêt! avoir des juges pour y trouver asile!*

La duchesse prétendue d'Irton est une femme vertueuse et sage, qui n'a voulu ni se perdre auprès d'Élisabeth en aimant le comte, ni épouser son amant. Ce caractère serait beau, s'il était animé, s'il servait au nœud de la pièce : elle ne fait là qu'office d'ami ; ce n'est pas assez pour le théâtre.

ACTE II, SCÈNE VII.

Leur imposture enfin se verra découverte;
Et, tout méchants qu'ils sont, s'ils résolvent ma perte,
Assemblés pour l'arrêt qui doit me condamner,
Ils trembleront peut-être avant que le donner.

LA DUCHESSE.

Si l'éclat qu'au palais mon hymen vous fit faire
Me faisoit craindre seul un arrêt trop sévère,
Je pourrois de ce crime affranchir votre foi
En déclarant l'amour que vous eûtes pour moi :
Mais des témoins ouïs sur ce qu'avec l'Irlande
On veut que vous ayez....

LE COMTE D'ESSEX.

La faute n'est pas grande;
Et pourvu que nos feux, à la reine cachés,
Laissent à mes jours seuls mes malheurs attachés....

LA DUCHESSE.

Quoi! vous craignez l'éclat de nos flammes secrètes?
Ce péril vous étonne? et c'est vous qui le faites!
La reine, qui se rend sans rien examiner,
Si vous y consentez, vous veut tout pardonner.
C'est vous qui, refusant....

LE COMTE D'ESSEX.

N'en parlons plus, madame :
Qui reçoit un pardon souffre un soupçon infame;
Et j'ai le cœur trop haut pour pouvoir m'abaisser
A l'indigne prière où l'on me veut forcer.

LA DUCHESSE.

Ah! si de quelque espoir je puis flatter ma peine,
Je vois bien qu'il le faut mettre tout en la reine.
Par de nouveaux efforts je veux encor pour vous

Tâcher, malgré vous-même, à vaincre son courroux ;
Mais, si je n'obtiens rien, songez que votre vie,
Depuis long-temps en butte aux fureurs de l'envie,
Me coûte assez déja pour ne mériter pas
Que, cherchant à mourir, vous causiez mon trépas.
C'est vous en dire trop. Adieu, comte.

LE COMTE D'ESSEX.

Ah ! madame,
Après que vous avez désespéré ma flamme,
Par quels soins de mes jours.... Quoi ! me quitter ainsi !

SCÈNE VIII.

LE COMTE D'ESSEX, CROMMER, SUITE.

CROMMER.

C'est avec déplaisir que je parois ici ;
Mais un ordre cruel, dont tout mon cœur soupire....

LE COMTE D'ESSEX.

Quelque fâcheux qu'il soit, vous pouvez me le dire.

CROMMER.

J'ai charge....

LE COMTE D'ESSEX.

Eh bien, de quoi ? parlez sans hésiter.

CROMMER.

De prendre votre épée, et de vous arrêter.

LE COMTE D'ESSEX.

Mon épée ?

CROMMER.

A cet ordre il faut que j'obéisse.

LE COMTE D'ESSEX.

Mon épée? Et l'outrage est joint à l'injustice?

CROMMER.

Ce n'est pas sans raison que vous vous étonnez;
J'obéis à regret, mais je le dois.

LE COMTE D'ESSEX, *lui donnant son épée.*

Prenez.

Vous avez dans vos mains ce que toute la terre [1]
A vu plus d'une fois utile à l'Angleterre.
Marchons : quelque douleur que j'en puisse sentir,
La reine veut se perdre, il faut y consentir.

[1] Ces vers et la situation frappent; on n'examine pas si *toute la terre* est un mot un peu oiseux amené pour rimer à l'Angleterre, si cette épée a été si utile : on est touché. Mais lorsque Essex ajoute :

> Quelque douleur que j'en puisse sentir,
> La reine veut se perdre, il faut y consentir;

tout homme un peu instruit se révolte contre une bravade si déplacée. En quoi, comment Élisabeth est-elle perdue, si on arrête un fou insolent qui a couru dans les rues de Londres, et qui a voulu ameuter la populace, sans avoir pu seulement se faire suivre de dix misérables?

FIN DU SECOND ACTE.

ACTE TROISIÈME.

SCÈNE I.

ÉLISABETH, CÉCILE, TILNEY.

ÉLISABETH.

Le comte est condamné?

CÉCILE.

C'est à regret, madame,
Qu'on voit son nom terni par un arrêt infame :
Ses juges l'en ont plaint; mais tous l'ont à-la-fois
Connu si criminel, qu'ils n'ont eu qu'une voix.
Comme pour affoiblir toutes nos procédures
Ses reproches d'abord m'ont accablé d'injures ;
Ravi, s'il se pouvoit, de le favoriser,
J'ai de son jugement voulu me récuser.
La loi le défendoit; et c'est malgré moi-même
Que j'ai dit mon avis dans le conseil suprême,
Qui, confus des noirceurs de son lâche attentat,
A cru devoir sa tête au repos de l'état.

ÉLISABETH.

Ainsi sa perfidie a paru manifeste?

CÉCILE.

Le coup pour vous, madame, alloit être funeste :
Du comte de Tyron, de l'Irlandois suivi,

Il en vouloit au trône, et vous l'auroit ravi.
ÉLISABETH.
Ah! je l'ai trop connu, lorsque la populace
Seconda contre moi son insolente audace :
A m'ôter la couronne il croyoit l'engager.
Quelle excuse à ce crime? et par où s'en purger?
Qu'a-t-il répondu?
CÉCILE.
Lui? qu'il n'avoit rien à dire;
Que, pour toute défense, il nous devoit suffire
De voir ses grands exploits pour lui s'intéresser ;
Et que sur ces témoins on pouvoit prononcer.
ÉLISABETH.
Que d'orgueil! Quoi! tout prêt à voir lancer la foudre,
Au moindre repentir il ne peut se résoudre !
Soumis à ma vengeance, il brave mon pouvoir?
Il ose....
CÉCILE.
Sa fierté ne se peut concevoir :
On eût dit, à le voir plein de sa propre estime,
Que ses juges étoient coupables de son crime,
Et qu'ils craignoient de lui, dans ce pas hasardeux,
Ce qu'il avoit l'orgueil de ne pas craindre d'eux.
ÉLISABETH.
Cependant il faudra que cet orgueil s'abaisse.
Il voit, il voit l'état où son crime le laisse :
Le plus ferme s'ébranle après l'arrêt donné.
CÉCILE.
Un coup si rigoureux ne l'a point étonné.
Comme alors on conserve une inutile audace,

J'ai voulu le réduire à vous demander grace.
Que ne m'a-t-il point dit! J'en rougis, et me tais.

ÉLISABETH.

Ah! quoiqu'il la demande il ne l'aura jamais.
De moi tantôt, sans peine, il l'auroit obtenue :
J'étois encor pour lui de bonté prévenue ;
Je voyois à regret qu'il voulût me forcer
A souhaiter l'arrêt qu'on vient de prononcer ;
Mon bras, lent à punir, suspendoit la tempête :
Il me pousse à l'éclat, il paiera de sa tête.
Donnez bien ordre à tout. Pour empêcher sa mort,
Le peuple qui la craint peut faire quelque effort ;
Il s'en est fait aimer : prévenez ces alarmes ;
Dans les lieux les moins sûrs faites prendre les armes;
N'oubliez rien. Allez.

CÉCILE.
    Vous connoissez ma foi.
Je réponds des mutins, reposez-vous sur moi.

SCÈNE II.

ÉLISABETH, TILNEY.

ÉLISABETH.

Enfin, perfide, enfin ta perte est résolue ;
C'en est fait, malgré moi, toi-même l'as conclue.
De ma lâche pitié tu craignois les effets :
Plus de grace, tes vœux vont être satisfaits.
Ma tendresse emportoit une indigne victoire,
Je l'étouffe : il est temps d'avoir soin de ma gloire;

Il est temps que mon cœur, justement irrité,
Instruise l'univers de toute ma fierté.
Quoi! de ce cœur séduit appuyant l'injustice,
De tes noirs attentats tu l'auras fait complice ;
J'en saurai le coup près d'éclater, le verrai¹,
Tu m'auras dédaignée ; et je le souffrirai !
Non, puisqu'en moi toujours l'amante te fit peine,
Tu le veux, pour te plaire il faut paroître reine,
Et reprendre l'orgueil que j'osois oublier
Pour permettre à l'amour de te justifier.

TILNEY.

A croire cet orgueil peut-être un peu trop prompte,
Vous avez consenti qu'on ait jugé le comte.
On vient de prononcer l'arrêt de son trépas,
Chacun tremble pour lui, mais il ne mourra pas.

ÉLISABETH.

Il ne mourra pas, lui ? Non, crois-moi, tu t'abuses :
Tu sais son attentat ; est-ce que tu l'excuses ?
Et que de son arrêt, blâmant l'indignité,
Tu crois qu'il soit injuste ou trop précipité ?
Penses-tu, quand l'ingrat contre moi se déclare,
Qu'il n'ait pas mérité la mort qu'on lui prépare,
Et que je venge trop, en le laissant périr,
Ce que par ses dédains l'amour m'a fait souffrir ?

---

¹ Il n'est pas permis de faire de tels vers. Presque tout ce que dit Élisabeth manque de convenance, de force et d'élégance ; mais le public voit une reine qui a fait condamner à la mort un homme qu'elle aime ; on s'attendrit : on est indulgent au théâtre sur la versification, du moins on l'était encore du temps de Thomas Corneille.

TILNEY.

Que cet arrêt soit juste ou donné par l'envie,
Vous l'aimez, cet amour lui sauvera la vie :
Il tient vos jours aux siens si fortement unis,
Que par le même coup on les verroit finis.
Votre aveugle colère en vain vous le déguise :
Vous pleureriez la mort que vous auriez permise ;
Et le sanglant éclat qui suivroit ce courroux
Vengeroit vos malheurs moins sur lui que sur vous.

ÉLISABETH.

Ah ! cruelle, pourquoi fais tu trembler ma haine ?
Est-ce une passion indigne d'une reine ?
Et l'amour qui me veut empêcher de régner
Ne se lasse-t-il point de se voir dédaigner ?
Que me sert qu'au dehors, redoutable ennemie,
Je rende par la paix ma puissance affermie,
Si mon cœur au-dedans tristement déchiré,
Ne peut jouir du calme où j'ai tant aspiré ?
Mon bonheur semble avoir enchaîné la victoire ;
J'ai triomphé par-tout ; tout parle de ma gloire ;
Et d'un sujet ingrat ma pressante bonté
Ne peut, même en priant, réduire la fierté !
Par son fatal arrêt plus que lui condamnée,
A quoi te résous-tu, princesse infortunée ?
Laisseras-tu périr, sans pitié, sans secours,
Le soutien de ta gloire, et l'appui de tes jours ?

TILNEY.

Ne pouvez-vous pas tout ? Vous pleurez !

ÉLISABETH.

Oui, je pleure,

ACTE III, SCÈNE II.

Et sens bien que s'il meurt, il faudra que je meure.
O vous, rois que pour lui ma flamme a négligés [1],
Jetez les yeux sur moi, vous êtes bien vengés.
Une reine intrépide au milieu des alarmes,
Tremblante pour l'amour, ose verser des larmes !
Encor s'il étoit sûr que ces pleurs répandus,
En me faisant rougir, ne fussent pas perdus ;
Que le lâche, pressé du vif remords que donne....
Qu'en penses-tu ? dis-moi. Le plus hardi s'étonne ;
L'image de la mort, dont l'appareil est prêt,
Fait croire tout permis pour en changer l'arrêt.
Réduit à voir sa tête expier son offense,
Doutes-tu qu'il ne veuille implorer ma clémence ;
Que, sûr que mes bontés passent ses attentats.... [2]

TILNEY.

Il doit y recourir : mais s'il ne le fait pas ?
Le comte est fier, madame.

ÉLISABETH.

Ah ! tu me désespères.
Quoi qu'osent contre moi ses projets téméraires,
Dût l'état par ma chute en être renversé,

---

[1] Ce sont là des vers heureux. Si la pièce était écrite de ce style, elle serait bonne malgré ses défauts ; car quelle critique pourrait faire tort à un ouvrage intéressant par le fond, et éloquent dans les détails ?

[2] Ce vers ne signifie rien. Non seulement le sens en est interrompu par ces points qu'on appelle poursuivants ; mais il serait difficile de le remplir. C'est une très grande négligence de ne point finir sa phrase, sa période, et de se laisser ainsi interrompre, sur-tout quand le personnage qui interrompt est un subalterne, qui manque aux bienséances en coupant la parole à son supé-

Qu'il fléchisse, il suffit, j'oublierai le passé :
Mais, quand tout attachée à retenir la foudre,
Je frémis de le perdre, et tremble à m'y résoudre,
Si, me bravant toujours, il ose m'y forcer,
Moi reine, lui sujet, puis-je m'en dispenser[1] ?
Sauvons-le malgré lui. Parle, et fais qu'il te croie;
Vois-le, mais cache-lui que c'est moi qui t'envoie;
Et, ménageant ma gloire en t'expliquant pour moi,
Peins-lui mon cœur sensible à ce que je lui doi :
Fais-lui voir qu'à regret j'abandonne sa tête,
Qu'au plus foible remords sa grace est toute prête :

rieur. Thomas Corneille est sujet à ce défaut dans toutes ses pièces. Au reste, ce défaut n'empêchera jamais un ouvrage d'être intéressant et pathétique; mais un auteur soigneux de bien écrire doit éviter cette négligence.

[1] Il me semble qu'il y a toujours quelque chose de louche, de confus, de vague, dans tout ce que les personnages de cette tragédie disent et font. Que toute action soit claire, toute intrigue bien connue, tout sentiment bien développé; ce sont là des règles inviolables. Mais ici que veut le comte d'Essex? que veut Élisabeth? quel est le crime du comte? est-il accusé faussement? est-il coupable? Si la reine le croit innocent, elle doit prendre sa défense; s'il est reconnu criminel, est-il raisonnable que la confidente dise qu'il n'implorera jamais sa grace, qu'il est trop fier? La fierté est très convenable à un guerrier vertueux et innocent, non à un homme convaincu de haute trahison. *Qu'il fléchisse*, dit la reine. Est-ce bien là le sentiment qui doit l'occuper, si elle l'aime? Quand il aura fléchi, quand il aura obtenu sa grace, Élisabeth en sera-t-elle plus aimée? *Je l'aime*, dit la reine, *cent fois plus que moi-même*. Ah! madame, si vous avez la tête tournée à ce point, si votre passion est si grande, examinez donc l'affaire de votre amant, et ne souffrez pas que ses ennemis l'accablent et le persécutent injustement sous votre nom, comme il est dit, quoique faussement, dans toute la pièce.

ACTE III, SCÈNE II.

Et si, pour l'ébranler, il faut aller plus loin,
Du soin de mon amour fais ton unique soin;
Laisse, laisse ma gloire, et dis-lui que je l'aime,
Tout coupable qu'il est, cent fois plus que moi-même;
Qu'il n'a, s'il veut finir mes déplorables jours,
Qu'à souffrir que des siens on arrête le cours.
Presse, prie, offre tout pour fléchir son courage.
Enfin, si pour ta reine un vrai zèle t'engage,
Par crainte, par amour, par pitié de mon sort,
Obtiens qu'il se pardonne, et s'arrache à la mort :
L'empêchant de périr, tu m'auras bien servie.
Je ne te dis plus rien, il y va de ma vie.
Ne perds point de temps, cours, et me laisse écouter
Ce que pour sa défense un ami vient tenter.

SCÈNE III[1].

ÉLISABETH, SALSBURY.

SALSBURY.

Madame, pardonnez à ma douleur extrême,
Si, paroissant ici pour un autre moi-même,
Tremblant, saisi d'effroi pour vous, pour vos états,
J'ose vous conjurer de ne vous perdre pas.
Je n'examine point quel peut être le crime;
Mais si l'arrêt donné vous semble légitime,

---

[1] La scène du prétendu comte de Salsbury avec la reine a quelque chose de touchant; mais il reste toujours cette incertitude et cet embarras, qui font peine. On ne sait pas précisément de quoi il s'agit. *Le crime ne suit pas toujours l'apparence. Craignez les in-*

Vous le paroîtra-t-il quand vous daignerez voir
Par un funeste coup quelle tête il fait choir?
C'est ce fameux héros dont cent fois la victoire
Par les plus grands exploits a consacré la gloire,
Dont par-tout le destin fut si noble et si beau,
Qu'on livre entre les mains d'un infame bourreau.
Après qu'à sa valeur que chacun idolâtre
L'univers avec pompe a servi de théâtre,
Pourrez-vous consentir qu'un échafaud dressé
Montre à tous de quel prix il est récompensé?
Quand je viens vous marquer son mérite et sa peine,
Ce n'est point seulement l'amitié qui m'amène;
C'est l'état désolé, c'est votre cour en pleurs,
Qui, perdant son appui, tremble de ses malheurs.
Je sais qu'en sa conduite il eut quelque imprudence;
Mais le crime toujours ne suit pas l'apparence;
Et dans le rang illustre où ses vertus l'ont mis,

justices de ceux qui de sa mort se rendent les complices. La reine doit donc alors, séduite par sa passion, penser comme Salsbury, croire Essex innocent, mettre ses accusateurs entre les mains de la justice, et faire condamner celui qui sera trouvé coupable.

Mais après que ce Salsbury a dit que les injustices rendent complices les juges du comte d'Essex, il parle à la reine de clémence; il lui dit que *la clémence a toujours eu ses droits*, et qu'*elle est la vertu la plus digne des rois*. Il avoue donc que le comte d'Essex est criminel. A laquelle de ces deux idées faudra-t-il s'arrêter? A quoi faudra-t-il se fixer? La reine répond qu'Essex est trop fier, que *c'est l'ordinaire écueil des ambitieux*, qu'il s'est fait un outrage des soins qu'elle a pris pour détourner l'orage, et que si *la tête du comte fait raison à la reine de sa fierté, c'est sa faute*. Le spectateur a pu passer de tels discours; le lecteur est moins indulgent.

ACTE III, SCÈNE III, 189

Estimé de sa reine, il a des ennemis.
Pour lui, pour vous, pour nous, craignez les artifices
De ceux qui de sa mort se rendent les complices :
Songez que la clémence a toujours eu ses droits,
Et qu'elle est la vertu la plus digne des rois.

ÉLISABETH.

Comte de Salsbury, j'estime votre zéle,
J'aime à vous voir ami généreux et fidéle,
Et loüe en vous l'ardeur que ce noble intérêt
Vous donne à murmurer d'un équitable arrêt :
J'en sens, ainsi que vous, une douleur extrême;
Mais je dois à l'état encor plus qu'à moi-même.
Si j'ai laissé du comte éclaircir le forfait,
C'est lui qui m'a forcée à tout ce que j'ai fait :
Prête à tout oublier, s'il m'avouoit son crime,
On le sait, j'ai voulu lui rendre mon estime;
Ma bonté n'a servi qu'à redoubler l'orgueil
Qui des ambitieux est l'ordinaire écueil.
Des soins qu'il m'a vu prendre à détourner l'orage,
Quoique sûr d'y périr, il s'est fait un outrage :
Si sa tête me fait raison de sa fierté,
C'est sa faute ; il aura ce qu'il a mérité.

SALSBURY.

Il mérite, sans doute, une honteuse peine [1],

---

[1] Pourquoi mérite-t-il une honteuse peine, s'il n'est que fier ? Il la mérite, s'il a conspiré, si, comme Cécile l'a dit, *du comte de Tyron, de l'Irlandois suivi, il en vouloit au trône, et qu'il l'auroit ravi*. On ne sait jamais à quoi s'en tenir dans cette pièce ; ni la conspiration du comte d'Essex, ni les sentiments d'Élisabeth ne sont jamais assez éclaircis.

Quand sa fierté combat les bontés de sa reine :
Si quelque chose en lui vous peut, vous doit blesser,
C'est l'orgueil de ce cœur qu'il ne peut abaisser,
Cet orgueil qu'il veut croire au péril de sa vie;
Mais, pour être trop fier, vous a-t-il moins servie?
Vous a-t-il moins montré dans cent et cent combats
Que pour vous il n'est rien d'impossible à son bras?
Par son sang prodigué, par l'éclat de sa gloire,
Daignez, s'il vous en reste encor quelque mémoire,
Accorder au malheur qui l'accable aujourd'hui
Le pardon qu'à genoux je demande pour lui :
Songez que, si jamais il vous fut nécessaire,
Ce qu'il a déjà fait, il peut encor le faire;
Et que nos ennemis, tremblants, désespérés,
N'ont jamais mieux vaincu que quand vous le perdez.

ÉLISABETH.

Je le perds à regret, mais enfin je suis reine;
Il est sujet, coupable, et digne de sa peine.
L'arrêt est prononcé, comte; et tout l'univers
Va sur lui, va sur moi tenir les yeux ouverts.
Quand sa seule fierté, dont vous blâmez l'audace,
M'auroit fait souhaiter qu'il m'eût demandé grace;
Si par là de la mort il a pu s'affranchir,
Dédaignant de le faire, est-ce à moi de fléchir?
Est-ce à moi d'endurer qu'un sujet téméraire
A d'impuissants éclats réduise ma colère,
Et qu'il puisse, à ma honte, apprendre à l'avenir
Que je connus son crime, et n'osai le punir?

SALSBURY.

On parle de révolte et de ligues secrètes;

Mais, madame, on se sert de lettres contrefaites[1] ;
Les témoins, par Cécile, ouïs, examinés,
Sont témoins que peut-être on aura subornés.
Le comte les récuse ; et quand je les soupçonne....

ÉLISABETH.

Le comte est condamné ; si son arrêt l'étonne,
S'il a pour l'affoiblir quelque chose à tenter,
Qu'il rentre en son devoir, on pourra l'écouter.
Allez. Mon juste orgueil, que son audace irrite,
Peut faire grace encor ; faites qu'il la mérite.

SCÈNE IV.

ÉLISABETH, LA DUCHESSE.

ÉLISABETH.

Venez, venez, duchesse, et plaignez mes ennuis.
Je cherche à pardonner, je le veux, je le puis,
Et je tremble toujours qu'un obstiné coupable
Lui-même contre moi ne soit inexorable.
Ciel, qui me fis un cœur et si noble et si grand,
Ne le devois-tu pas former indifférent ?
Falloit-il qu'un ingrat, aussi fier que sa reine,

---

[1] Il est bien étrange que Salsbury dise qu'on a contrefait l'écriture du comte d'Essex, et que la reine ne songe pas à examiner une chose si importante. Elle doit assurément s'en éclaircir, et comme amante, et comme reine. Elle ne répond pas seulement à cette ouverture qu'elle devait saisir, et qui demandait l'examen le plus prompt et le plus exact ; elle répète encore en d'autres mots que le comte est trop fier.

Me donnant tant d'amour fût digne de ma haine?
Ou, si tu résolvois de m'en laisser trahir,
Pourquoi ne m'as-tu pas permis de le haïr?
Si ce funeste arrêt n'ébranle point le comte,
Je ne puis éviter ou ma perte ou ma honte :
Je péris par sa mort; et, le voulant sauver,
Le lâche impunément aura su me braver [1].
Que je suis malheureuse!

LA DUCHESSE.

On est sans doute à plaindre
Quand on hait la rigueur et qu'on s'y voit contraindre :
Mais si le comte osoit, tout condamné qu'il est,
Plutôt que son pardon accepter son arrêt,
Au moins de ses desseins, sans le dernier supplice,
La prison vous pourroit....

ÉLISABETH.

Non, je veux qu'il fléchisse,
Il y va de ma gloire, il faut qu'il céde [2].

[1] Élisabeth devait dire à sa confidente, la duchesse prétendue d'Irton : *Savez-vous ce que le comte de Salsbury vient de m'apprendre ? Essex n'est point coupable. Il assure que les lettres qu'on lui impute sont contrefaites. Il a récusé les faux témoins que Cécile aposte contre lui. Je dois justice au moindre de mes sujets, encore plus à un homme que j'aime. Mon devoir, mes sentiments me forcent à chercher tous les moyens possibles de constater son innocence.* Au lieu de parler d'une manière si naturelle et si juste, elle appelle Essex *lâche*. Ce mot *lâche* n'est pas compatible avec *braver* : elle ne dit rien de ce qu'elle doit dire.

[2] Élisabeth s'obstine toujours à cette seule idée, qui ne parait guère convenable; car lorsqu'il s'agit de la vie de ce qu'on aime, on sent bien d'autres alarmes. Voici ce qui a probablement engagé Thomas Corneille à faire le fondement de sa pièce de cette

LA DUCHESSE.

Hélas!
Je crains qu'à vos bontés il ne se rende pas;
Que, voulant abaisser ce courage invincible,
Vos efforts....

ÉLISABETH.

Ah! j'en sais un moyen infaillible.

persévérance de la reine à vouloir que le comte d'Essex s'humilie. Elle lui avait ôté précédemment toutes ses charges après sa mauvaise conduite en Irlande; elle avait même poussé l'emportement honteux de la colère jusqu'à lui donner un soufflet. Le comte s'était retiré à la campagne; il avait demandé humblement pardon par écrit, et il disait dans sa lettre, *qu'il était pénitent comme Nabuchodonosor, et qu'il mangeait du foin*. La reine alors n'avait voulu que l'humilier, et il pouvait espérer son rétablissement. Ce fut alors qu'il imagina pouvoir profiter de la vieillesse de la reine pour soulever le peuple, qu'il crut qu'on pourrait faire venir d'Écosse le roi Jacques, successeur naturel d'Élisabeth, et qu'il forma une conspiration aussi mal digérée que criminelle. Il fut pris précisément en flagrant délit, condamné et exécuté avec ses complices; il n'était plus alors question de *fierté*.

Cette scène de la duchesse d'Irton avec Élisabeth a quelque ressemblance à celle d'Atalide avec Roxane. La duchesse avoue qu'elle est aimée du comte d'Essex, comme Atalide avoue qu'elle est aimée de Bajazet. La duchesse est plus vertueuse, mais moins intéressante; et ce qui ôte tout intérêt à cette scène de la duchesse avec la reine, c'est qu'on n'y parle que d'une intrigue passée; c'est que la reine a cessé, dans les scènes précédentes, de penser à cette prétendue Suffolk dont elle a cru le comte d'Essex amoureux; c'est qu'enfin la duchesse d'Irton étant mariée, Élisabeth ne peut plus être jalouse avec bienséance; mais sur-tout une jalousie d'Élisabeth, à son âge, ne peut être touchante. Il en faut toujours revenir là; c'est le grand vice du sujet. L'amour n'est fait ni pour les vieux, ni pour les vieilles.

Rien n'égale en horreur ce que j'en souffrirai ;
C'est le plus grand des maux ; peut-être j'en mourrai :
Mais si toujours d'orgueil son audace est suivie,
Il faudra le sauver aux dépens de ma vie ;
M'y voilà résolue. O vœux mal exaucés !
O mon cœur ! est-ce ainsi que vous me trahissez ?

LA DUCHESSE.

Votre pouvoir est grand ; mais je connois le comte ;
Il voudra....

ÉLISABETH.

Je ne puis le vaincre qu'à ma honte ;
Je le sais : mais enfin je vaincrai sans effort,
Et vous allez vous-même en demeurer d'accord.
Il adore Suffolk ; c'est elle qui l'engage
A lui faire raison d'un exil qui l'outrage.
Quoi que coûte à mon cœur ce funeste dessein,
Je veux, je souffrirai qu'il lui donne la main ;
Et l'ingrat, qui m'oppose une fierté rebelle,
Sûr enfin d'être heureux, voudra vivre pour elle.

LA DUCHESSE.

Si par là seulement vous croyez le toucher,
Apprenez un secret qu'il ne faut plus cacher.
De l'amour de Suffolk vainement alarmée,
Vous la punîtes trop ; il ne l'a point aimée :
C'est moi seule, ce sont mes criminels appas
Qui surprirent son cœur que je n'attaquois pas.
Par devoir, par respect, j'eus beau vouloir éteindre
Un feu dont vous deviez avoir tant à vous plaindre ;
Confuse de ses vœux j'eus beau lui résister :
Comme l'amour se flatte, il voulut se flatter :

ACTE III, SCÈNE IV.

Il crut que la pitié pourroit tout sur votre ame,
Que le temps vous rendroit favorable à sa flamme;
Et, quoique enfin pour lui Suffolk fût sans appas,
Il feignit de l'aimer pour ne m'exposer pas.
Son exil étonna cet amour téméraire;
Mais, si mon intérêt le força de se taire,
Son cœur, dont la contrainte irritoit les desirs,
Ne m'en donna pas moins ses plus ardents soupirs.
Par moi qui l'usurpai vous en fûtes bannie;
Je vous nuisis, madame, et je m'en suis punie.
Pour vous rendre les vœux que j'osois détourner,
On demanda ma main, je la voulus donner.
Éloigné de la cour, il sut cette nouvelle:
Il revient furieux, rend le peuple rebelle,
S'en fait suivre au palais dans le moment fatal
Que l'hymen me livroit au pouvoir d'un rival;
Il venoit l'empêcher, et c'est ce qu'il vous cache.
Voilà par où le crime à sa gloire s'attache.
On traite de révolte un fier emportement,
Pardonnable peut-être aux ennuis d'un amant:
S'il semble un attentat, s'il en a l'apparence,
L'aveu que je vous fais prouve son innocence.
Enfin, madame, enfin, par tout ce qui jamais
Put surprendre, toucher, enflammer vos souhaits;
Par les plus tendres vœux dont vous fûtes capable,
Par lui-même, pour vous l'objet le plus aimable,
Sur des témoins suspects qui n'ont pu l'étonner,
Ses juges à la mort l'ont osé condamner.
Accordez-moi ses jours pour prix du sacrifice
Qui m'arrachant à lui vous a rendu justice;

Mon cœur en souffre assez pour mériter de vous
Contre un si cher coupable un peu moins de courroux.

ÉLISABETH.

Ai-je bien entendu? le perfide vous aime,
Me dédaigne, me brave; et, contraire à moi-même,
Je vous assurerois, en l'osant secourir,
La douceur d'être aimée et de me voir souffrir !
Non, il faut qu'il périsse, et que je sois vengée;
Je dois ce coup funeste à ma flamme outragée :
Il a trop mérité l'arrêt qui le punit;
Innocent ou coupable, il vous aime, il suffit.
S'il n'a point de vrai crime, ainsi qu'on le veut croire,
Sur le crime apparent je sauverai ma gloire [1] ;
Et la raison d'état, en le privant du jour,
Servira de prétexte à la raison d'amour.

LA DUCHESSE.

Juste ciel! vous pourriez vous immoler sa vie !

---

[1] On voit assez quel est ici le défaut de style, et ce que c'est qu'une gloire sauvée sur un crime apparent. Mais pourquoi Élisabeth est-elle plus fâchée contre la dame prétendue d'Irton que contre la dame prétendue de Suffolk? Que lui importe d'être négligée pour l'une ou pour l'autre? Elle n'est point aimée, cela doit lui suffire.

La fin de cette scène paraît belle; elle est passionnée et attendrissante. Il serait pourtant à désirer qu'Élisabeth ne dît pas toujours la même chose; elle recommande, tantôt à Tilney, tantôt à Salsbury, tantôt à Irton, d'engager le comte d'Essex à n'être plus *fier*, et à demander grace. C'est là le seul sentiment dominant; c'est là le seul nœud. Il ne tenait qu'à elle de pardonner, et alors il n'y avait plus de pièce.

On doit, autant qu'on le peut, donner aux personnages des sentiments qu'ils doivent nécessairement avoir dans la situation où ils se trouvent.

Je ne me repens point de vous avoir servie;
Mais, hélas! qu'ai-je pu faire plus contre moi,
Pour le rendre à sa reine, et rejeter sa foi?
Tout parloit, m'assuroit de son amour extrême;
Pour mieux me l'arracher, qu'auriez-vous fait vous-même?

ÉLISABETH.

Moins que vous; pour lui seul, quoi qu'il fût arrivé,
Toujours tout mon amour se seroit conservé.
En vain de moi tout autre eût eu l'ame charmée,
Point d'hymen. Mais enfin je ne suis point aimée;
Mon cœur de ses dédains ne peut venir à bout;
Et, dans ce désespoir, qui peut tout ose tout.

LA DUCHESSE.

Ah! faites-lui paroître un cœur plus magnanime.
Ma sévère vertu lui doit-elle être un crime?
Et l'aide qu'à vos feux j'ai cru devoir offrir
Vous le fait-elle voir plus digne de périr?

ÉLISABETH.

J'ai tort, je le confesse; et, quoique je m'emporte,
Je sens que ma tendresse est toujours la plus forte.
Ciel, qui me réservez à des malheurs sans fin
Il ne manquoit donc plus à mon cruel destin
Que de ne souffrir pas, dans cette ardeur fatale,
Que je fusse en pouvoir de haïr ma rivale!
Ah! que de la vertu les charmes sont puissants!
Duchesse, c'en est fait, qu'il vive, j'y consens.
Par un même intérêt, vous craignez, et je tremble.
Pour lui, contre lui-même, unissons-nous ensemble,
Tirons-le du péril qui ne peut l'alarmer,
Toutes deux pour le voir, toutes deux pour l'aimer.

Un prix bien inégal nous en paiera la peine ;
Vous aurez tout son cœur, je n'aurai que sa haine :
Mais n'importe, il vivra, son crime est pardonné ;
Je m'oppose à sa mort. Mais l'arrêt est donné,
L'Angleterre le sait, la terre tout entière,
D'une juste surprise en fera la matière.
Ma gloire, dont toujours il s'est rendu l'appui,
Veut qu'il demande grace ; obtenez-le de lui.
Vous avez sur son cœur une entière puissance.
Allez ; pour le soumettre usez de violence.
Sauvez-le, sauvez-moi : dans le trouble où je suis,
M'en reposer sur vous est tout ce que je puis.

FIN DU TROISIÈME ACTE.

ACTE QUATRIÈME

SCÈNE I.

LE COMTE D'ESSEX, TILNEY.

LE COMTE D'ESSEX.
Je dois beaucoup, sans doute, au souci qui t'amène ;
Mais enfin tu pouvois t'épargner cette peine.
Si l'arrêt qui me perd te semble à redouter,
J'aime mieux le souffrir que de le mériter [1].

TILNEY.
De cette fermeté souffrez que je vous blâme.

---

[1] Voilà donc le comte d'Essex qui proteste nettement de son innocence. Élisabeth, dans cette supposition de l'auteur, est donc inexcusable d'avoir fait condamner le comte : la duchesse d'Irton s'est donc très mal conduite en n'éclaircissant pas la reine. Il est condamné sur de faux témoignages ; et la reine, qui l'adore, ne s'est pas mise en peine de se faire rendre compte des pièces du procès, qu'on lui a dit vingt fois être fausses. Une telle négligence n'est pas naturelle ; c'est un défaut capital. Faites toujours penser et dire à vos personnages ce qu'ils doivent dire et penser ; faites-les agir comme ils doivent agir. L'amour seul d'Élisabeth, dira-t-on, l'aura forcée à mettre Essex entre les mains de la justice. Mais ce même amour devait lui faire examiner un arrêt qu'on suppose injuste ; elle n'est pas assez furieuse d'amour pour qu'on l'excuse. Essex n'est pas assez passionné pour sa duchesse ; sa du-

Quoique la mort jamais n'ébranle une grande ame,
Quand il nous la faut voir par des arrêts sanglants
Dans son triste appareil approcher à pas lents....
   LE COMTE D'ESSEX.
Je ne le céle point, je croyois que la reine
A me sacrifier dût avoir quelque peine.
Entrant dans le palais sans peur d'être arrêté,
J'en faisois pour ma vie un lieu de sûreté.
Non qu'enfin, si mon sang a tant de quoi lui plaire,
Je voie avec regret qu'on l'ose satisfaire ;
Mais, pour verser ce sang tant de fois répandu,
Peut-être un échafaud ne m'étoit-il pas dû.
Pour elle il fut le prix de plus d'une victoire :
Elle veut l'oublier, j'ai regret à sa gloire ;
J'ai regret qu'aveuglée elle attire sur soi
La honte qu'elle croit faire tomber sur moi.
Le ciel m'en est témoin, jamais sujet fidéle
N'eut pour sa souveraine un cœur si plein de zéle.
Je l'ai fait éclater en cent et cent combats ;
On aura beau le taire, ils ne le tairont pas.
Si j'ai fait mon devoir quand je l'ai bien servie,
Du moins je méritois qu'elle eût soin de ma vie.
Pour la voir contre moi si fièrement s'armer,
Le crime n'est pas grand de n'avoir pu l'aimer.
Le penchant fut toujours un mal inévitable :

chesse n'est pas assez passionnée pour lui. Tous les rôles paraissent manqués dans cette tragédie, et cependant elle a eu du succès. Quelle en est la raison ? Je le répète, la situation des personnages, attendrissante par elle-même, et l'ignorance où le parterre a été long-temps.

S'il entraîne le cœur, le sort en est coupable;
Et toute autre, oubliant un si léger chagrin,
Ne m'auroit pas puni des fautes du destin.

TILNEY.

Vos froideurs, je l'avoue, ont irrité la reine;
Mais daignez l'adoucir, et sa colère est vaine.
Pour trop croire un orgueil dont l'éclat lui déplaît,
C'est vous-même, c'est vous qui donnez votre arrêt.
Par vous, dit-on, l'Irlande à l'attentat s'anime:
Que le crime soit faux, il est connu pour crime;
Et quand pour vous sauver elle vous tend les bras,
Sa gloire veut au moins que vous fassiez un pas,
Que vous....

LE COMTE D'ESSEX.

Ah! s'il est vrai qu'elle songe à sa gloire,
Pour garantir son nom d'une tache trop noire
Il est d'autres moyens où l'équité consent,
Que de se relâcher à perdre un innocent.
On ose m'accuser: que sa colère accable
Des témoins subornés qui me rendent coupable.
Cécile les entend, et les a suscités;
Raleigh leur a fourni toutes leurs faussetés.
Que Raleigh, que Cécile, et ceux qui leur ressemblent,
Ces infames sous qui tous les gens de bien tremblent,
Par la main d'un bourreau, comme ils l'ont mérité,
Lavent dans leur vil sang leur infidélité:
Alors en répandant ce sang vraiment coupable,
La reine aura fait rendre un arrêt équitable:
Alors de sa rigueur le foudroyant éclat,
Affermissant sa gloire, aura sauvé l'état.

Mais sur moi, qui maintiens la grandeur souveraine,
Du crime des méchants faire tomber la peine!
Souffrir que contre moi des écrits contrefaits....
Non, la postérité ne le croira jamais:
Jamais on ne pourra se mettre en la pensée
Que de ce qu'on me doit la mémoire effacée
Ait laissé l'imposture en pouvoir d'accabler....
Mais la reine le voit, et le voit sans trembler:
Le péril de l'état n'a rien qui l'inquiète.
Je dois être content, puisqu'elle est satisfaite,
Et ne point m'ébranler d'un indigne trépas
Qui lui coûte sa gloire et ne l'étonne pas.

TILNEY.

Et ne l'étonne pas! Elle s'en désespère,
Blâme votre rigueur, condamne sa colère.
Pour rendre à son esprit le calme qu'elle attend,
Un mot à prononcer vous coûteroit-il tant?

LE COMTE D'ESSEX.

Je crois que de ma mort le coup lui sera rude,
Qu'elle s'accusera d'un peu d'ingratitude.
Je n'ai pas, on le sait, mérité mes malheurs:
Mais le temps adoucit les plus vives douleurs.
De ses tristes remords si ma perte est suivie,
Elle souffriroit plus à me laisser la vie.
Foible à vaincre ce cœur qui lui devient suspect,
Je ne pourrois pour elle avoir que du respect;
Tout rempli de l'objet qui s'en est rendu maître,
Si je suis criminel, je voudrois toujours l'être:
Et, sans doute, il est mieux qu'en me privant du jour
Sa haine, quoique injuste, éteigne son amour.

TILNEY.

Quoi! je n'obtiendrai rien?

LE COMTE D'ESSEX.

Tu redoubles ma peine.
C'est assez.

TILNEY.

Mais enfin que dirai-je à la reine?

LE COMTE D'ESSEX.

Qu'on vient de m'avertir que l'échafaud est prêt;
Qu'on doit dans un moment exécuter l'arrêt;
Et qu'innocent d'ailleurs je tiens cette mort chère
Qui me fera bientôt cesser de lui déplaire.

TILNEY.

Je vais la retrouver : mais, encore une fois,
Par ce que vous devez....

LE COMTE D'ESSEX.

Je sais ce que je dois.
Adieu. Puisque ma gloire à ton zèle s'oppose,
De mes derniers moments souffre que je dispose;
Il m'en reste assez peu pour me laisser au moins
La triste liberté d'en jouir sans témoins.

SCÈNE II.

LE COMTE D'ESSEX.

O fortune! ô grandeur! dont l'amorce flatteuse[1]
Surprend, touche, éblouit une ame ambitieuse,

---

[1] Cette scène, ce monologue est encore une des raisons du succès. Ces réflexions naturelles sur la fragilité des grandeurs humaines plaisent, quoique faiblement écrites. Un grand seigneur

De tant d'honneurs reçus c'est donc là tout le fruit!
Un long temps les amasse, un moment les détruit.
Tout ce que le destin le plus digne d'envie
Peut attacher de gloire à la plus belle vie,
J'ai pu me le promettre, et, pour le mériter,
Il n'est projet si haut qu'on ne m'ait vu tenter;
Cependant aujourd'hui (se peut-il qu'on le croie?)
C'est sur un échafaud que la reine m'envoie!
C'est là qu'aux yeux de tous m'imputant des forfaits....

SCÈNE III.

LE COMTE D'ESSEX, SALSBURY.

LE COMTE D'ESSEX.
Hé bien! de ma faveur vous voyez les effets [1].

qu'on va mener à l'échafaud intéresse toujours le public; et la représentation de ces aventures, sans aucun secours de la poésie, fait le même effet à peu près que la vérité même.

[1] Ce vers naturel devient sublime, parceque le comte d'Essex et Salsbury supposent tous deux que c'est en effet la faveur de la reine qui le conduit à la mort.

Le succès est encore ici dans la situation seule. En vain Thomas imite faiblement ce vers de son frère :

<blockquote>
Enfin tout ce qu'adore en ma haute fortune
D'un courtisan flatteur la présence importune.
</blockquote>

En vain il s'étend en lieux communs et vagues : *Qui vit de son bonheur tout l'univers jaloux*, etc. En vain il affaiblit le pathétique du moment par ces mauvais vers : *Tout passe: et qui m'eût dit, après ce qu'on m'a vu ;* le pathétique de la chose subsiste malgré lui, et le parterre est touché.

ACTE IV, SCÈNE III.

Ce fier comte d'Essex, dont la haute fortune
Attiroit de flatteurs une foule importune,
Qui vit de son bonheur tout l'univers jaloux,
Abattu, condamné, le reconnoissez-vous?
Des lâches, des méchants, victime infortunée,
J'ai bien en un moment changé de destinée!
Tout passe : et qui m'eût dit, après ce qu'on m'a vu,
Que je l'eusse éprouvé, je ne l'aurois pas cru.

SALSBURY.

Quoique vous éprouviez que tout change, tout passe,
Rien ne change pour vous si vous vous faites grace.
Je viens de voir la reine, et ce qu'elle m'a dit
Montre assez que pour vous l'amour toujours agit;
Votre seule fierté, qu'elle voudroit abattre [1],
S'oppose à ses bontés, s'obstine à les combattre.
Contraignez-vous : un mot qui marque un cœur soumis
Vous va mettre au-dessus de tous vos ennemis.

LE COMTE D'ESSEX.

Quoi! quand leur imposture indignement m'accable,
Pour les justifier je me rendrai coupable?

---

[1] Cette fierté de la reine, qui lutte sans cesse contre la fierté d'Essex, est toujours le sujet de la tragédie. C'est une illusion qui ne laisse pas de plaire au public. Cependant si cette fierté seule agit, c'est un pur caprice de la part d'Élisabeth et du comte d'Essex. *Je veux qu'il me demande pardon ; je ne veux pas demander pardon*, voilà la pièce. Il semble qu'alors le spectateur oublie qu'Élisabeth est extravagante, si elle veut qu'on lui demande pardon d'un crime imaginaire ; qu'elle est injuste et barbare de ne pas examiner ce crime, avant d'exiger qu'on lui demande pardon. On oublie l'essentiel pour ne s'occuper que de ces sentiments de fierté, qui séduisent presque toujours.

Et, par mon lâche aveu, l'univers étonné
Apprendra qu'ils m'auront justement condamné?
SALSBURY.
En lui parlant pour vous, j'ai peint votre innocence;
Mais enfin elle cherche un aide à sa clémence.
C'est votre reine; et quand, pour fléchir son courroux,
Elle ne veut qu'un mot, le refuserez-vous?
LE COMTE D'ESSEX.
Oui, puisque enfin ce mot rendroit ma honte extrême.
J'ai vécu glorieux, et je mourrai de même;
Toujours inébranlable, et dédaignant toujours
De mériter l'arrêt qui va finir mes jours.
SALSBURY.
Vous mourrez glorieux! Ah, ciel! pouvez-vous croire
Que sur un échafaud vous sauviez votre gloire?
Qu'il ne soit pas honteux à qui s'est vu si haut....
LE COMTE D'ESSEX.
Le crime fait la honte, et non pas l'échafaud [1];
Ou si dans mon arrêt quelque infamie éclate,
Elle est lors que je meurs, pour une reine ingrate
Qui, voulant oublier cent preuves de ma foi,
Ne mérita jamais un sujet tel que moi [2].

[1] Ce vers a passé en proverbe, et a été quelquefois cité à propos dans des occasions funestes.

[2] Ou Essex est ici le fou le plus insolent, ou l'homme le plus innocent. Sûrement il n'est coupable, dans la tragédie, d'aucun des crimes dont on l'accuse. C'est ici un héros; c'est un homme dont le destin de l'Angleterre a dépendu; c'est l'appui d'Élisabeth. Elle est donc en ce cas une femme détestable, qui fait couper le cou au premier homme du pays, parcequ'il a aimé une autre femme qu'elle. Que deviennent alors ses irrésolutions, ses ten-

ACTE IV, SCÈNE III.

Mais la mort m'étant plus à souhaiter qu'à craindre,
Sa rigueur me fait gracé, et j'ai tort de m'en plaindre.
Après avoir perdu ce que j'aimois le mieux,
Confus, désespéré, le jour m'est odieux.
A quoi me serviroit cette vie importune,
Qu'à m'en faire toujours mieux sentir l'infortune?
Pour la seule duchesse il m'auroit été doux
De passer ¹.... Mais, hélas! un autre est son époux,

---

dresses, ses remords, ses agitations? Rien de tout cela ne doit être dans son caractère.

¹ Je ne relève point cette réticence à ce mot de *passer*, figure si mal à propos prodiguée. La réticence ne convient que quand on craint ou qu'on rougit d'achever ce qu'on a commencé. Le grand défaut, c'est que les amours du comte d'Essex et de la duchesse, mariée à un autre, ont été trop légèrement touchés, ont à peine effleuré le cœur.

On ne voit pas non plus pourquoi le comte veut mourir sans être justifié, lui qui se croit entièrement innocent. On ne voit pas pourquoi, étant calomnié par les prétendus faussaires, Cecil et Raleigh, qu'il déteste, il n'instruit pas la reine du crime de faux qu'il leur impute. Comment se peut-il qu'un homme si fier, pouvant d'un mot se venger des ennemis qui l'écrasent, néglige de dire ce mot? Cela n'est pas dans la nature. Aime-t-il assez la duchesse d'Irton? est-il assez furieux, assez enivré de sa passion, pour déclarer qu'il aime mieux être décapité que de vivre sans elle? Il aurait donc fallu lui donner dans la pièce toutes les fureurs de l'amour, qu'il n'a pas eues.

L'excès de la passion peut excuser tout; et si le comte d'Essex était un jeune homme, comme le Ladislas de Rotrou, toujours emporté par un amour violent, il ferait un très grand effet. Il fait paraître au moins quelques touches, quelques nuances légères de ces grands traits nécessaires à la vraie tragédie; et par là il peut intéresser. C'est un crayon faible et peu correct; mais c'est le crayon de ce qui affecte le plus le cœur humain.

Un autre dont l'amour, moins tendre, moins fidèle....
Mais elle doit savoir mon malheur : qu'en dit-elle ?
Me flatté-je en croyant qu'un reste d'amitié
Lui fera de mon sort prendre quelque pitié ?
Privé de son amour pour moi si plein de charmes,
Je voudrois bien du moins avoir part à ses larmes.
Cette austère vertu qui soutient son devoir
Semble à mes tristes vœux en défendre l'espoir :
Cependant, contre moi quoi qu'elle ose entreprendre,
Je les paie assez cher pour y pouvoir prétendre ;
Et l'on peut, sans se faire un trop honteux effort,
Pleurer un malheureux dont on cause la mort.

SALSBURY.

Quoi ! ce parfait amour, cette pure tendresse
Qui vous fit si long-temps vivre pour la duchesse,
Quand vous pouvez prévoir ce qu'elle en doit souffrir,
Ne vous arrache point ce dessein de mourir !
Pour vous avoir aimé, voyez ce que lui coûte
Le cruel sacrifice....

LE COMTE D'ESSEX.

     Elle m'aima, sans doute ;
Et sans la reine, hélas ! j'ai lieu de présumer
Qu'elle eût fait à jamais son bonheur de m'aimer.
Tout ce qu'un bel objet d'un cœur vraiment fidèle
Peut attendre d'amour, je le sentis pour elle ;
Et peut-être mes soins, ma constance, ma foi,
Méritoient les soupirs qu'elle a perdus pour moi.
Nulle félicité n'eût égalé la nôtre :
Le ciel y met obstacle, elle vit pour un autre ;
Un autre a tout le bien que je crus acquérir ;

ACTE IV, SCÈNE III.

L'hymen le rend heureux : c'est à moi de mourir.

SALSBURY.

Ah! si, pour satisfaire à cette injuste envie,
Il vous doit être doux d'abandonner la vie,
Perdez-la : mais au moins que ce soit en héros;
Allez de votre sang faire rougir les flots,
Allez dans les combats où l'honneur vous appelle;
Cherchez, suivez la gloire, et périssez pour elle.
C'est là qu'à vos pareils il est beau d'affronter
Ce qu'ailleurs le plus ferme a lieu de redouter.

LE COMTE D'ESSEX.

Quand contre un monde entier armé pour ma défaite
J'irois seul défier la mort que je souhaite,
Vers elle j'aurois beau m'avancer sans effroi,
Je suis si malheureux qu'elle fuiroit de moi.
Puisqu'ici sûrement elle m'offre son aide,
Pourquoi de mes malheurs différer le remède?
Pourquoi, lâche et timide, arrêtant le courroux....

SCÈNE IV.

SALSBURY, LE COMTE D'ESSEX, LA DUCHESSE, SUITE DE LA DUCHESSE.

SALSBURY.

Venez, venez, madame, on a besoin de vous [1].

---

[1] Un héros condamné, un ami qui le pleure, une maîtresse qui se désespère, forment un tableau bien touchant. Il y manque le coloris. Que cette scène eût été belle, si elle avait été bien traitée ! Préparez quand vous voulez toucher. N'interrompez jamais les

Le comte veut périr; raison, justice, gloire,
Amitié, rien ne peut l'obliger à me croire.
Contre son désespoir si vous vous déclarez,
Il cédera, sans doute, et vous triompherez.
Désarmez sa fierté, la victoire est facile;
Accablé d'un arrêt qu'il peut rendre inutile,
Je vous laisse avec lui prendre soin de ses jours,
Et cours voir s'il n'est point ailleurs d'autres secours.

assauts que vous livrez au cœur. Voilà le comte d'Essex qui veut mourir, parcequ'il ne peut vivre avec la duchesse d'Irton; il lui dit :

> Mais vivre, et voir sans cesse un rival odieux.
> Ah! madame, à ce nom je deviens furieux.

Ce sont là de bien mauvais vers, il est vrai. Il ne faut pas dire *je deviens furieux;* il faut faire voir qu'on l'est. Mais si cet Essex avait, dans les premiers actes, parlé en effet avec fureur de ce rival *odieux;* s'il avait été *furieux* en effet; si l'amour emporté et tragique avait déployé en lui tous les sentiments de cette passion fatale; si la duchesse les avait partagés, que de beautés alors, que d'intérêt, et que de larmes! Mais ce n'est que par manière d'acquit qu'ils parlent de leurs amours. Ne passez point ainsi d'un objet à un autre, si vous voulez toucher. Cette interruption est nécessaire dans l'histoire, admise dans le poëme épique, dont la longueur exige de la variété; réprouvée dans la tragédie, qui ne doit présenter qu'un objet, quoique résultant de plusieurs objets; qu'une passion dominante, qu'un intérêt principal. L'unité en tout y est une loi fondamentale.

SCÈNE V.

LA DUCHESSE, LE COMTE D'ESSEX,
SUITE DE LA DUCHESSE.

LE COMTE D'ESSEX.

Quelle gloire, madame! et combien doit l'envie
Se plaindre du bonheur des restes de ma vie,
Puisque avant que je meure on me souffre en ce lieu
La douceur de vous voir, et de vous dire adieu!
Le destin qui m'abat n'eût osé me poursuivre,
Si le ciel m'eût pour vous rendu digne de vivre.
Ce malheur me fait seul mériter le trépas,
Il en donne l'arrêt, je n'en murmure pas;
Je cours l'exécuter, quelque dur qu'il puisse être,
Trop content si ma mort vous fait assez connoître
Que jusques à ce jour jamais cœur enflammé
N'avoit en se donnant si fortement aimé.

LA DUCHESSE.

Si cet amour fut tel que je l'ai voulu croire,
Je le connoîtrai mieux quand, tout à votre gloire,
Dérobant votre tête à vos persécuteurs,
Vous vivrez redoutable à d'infames flatteurs.
C'est par le souvenir d'une ardeur si parfaite
Que, tremblant des périls où mon malheur vous jette,
J'ose vous demander, dans un si juste effroi,
Que vous sauviez des jours que j'ai comptés à moi.
Douceur trop peu goûtée, et pour jamais finie!
J'en faisois vanité; le ciel m'en a punie.

Sa rigueur s'étudie assez à m'accabler,
Sans que la vôtre encor cherche à la redoubler.
LE COMTE D'ESSEX.
De mes jours, il est vrai, l'excès de ma tendresse
En vous les consacrant vous rendit la maîtresse :
Je vous donnai sur eux un pouvoir absolu,
Et vous l'auriez encor si vous l'aviez voulu.
Mais, dans une disgrace en mille maux fertile,
Qu'ai-je à faire d'un bien qui vous est inutile ?
Qu'ai-je à faire d'un bien que le choix d'un époux
Ne vous laissera plus regarder comme à vous ?
Je l'aimois pour vous seule ; et votre hymen funeste
Pour prolonger ma vie en a détruit le reste.
Ah ! madame, quel coup ! Si je ne puis souffrir
L'injurieux pardon qu'on s'obstine à m'offrir,
Ne dites point, hélas ! que j'ai l'ame trop fière ;
Vous m'avez à la mort condamné la première ;
Et refusant ma grace, amant infortuné,
J'exécute l'arrêt que vous avez donné.
LA DUCHESSE.
Cruel ! est-ce donc peu qu'à moi-même arrachée,
A vos seuls intérêts je me sois attachée ?
Pour voir jusqu'où sur moi s'étend votre pouvoir,
Voulez-vous triompher encor de mon devoir ?
Il chancelle, et je sens qu'en ses rudes alarmes
Il ne peut mettre obstacle à de honteuses larmes,
Qui, de mes tristes yeux s'apprêtant à couler,
Auront pour vous fléchir plus de force à parler.
Quoiqu'elles soient l'effet d'un sentiment trop tendre,
Si vous en profitez, je veux bien les répandre.

ACTE IV, SCÈNE V.

Par ces pleurs, que peut-être en ce funeste jour
Je donne à la pitié beaucoup moins qu'à l'amour;
Par ce cœur pénétré de tout ce que la crainte
Pour l'objet le plus cher y peut porter d'atteinte,
Enfin par ces serments tant de fois répétés
De suivre aveuglément toutes mes volontés,
Sauvez-vous, sauvez-moi du coup qui me menace.
Si vous êtes soumis, la reine vous fait grace;
Sa bonté, qu'elle est prête à vous faire éprouver,
Ne veut....

LE COMTE D'ESSEX.

Ah! qui vous perd n'a rien à conserver.
Si vous aviez flatté l'espoir qui m'abandonne,
Si, n'étant point à moi, vous n'étiez à personne,
Et qu'au moins votre amour moins cruel à mes feux
M'eût épargné l'horreur de voir un autre heureux;
Pour vous garder ce cœur où vous seule avez place,
Cent fois, quoique innocent, j'aurois demandé grace.
Mais vivre, et voir sans cesse un rival odieux....
Ah! madame, à ce nom je deviens furieux :
De quelque emportement si ma rage est suivie,
Il peut être permis à qui sort de la vie.

LA DUCHESSE.

Vous sortez de la vie! Ah! si ce n'est pour vous,
Vivez pour vos amis, pour la reine, pour tous;
Vivez pour m'affranchir d'un péril qui m'étonne;
Si c'est peu de prier, je le veux, je l'ordonne.

LE COMTE D'ESSEX.

Cessez en l'ordonnant, cessez de vous trahir;
Vous m'estimeriez moins, si j'osois obéir.

Je n'ai pas mérité le revers qui m'accable ;
Mais je meurs innocent, et je vivrois coupable.
Toujours plein d'un amour dont sans cesse en tous lieux
Le triste accablement paroîtroit à vos yeux,
Je tâcherois d'ôter votre cœur, vos tendresses,
A l'heureux.... Mais pourquoi ces indignes foiblesses ?
Voyons, voyons, madame, accomplir sans effroi
Les ordres que le ciel a donnés contre moi :
S'il souffre qu'on m'immole aux fureurs de l'envie,
Du moins il ne peut voir de taches dans ma vie :
Tout le temps qu'à mes jours il avoit destiné,
C'est vous et mon pays à qui je l'ai donné.
Votre hymen, des malheurs pour moi le plus insigne,
M'a fait voir que de vous je n'ai pas été digne,
Que j'eus tort quand j'osai prétendre à votre foi :
Et mon ingrat pays est indigne de moi.
J'ai prodigué pour lui cette vie, il me l'ôte ;
Un jour, peut-être, un jour il connoîtra sa faute ;
Il verra par les maux qu'on lui fera souffrir....

SCÈNE VI.

LA DUCHESSE, LE COMTE D'ESSEX, CROMMER, GARDES, SUITE DE LA DUCHESSE.

LE COMTE D'ESSEX.

Mais, madame, il est temps que je songe à mourir ;
On s'avance, et je vois sur ces tristes visages
De ce qu'on veut de moi de pressants témoignages.
Partons, me voilà prêt. Adieu, madame : il faut,

ACTE IV, SCÈNE VI.

Pour contenter la reine, aller sur l'échafaud.

LA DUCHESSE.

Sur l'échafaud! Ah, ciel! quoi! pour toucher votre ame
La pitié.... Soutiens-moi....

LE COMTE D'ESSEX.

Vous me plaignez, madame!
Veuille le juste ciel, pour prix de vos bontés,
Vous combler et de gloire et de prospérités,
Et répandre sur vous tout l'éclat qu'à ma vie,
Par un arrêt honteux, ôte aujourd'hui l'envie!
(aux gardes.) *(à une suivante de la duchesse.)*
Avancez, je vous suis. Prenez soin de ses jours;
L'état où je la laisse a besoin de secours.

FIN DU QUATRIÈME ACTE.

ACTE CINQUIÈME.

SCÈNE I.

ÉLISABETH, TILNEY.

ÉLISABETH.
L'approche de la mort n'a rien qui l'intimide !
Prêt à sentir le coup il demeure intrépide !
Et l'ingrat, dédaignant mes bontés pour appui[1],
Peut ne s'étonner pas quand je tremble pour lui !
Ciel !.... Mais, en lui parlant as-tu bien su lui peindre
Et tout ce que je puis, et tout ce qu'il doit craindre ?
Sait-il quels durs ennuis mon triste cœur ressent ?
Que dit-il ?

TILNEY.
Que toujours il vécut innocent,
Et que, si l'imposture a pu se faire croire,
Il aime mieux périr que de trahir sa gloire.

---

[1] Elle se plaint toujours, et en mauvais vers, de cet ingrat qui dédaigne ses bontés pour appui, et qui ne veut pas demander pardon. C'est toujours le même sentiment sans aucune variété. Ce n'est pas là sans doute où l'unité est une perfection. Conservez l'unité dans le caractère, mais variez-la par mille nuances, tantôt par des soupçons, par des craintes, par des espérances, par des réconciliations et des ruptures, tantôt par un incident qui donne à tout une face nouvelle.

ÉLISABETH.

Aux dépens de la mienne, il veut, le lâche, il veut [1]
Montrer que sur sa reine il connoît ce qu'il peut.
De cent crimes nouveaux fût sa fierté suivie,
Il sait que mon amour prendra soin de sa vie.
Pour vaincre son orgueil prompte à tout employer,
Jusque sur l'échafaud je voulois l'envoyer,
Pour dernière espérance essayer ce remède :
Mais la honte est trop forte, il vaut mieux que je céde,
Que sur moi, sur ma gloire, un changement si prompt
D'un arrêt mal donné fasse tomber l'affront.
Cependant, quand pour lui j'agis contre moi-même,
Pour qui le conserver? pour la duchesse? Il l'aime.

TILNEY.

La duchesse?

ÉLISABETH.

Oui, Suffolk fut un nom emprunté
Pour cacher un amour qui n'a point éclaté.
La duchesse l'aima, mais sans m'être infidéle ;
Son hymen l'a fait voir : je ne me plains point d'elle.
Ce fut pour l'empêcher que, courant au palais,
Jusques à la révolte il poussa ses projets.
Quoique l'emportement ne fût pas légitime,
L'ardeur de s'élever n'eut point de part au crime ;
Et l'Irlandois par lui, dit-on, favorisé
L'a pu rendre suspect d'un accord supposé.
Il a des ennemis, l'imposture a ses ruses ;

[1] Elle appelle deux fois *lâche* cet homme si fier. Elle vouloit, dit-elle, pour se faire aimer, l'envoyer à l'échafaud, seulement pour lui faire peur; c'est là un excellent moyen d'inspirer de la tendresse.

Et quelquefois l'envie.... Ah! foible, tu l'excuses!
Quand aucun attentat n'auroit noirci sa foi,
Qu'il seroit innocent, peut-il l'être pour toi?
N'est-il pas, n'est-il pas ce sujet téméraire [1]
Qui, faisant son malheur d'avoir trop su te plaire,
S'obstine à préférer une honteuse fin
Aux honneurs dont ta flamme eût comblé son destin?
C'en est trop; puisqu'il aime à périr, qu'il périsse.

SCÈNE II.

ÉLISABETH, TILNEY, LA DUCHESSE.

LA DUCHESSE.
Ah! grace pour le comte! on le méne au supplice.
ÉLISABETH.
Au supplice?
LA DUCHESSE.
Oui, madame; et je crains bien, hélas!
Que ce moment ne soit celui de son trépas.
ÉLISABETH, *à Tilney*.
Qu'on l'empêche: cours, vole, et fait qu'on le raméne.
Je veux, je veux qu'il vive.

---

[1] Que le mot propre est nécessaire! et que sans lui tout languit ou révolte! Peut-on appeler sujet téméraire un homme qui ne peut avoir de l'amour pour une vieille reine? Le dégoût est-il une témérité? Essex est téméraire d'ailleurs, mais non pas en amour, non pas parcequ'il aime mieux mourir que d'aimer la reine. Ces répétitions, *n'est-il pas, n'est-il pas*, ne doivent être employées que bien rarement, et dans les cas où la passion effrénée s'occupe de quelque grande image.

SCÈNE III.

ÉLISABETH, LA DUCHESSE.

ÉLISABETH.

Enfin, superbe reine,
Son invincible orgueil te réduit à céder !
Sans qu'il demande rien, tu veux tout accorder !
Il vivra, sans qu'il doive à la moindre prière
Ces jours qu'il n'emploiera qu'à te rendre moins fière,
Qu'à te faire mieux voir l'indigne abaissement
Où te porte un amour qu'il brave impunément !
Tu n'es plus cette reine autrefois grande, auguste :
Ton cœur s'est fait esclave ; obéis, il est juste[1].
Cessez de soupirer, duchesse, je me rends.
Mes bontés de ses jours vous sont de sûrs garants.
C'est fait, je lui pardonne.

LA DUCHESSE.

Ah ! que je crains, madame,
Que son malheur trop tard n'ait attendri votre ame !
Une secrète horreur me le fait pressentir.
J'étois dans la prison, d'où je l'ai vu sortir ;
La douleur, qui des sens m'avoit ôté l'usage,
M'a du temps près de vous fait perdre l'avantage ;

---

[1] Ce vers est parfait, et ce retour de l'indignation à la clémence est bien naturel. C'est une belle péripétie, une belle fin de tragédie, quand on passe de la crainte à la pitié, de la rigueur au pardon, et qu'ensuite on retombe, par un accident nouveau, mais vraisemblable, dans l'abyme dont on vient de sortir.

Et ce qui doit sur-tout augmenter mon souci,
J'ai rencontré Coban à quelques pas d'ici.
De votre cabinet, quand je me suis montrée,
Il a presque voulu me défendre l'entrée.
Sans doute il n'étoit là qu'afin de détourner
Les avis qu'il a craint qu'on ne vous vînt donner.
Il hait le comte, et prête au parti qui l'accable
Contre ce malheureux un secours redoutable.
On vous aura surprise; et telle est de mon sort....

ÉLISABETH.

Ah! si ses ennemis avoient hâté sa mort,
Il n'est ressentiment, ni vengeance assez prompte
Qui me pût....

SCÈNE IV.

ÉLISABETH, LA DUCHESSE, CÉCILE.

ÉLISABETH.

Approchez : qu'avez-vous fait du comte?
On le mène à la mort, m'a-t-on dit.

CÉCILE.

Son trépas
Importe à votre gloire ainsi qu'à vos états;
Et l'on ne peut trop tôt prévenir par sa peine
Ceux qu'un appui si fort à la révolte entraîne.

ÉLISABETH.

Ah! je commence à voir que mon seul intérêt
N'a pas fait l'équité de ce cruel arrêt.
Quoi! l'on sait que, tremblante à souffrir qu'on le donne,

ACTE V, SCÈNE IV.

Je ne veux qu'éprouver si sa fierté s'étonne;
C'est moi sur cet arrêt que l'on doit consulter;
Et, sans que je le signe, on l'ose exécuter[1]!
Je viens d'envoyer l'ordre afin que l'on arrête;
S'il arrive trop tard, on paiera de sa tête;
Et de l'injure faite à ma gloire, à l'état,
D'autre sang, mais plus vil, expiera l'attentat[2].

[1] C'est ce qui peut arriver en France, où les cours de justice sont en possession, depuis long-temps, de faire exécuter les citoyens sans en avertir le souverain, selon l'ancien usage qui subsiste encore dans presque toute l'Europe; mais c'est ce qui n'arrive jamais en Angleterre; il faut absolument ce qu'on appelle le *death-warrant, la garantie de mort.*

La signature du monarque est indispensable, et il n'y a pas un seul exemple du contraire, excepté dans les temps de trouble où le souverain n'était pas reconnu. C'est un fait public qu'Élisabeth signa l'arrêt rendu par les pairs contre le comte d'Essex. Le droit de la fiction ne s'étend pas jusqu'à contredire sur le théâtre les lois d'une nation si voisine de nous, et sur-tout la loi la plus sage, la plus humaine, qui laisse à la clémence le temps de désarmer la sévérité, et quelquefois l'injustice.

[2] Le sang de Cecil n'était point vil; mais enfin on peut le supposer, et la faute est légère. Cette injure faite à la mémoire d'un très grand ministre peut se pardonner. Il est permis à l'auteur de représenter Élisabeth égarée, qui permet tout à sa douleur. C'est à peu près la situation d'Hermione qui a demandé vengeance, et qui est au désespoir d'être vengée. Mais que cette imitation est faible! qu'elle est dépourvue de passion, d'éloquence, et de génie! Tout est animé dans le cinquième acte où Racine présente Hermione furieuse d'avoir été obéie; tout est languissant dans Élisabeth. Il n'y a rien de plus sublime et de plus passionné tout ensemble que la réponse d'Hermione, *Qui te l'a dit?* Aussi Hermione a-t-elle été vivement agitée d'amour, de jalousie et de colère pendant toute la pièce. Élisabeth a été un peu froide. Sans

CÉCILE.

Cette perte pour vous sera d'abord amère;
Mais vous verrez bientôt qu'elle étoit nécessaire.

cette chaleur que la seule nature donne aux véritables poëtes, il n'y a point de bonne tragédie.

Tout ce qu'on peut dire de l'*Essex* de Thomas Corneille, c'est que la pièce est médiocre, et par l'intrigue, et par le style; mais il y a quelque intérêt, quelques vers heureux; et on l'a jouée long-temps sur le même théâtre où l'on représentait *Cinna* et *Andromaque*. Les acteurs, et sur-tout ceux de province, aimaient à faire le rôle du comte d'Essex, à paraître avec une jarretière brodée au-dessus du genou, et un grand ruban bleu en bandoulière. Le comte d'Essex, donné pour un héros du premier ordre, persécuté par l'envie, ne laisse pas d'en imposer. Enfin le nombre des bonnes tragédies est si petit chez toutes les nations du monde, que celles qui ne sont pas absolument mauvaises attirent toujours des spectateurs quand de bons acteurs les font valoir.

On a fait environ mille tragédies depuis Mairet et Rotrou. Combien en est-il resté qui puissent avoir le sceau de l'immortalité, et qu'on puisse citer comme des modèles? Il n'y en a pas une vingtaine. Nous avons une collection intitulée: *Recueil des meilleures pièces de théâtre, en douze volumes*; et dans ce recueil on ne trouve que le seul *Venceslas* qu'on représente encore, en faveur de la première scène et du quatrième acte, qui sont en effet de très beaux morceaux.

Tant de pièces, ou refusées au théâtre depuis cent ans, ou qui n'y ont paru qu'une ou deux fois, ou qui n'ont point été imprimées, ou qui l'ayant été sont oubliées, prouvent assez la prodigieuse difficulté de cet art.

Il faut rassembler dans un même lieu, dans une même journée, des hommes et des femmes au-dessus du commun, qui, par des intérêts divers, concourent à un même intérêt, à une même action. Il faut intéresser des spectateurs de tout rang et de tout âge, depuis la première scène jusqu'à la dernière; tout doit être écrit en vers, sans qu'on puisse s'en permettre ni de durs, ni de plats, ni de forcés, ni d'obscurs.

ACTE V, SCÈNE IV.

ÉLISABETH.

Qu'elle étoit nécessaire! Otez-vous de mes yeux,
Lâche, dont j'ai trop cru l'avis pernicieux.
La douleur où je suis ne peut plus se contraindre :
Le comte par sa mort vous laisse tout à craindre ;
Tremblez pour votre sang, si l'on répand le sien.

CÉCILE.

Ayant fait mon devoir, je puis ne craindre rien,
Madame ; et quand le temps vous aura fait connoître
Qu'en punissant le comte on n'a puni qu'un traître,
Qu'un sujet infidèle....

ÉLISABETH.

Il l'étoit moins que toi,
Qui, t'armant contre lui, t'es armé contre moi.
J'ouvre trop tard les yeux pour voir ton entreprise.
Tu m'as par tes conseils honteusement surprise :
Tu m'en feras raison.

CÉCILE.

Ces violents éclats....

ÉLISABETH.

Va, sors de ma présence, et ne réplique pas.

SCÈNE V.

ÉLISABETH, LA DUCHESSE.

ÉLISABETH.

Duchesse, on m'a trompée ; et mon ame interdite
Veut en vain s'affranchir de l'horreur qui l'agite.
Ce que je viens d'entendre explique mon malheur.

Ces témoins écoutés avec tant de chaleur,
L'arrêt sitôt rendu, cette peine si prompte,
Tout m'apprend, me fait voir l'innocence du comte;
Et, pour joindre à mes maux un tourment infini,
Peut-être je l'apprends après qu'il est puni.
Durs, mais trop vains remords! pour commencer ma peine,
Traitez-moi de rivale, et croyez votre haine;
Condamnez, détestez ma barbare rigueur :
Par mon aveugle amour je vous coûte son cœur;
Et mes jaloux transports, favorisant l'envie,
Peut-être encore, hélas! vous coûteront sa vie.

SCÈNE VI.

ÉLISABETH, LA DUCHESSE, TILNEY.

ÉLISABETH.

Quoi! déja de retour! As-tu tout arrêté?
A-t-on reçu mon ordre? est-il exécuté?

TILNEY.

Madame....

ÉLISABETH.

Tes regards augmentent mes alarmes.
Qu'est-ce donc? qu'a-t-on fait?

TILNEY.

Jugez-en par mes larmes

ÉLISABETH.

Par tes larmes! Je crains le plus grand des malheurs.
Ma flamme t'est connue, et tu verses des pleurs!
Auroit-on, quand l'amour veut que le comte obtienne....

ACTE V, SCÈNE VI.

Ne m'apprends point sa mort, si tu ne veux la mienne.
Mais d'une ame égarée inutile transport!
C'en sera fait, sans doute?

TILNEY.

Oui, madame.

ÉLISABETH.

Il est mort!
Et tu l'as pu souffrir?

TILNEY.

Le cœur saisi d'alarmes,
J'ai couru; mais par-tout je n'ai vu que des larmes.
Ses ennemis, madame, ont tout précipité :
Déja ce triste arrêt étoit exécuté;
Et sa perte, si dure à votre ame affligée,
Permise malgré vous, ne peut qu'être vengée.

ÉLISABETH.

Enfin ma barbarie en est venue à bout!
Duchesse, à vos douleurs je dois permettre tout.
Plaignez-vous, éclatez : ce que vous pourrez dire
Peut-être avancera la mort que je desire.

LA DUCHESSE.

Je céde à la douleur, je ne puis le céler;
Mais mon cruel devoir me défend de parler;
Et, comme il m'est honteux de montrer par mes larmes
Qu'en vain de mon amour il combattoit les charmes,
Je vais pleurer ailleurs, après ces rudes coups,
Ce que je n'ai perdu que par vous, et pour vous.

SCÈNE VII.

ÉLISABETH, TILNEY.

ÉLISABETH.

Le comte ne vit plus! O reine! injuste reine!
Si ton amour le perd, qu'eût pu faire ta haine?
Non; le plus fier tyran, par le sang affermi....

SCÈNE VIII.

ÉLISABETH, SALSBURY, TILNEY.

ÉLISABETH.

Hé bien, c'en est donc fait! vous n'avez plus d'ami!

SALSBURY.

Madame, vous venez de perdre dans le comte
Le plus grand....

ÉLISABETH.

Je le sais, et le sais à ma honte.
Mais si vous avez cru que je voulois sa mort,
Vous avez de mon cœur mal connu le transport.
Contre moi, contre tous, pour lui sauver la vie,
Il falloit tout oser; vous m'eussiez bien servie.
Et ne jugiez-vous pas que ma triste fierté
Mendioit pour ma gloire un peu de sûreté?
Votre foible amitié ne l'a pas entendue;
Vous l'avez laissé faire, et vous m'avez perdue.
Me faisant avertir de ce qui s'est passé,

Vous nous sauviez tous deux.

SALSBURY.

Hélas! qui l'eût pensé?
Jamais effet si prompt ne suivit la menace.
N'ayant pu le résoudre à vous demander grace,
J'assemblois ses amis pour venir à vos pieds
Vous montrer par sa mort dans quels maux vous tombiez,
Quand mille cris confus nous sont un sûr indice
Du dessein qu'on a pris de hâter son supplice.
Je dépêche aussitôt vers vous de tous côtés.

ÉLISABETH.

Ah! le lâche Coban les a tous arrêtés.
Je vois la trahison.

SALSBURY.

Pour moi, sans me connoître,
Tout plein de ma douleur, n'en étant plus le maître,
J'avance et cours vers lui d'un pas précipité.
Au pied de l'échafaud je le trouve arrêté.
Il me voit, il m'embrasse; et, sans que rien l'étonne,
« Quoiqu'à tort, me dit-il, la reine me soupçonne,
« Voyez-la de ma part, et lui faites savoir
« Que rien n'ayant jamais ébranlé mon devoir,
« Si contre ses bontés j'ai fait voir quelque audace,
« Ce n'est point par fierté que j'ai refusé grace.
« Las de vivre, accablé des plus mortels ennuis,
« En courant à la mort, ce sont eux que je fuis;
« Et s'il m'en peut rester quand je l'aurai soufferte,
« C'est de voir que, déja triomphant de ma perte,
« Mes lâches ennemis lui feront éprouver.... »
On ne lui donne pas le loisir d'achever :

On veut sur l'échafaud qu'il paroisse. Il y monte;
Comme il se dit sans crime, il y paroît sans honte;
Et, saluant le peuple, il le voit tout en pleurs
Plus vivement que lui ressentir ses malheurs.
Je tâche cependant d'obtenir qu'on diffère
Tant que vous ayez su ce que l'on ose faire.
Je pousse mille cris pour me faire écouter;
Mes cris hâtent le coup que je pense arrêter.
Il se met à genoux; déja le fer s'apprête;
D'un visage intrépide il présente sa tête,
Qui du tronc séparée....

ÉLISABETH.

Ah! ne dites plus rien:
Je le sens, son trépas sera suivi du mien.
Fière de tant d'honneurs, c'est par lui que je règne [1];
C'est par lui qu'il n'est rien où ma grandeur n'atteigne;
Par lui, par sa valeur, ou tremblants, ou défaits,
Les plus grands potentats m'ont demandé la paix;
Et j'ai pu me résoudre.... Ah! remords inutile!
Il meurt, et par toi seule, ô reine trop facile!

---

[1] Rien ne prouve mieux l'ignorance où le public était alors de l'histoire de ses voisins. Il ne serait pas permis aujourd'hui de dire qu'Élisabeth régnait par le comte d'Essex, qui venait de laisser détruire honteusement en Irlande la seule armée qu'on lui eût jamais confiée.

Il n'y a guère rien de plus mauvais que la dernière tirade d'Élisabeth: *Les plus grands potentats par Essex tremblants lui ont demandé la paix, après qu'elle doit tout à ses fameux exploits. Qui eût jamais pensé qu'il dût mourir sur un échafaud? Quel revers!* On voit assez que ces froides réflexions font tout languir; mais le dernier vers est fort beau, parcequ'il est touchant et passionné.

ACTE V, SCÈNE VIII.

Après que tu dois tout à ses fameux exploits,
De son sang pour l'état répandu tant de fois,
Qui jamais eût pensé qu'un arrêt si funeste
Dût sur un échafaud faire verser le reste ?
Sur un échafaud, ciel ! quelle horreur ! quel revers !
Allons, comte; et du moins aux yeux de l'univers
Faisons que d'un infame et rigoureux supplice
Les honneurs du tombeau réparent l'injustice.
Si le ciel à mes vœux peut se laisser toucher,
Vous n'aurez pas long-temps à me la reprocher.

FIN DU COMTE D'ESSEX.

LE
FESTIN DE PIERRE,
COMÉDIE.

AVIS DE L'AUTEUR.

Cette pièce, dont les comédiens donnent tous les ans plusieurs représentations, est la même que M. de Molière fit jouer en prose peu de temps avant sa mort. Quelques personnes qui ont tout pouvoir sur moi m'ayant engagé à la mettre en vers, je me réservai la liberté d'adoucir certaines expressions qui avoient blessé les scrupuleux. J'ai suivi la prose assez exactement dans tout le reste, à l'exception des scènes du troisième et du cinquième actes, où j'ai fait parler des femmes. Ce sont scènes ajoutées à cet excellent original, et dont les défauts ne doivent point être imputés au célèbre auteur sous le nom duquel cette comédie est toujours représentée.

PERSONNAGES.

DON LOUIS, père de don Juan.
DON JUAN.
ELVIRE, ayant épousé don Juan.
DON CARLOS, frère d'Elvire.
ALONSE, ami de don Carlos.
THÉRÈSE, tante de Léonor.
LÉONOR, demoiselle de campagne.
PASCALE, nourrice de Léonor.
CHARLOTTE, paysanne accordée à Pierrot.
MATHURINE, autre paysanne.
PIERROT, paysan.
M. DIMANCHE, marchand.
LA RAMÉE, valet de chambre de don Juan.
GUSMAN, domestique d'Elvire.
SGANARELLE, valet de don Juan.
LA VIOLETTE, laquais de don Juan.
LA STATUE DU COMMANDEUR.

LE FESTIN DE PIERRE.

ACTE PREMIER.

SCÈNE I.

SGANARELLE, GUSMAN.

SGANARELLE, *prenant du tabac, et en offrant à Gusman.*
Quoi qu'en dise Aristote, et sa docte cabale,
Le tabac est divin, il n'est rien qui l'égale ;
Et par les fainéants, pour fuir l'oisiveté,
Jamais amusement ne fut mieux inventé.
Ne sauroit-on que dire, on prend la tabatière ;
Soudain à gauche, à droit, par-devant, par-derrière,
Gens de toutes façons, connus et non connus,
Pour y demander part sont les très bien venus.
Mais c'est peu qu'à donner instruisant la jeunesse
Le tabac l'accoutume à faire ainsi largesse ;
C'est dans la médecine un remède nouveau :
Il purge, réjouit, conforte le cerveau ;
De toute noire humeur promptement le délivre ;
Et qui vit sans tabac n'est pas digne de vivre.
O tabac ! ô tabac ! mes plus chères amours !...

Mais reprenons un peu notre premier discours.

Si bien, mon cher Gusman, qu'Elvire ta maîtresse
Pour don Juan mon maître a pris tant de tendresse
Qu'apprenant son départ l'excès de son ennui
L'a fait mettre en campagne et courir après lui.
Le soin de le chercher est obligeant, sans doute;
C'est aimer fortement : mais tout voyage coûte;
Et j'ai peur, s'il te faut expliquer mon souci,
Qu'on l'indemnise mal des frais de celui-ci.

GUSMAN.

Et la raison encor? Dis-moi, je te conjure,
D'où te vient une peur de si mauvais augure?
Ton maître là-dessus t'a-t-il ouvert son cœur?
T'a-t-il fait remarquer pour nous quelque froideur
Qui d'un départ si prompt....

SGANARELLE.

Je n'en sais point les causes.
Mais, Gusman, à peu près je vois le train des choses;
Et sans que don Juan m'ait rien dit de cela,
Tout franc, je gagerois que l'affaire va là.
Je pourrois me tromper, mais j'ai peine à le croire.

GUSMAN.

Quoi! ton maître feroit cette tache à sa gloire?
Il trahiroit Elvire, et d'un crime si bas....

SGANARELLE.

Il est trop jeune encore; il n'oseroit!

GUSMAN.

Hélas!
Ni d'un si lâche tour l'infamie éternelle,
Ni de sa qualité....

ACTE I, SCÈNE I.

SGANARELLE.

La raison en est belle!
Sa qualité! C'est là ce qui l'arrêteroit!

GUSMAN.

Tant de vœux....

SGANARELLE.

Rien pour lui n'est trop chaud ni trop froid.
Vœux, serments, sans scrupule il met tout en usage.

GUSMAN.

Mais ne songe-t-il pas à l'hymen qui l'engage?
Croit-il le pouvoir rompre?

SGANARELLE.

Eh! mon pauvre Gusman,
Tu ne sais pas encor quel homme est don Juan.

GUSMAN.

S'il est ce que tu dis, le moyen de connoître
De tous les scélérats le plus grand, le plus traître?
Le moyen de penser qu'après tant de serments,
Tant de transports d'amour, d'ardeur, d'empressements,
De protestations des plus passionnées,
De larmes, de soupirs, d'assurances données,
Il ait réduit Elvire à sortir du couvent,
A venir l'épouser; et tout cela, du vent?

SGANARELLE.

Il s'embarrasse peu de pareilles affaires,
Ce sont des tours d'esprit qui lui sont ordinaires;
Et si tu connoissois le pélerin, crois-moi,
Tu ferois peu de fond sur le don de sa foi.
Ce n'est pas que je sache avec pleine assurance
Que déja pour Elvire il soit ce que je pense:

Pour un dessein secret en ces lieux appelé,
Depuis son arrivée il ne m'a point parlé.
Mais, par précaution, je puis ici te dire
Qu'il n'est devoirs si saints dont il ne s'ose rire;
Que c'est un endurci dans la fange plongé,
Un chien, un hérétique, un turc, un enragé;
Qu'il n'a ni foi ni loi; que tout ce qui le tente....

GUSMAN.

Quoi! le ciel ni l'enfer n'ont rien qui l'épouvante?

SGANARELLE.

Bon! parlez-lui du ciel, il répond d'un souris;
Parlez-lui de l'enfer, il met le diable au pis;
Et, parcequ'il est jeune, il croit qu'il est en âge
Où la vertu sied moins que le libertinage.
Remontrance, reproche, autant de temps perdu.
Il cherche avec ardeur ce qu'il voit défendu;
Et, ne refusant rien à madame Nature,
Il est ce qu'on appelle un pourceau d'Épicure.
Ainsi ne me dis point sur sa légèreté
Qu'Elvire par l'hymen se trouve en sûreté.
C'est peu par bon contrat qu'il en ait fait sa femme;
Pour en venir à bout, et contenter sa flamme,
Avec elle, au besoin, par ce même contrat,
Il auroit épousé toi, son chien, et son chat.
C'est un piége qu'il tend par-tout à chaque belle:
Paysanne, bourgeoise, et dame, et demoiselle,
Tout le charme; et d'abord, pour leur donner leçon,
Un mariage fait lui semble une chanson.
Toujours objets nouveaux, toujours nouvelles flammes;
Et si je te disois combien il a de femmes,

ACTE I, SCÈNE I.

Tu serois convaincu que ce n'est pas en vain
Qu'on le croit l'épouseur de tout le genre humain.

GUSMAN.

Quel abominable homme!

SGANARELLE.

Et plus qu'abominable.
Il se moque de tout, ne craint ni dieu ni diable;
Et je ne doute point, comme il est sans retour,
Qu'il ne soit par la foudre écrasé quelque jour.
Il le mérite bien; et s'il te faut tout dire,
Depuis qu'en le servant je souffre le martyre,
J'en ai vu tant d'horreurs, que j'avoue aujourd'hui
Qu'il vaudroit mieux cent fois être au diable qu'à lui.

GUSMAN.

Que ne le quittes-tu?

SGANARELLE.

Le quitter! comment faire?
Un grand seigneur méchant est une étrange affaire.
Vois-tu, si j'avois fui, j'aurois beau me cacher,
Jusque dans l'enfer même il viendroit me chercher.
La crainte me retient; et, ce qui me désole,
C'est qu'il faut avec lui faire souvent l'idole,
Louer ce qu'on déteste, et, de peur du bâton,
Approuver ce qu'il fait, et chanter sur son ton.
Je crois dans ce palais le voir qui se promène:
C'est lui. Prends garde, au moins....

GUSMAN.

Ne t'en mets point en peine.

SGANARELLE.

Je t'ai conté sa vie un peu légèrement,

C'est à toi là-dessus de te taire, autrement....
GUSMAN, *s'en allant.*
Ne crains rien.

SCÈNE II.

DON JUAN, SGANARELLE.

DON JUAN.
    Avec qui parlois-tu? pourroit-ce être
Le bon-homme Gusman? J'ai cru le reconnoître.
SGANARELLE.
Vous avez fort bien cru; c'étoit lui-même.
DON JUAN.
            Il vient
Demander quelle affaire en ces lieux nous retient?
SGANARELLE.
Il est un peu surpris de ce que, sans rien dire,
Vous avez pu si tôt abandonner Elvire.
DON JUAN.
Que lui fais-tu penser d'un départ si prompt?
SGANARELLE.
            Moi?
Rien du tout; ce n'est point mon affaire.
DON JUAN.
            Mais toi,
Qu'en penses-tu?
SGANARELLE.
    Je crois, sans trop juger en bête,
Que vous avez encor quelque amourette en tête.

ACTE I, SCÈNE II.

DON JUAN.

Tu le crois?

SGANARELLE.

Oui.

DON JUAN.

Ma foi! tu crois juste; et mon cœur
Pour un objet nouveau sent la plus forte ardeur.

SGANARELLE.

Eh, mon Dieu! j'entrevois d'abord ce qui s'y passe.
Votre cœur n'aime point à demeurer en place;
Et, sans lui faire tort sur la fidélité,
C'est le plus grand coureur qui jamais ait été.
Tout est de votre goût; brune ou blonde, n'importe.

DON JUAN.

Et n'ai-je pas raison d'en user de la sorte?

SGANARELLE.

Eh! monsieur....

DON JUAN.

Quoi?

SGANARELLE.

Sans doute, il est aisé de voir
Que vous avez raison, si vous voulez l'avoir;
Mais si, comme on n'est pas bon juge dans sa cause,
Vous ne le vouliez pas, ce seroit autre chose.

DON JUAN.

Hé bien, je te permets de parler librement.

SGANARELLE.

En ce cas, je vous dis très sérieusement
Qu'on trouve fort vilain qu'allant de belle en belle
Vous fassiez vanité par-tout d'être infidéle.

####### DON JUAN.

Quoi! si d'un bel objet je suis d'abord touché,
Tu veux que pour toujours j'y demeure attaché;
Qu'un éternel amour de ma foi lui réponde,
Et me laisse sans yeux pour le reste du monde!
Le rare et doux plaisir qui se trouve en aimant,
S'il faut s'ensevelir dans un attachement,
Renoncer pour lui seul à toute autre tendresse,
Et vouloir sottement mourir dès sa jeunesse!
Va, crois-moi, la constance étoit bonne jadis,
Où les leçons d'aimer venoient des Amadis;
Mais à présent on suit des lois plus naturelles;
On aime sans façon tout ce qu'on voit de belles;
Et l'amour qu'en nos cœurs la première a produit
N'ôte rien aux appas de celle qui la suit.
Pour moi, qui ne saurois faire l'inexorable,
Je me donne par-tout où je trouve l'aimable;
Et tout ce qu'une belle a sur moi de pouvoir
Ne me rend point ailleurs incapable de voir.
Sans me vouloir piquer du nom d'amant fidéle,
J'ai des yeux pour une autre aussi bien que pour elle;
Et dès qu'un beau visage a demandé mon cœur,
Je ne puis me résoudre à l'armer de rigueur.
Ravi de voir qu'il cède à la douce contrainte
Qui d'abord laisse en lui toute autre flamme éteinte,
Je l'abandonne aux traits dont il aime les coups,
Et si j'en avois cent, je les donnerois tous.

####### SGANARELLE.

Vous êtes libéral.

DON JUAN.

Que de douceurs charmantes
Font goûter aux amants les passions naissantes!
Si pour chaque beauté je m'enflamme aisément,
Le vrai plaisir d'aimer est dans le changement :
Il consiste à pouvoir, par d'empressés hommages,
Forcer d'un jeune cœur les scrupuleux ombrages ;
A désarmer sa crainte ; à voir, de jour en jour,
Par cent petits progrès avancer notre amour ;
A vaincre doucement la pudeur innocente
Qu'oppose à nos désirs une ame chancelante,
Et la réduire enfin, à force de parler,
A se laisser conduire où nous voulons aller.
Mais, quand on a vaincu, la passion expire ;
Ne souhaitant plus rien, on n'a plus rien à dire ;
A l'amour satisfait tout son charme est ôté ;
Et nous nous endormons dans sa tranquillité,
Si quelque objet nouveau, par sa conquête à faire,
Ne réveille en nos cœurs l'ambition de plaire.
Enfin, j'aime en amour les exploits différents ;
Et j'ai sur ce sujet l'ardeur des conquérants,
Qui, sans cesse courant de victoire en victoire,
Ne peuvent se résoudre à voir borner leur gloire.
De mes vastes desirs le vol précipité
Par cent objets vaincus ne peut être arrêté :
Je sens mon cœur plus loin capable de s'étendre ;
Et je souhaiterois, comme fit Alexandre,
Qu'il fût un autre monde encore à découvrir,
Où je pusse en amour chercher à conquérir.

SGANARELLE.

Comme vous débitez! ma foi, jé vous admire!
Votre langue....

DON JUAN.

Qu'as-tu là-dessus à me dire?

SGANARELLE.

A vous dire, moi? J'ai.... Mais, que dirois-je? Rien;
Car, quoi que vous disiez, vous le tournez si bien,
Que, sans avoir raison, il semble, à vous entendre,
Qu'on soit, quand vous parlez, obligé de se rendre.
J'avois, pour disputer, des raisons dans l'esprit....
Je veux une autre fois les mettre par écrit:
Avec vous, sans cela, je n'aurois qu'à me taire;
Vous me brouilleriez tout.

DON JUAN.

Tu ne saurois mieux faire.

SGANARELLE.

Mais, monsieur, par hasard, me seroit-il permis
De vous dire qu'à moi, comme à tous vos amis,
Votre genre de vie un tant soit peu fait peine?

DON JUAN.

Le fat! Et quelle vie est-ce donc que je méne?

SGANARELLE.

Fort bonne assurément; mais enfin.... quelquefois...,
Par exemple, vous voir marier tous les mois!

DON JUAN.

Est-il rien de plus doux, rien qui soit plus capable....

SGANARELLE.

Il est vrai, je conçois cela fort agréable;
Et c'est, si sans péché j'en avois le pouvoir,

Un divertissement que je voudrois avoir :
Mais sans aucun respect pour les plus saints mystères....
DON JUAN.
Ne t'embarrasse point, ce sont là mes affaires.
SGANARELLE.
On doit craindre le ciel ; et jamais libertin
N'a fait encor, dit-on, qu'une méchante fin.
DON JUAN.
Je hais la remontrance ; et, quand on s'y hasarde....
SGANARELLE.
Oh ! ce n'est pas à vous que j'en fais ; Dieu m'en garde !
J'aurois tort de vouloir vous donner des leçons :
Si vous vous égarez, vous avez vos raisons ;
Et quand vous faites mal, comme c'est l'ordinaire,
Du moins vous savez bien qu'il vous plaît de le faire.
Bon cela : mais il est certains impertinents,
Adroits, de fort esprit, hardis, entreprenants,
Qui, sans savoir pourquoi, traitent de ridicules
Les plus justes motifs des plus sages scrupules,
Et qui font vanité de ne trembler de rien,
Par l'entêtement seul que cela leur sied bien.
Si j'avois, par malheur, un tel maître : « Ame crasse,
« Lui dirois-je tout net, le regardant en face,
« Osez-vous bien ainsi braver à tous moments
« Ce que l'enfer pour vous amasse de tourments ?
« Un rien, un mirmidon, un petit ver de terre,
« Au ciel impunément croit déclarer la guerre !
« Allez, malheur cent fois à qui vous applaudit !
« C'est bien à vous (je parle au maître que j'ai dit)
« A vouloir vous railler des choses les plus saintes,

« A secouer le joug des plus louables craintes !
« Pour avoir de grands biens et de la qualité,
« Une perruque blonde, être propre, ajusté,
« Tout en couleur de feu, pensez-vous.... (prenez garde,
« Ce n'est pas vous, au moins, que tout ceci regarde;)
« Pensez-vous en avoir plus de droit d'éclater
« Contre les vérités dont vous osez douter?
« De moi, votre valet, apprenez, je vous prie,
« Qu'en vain les libertins de tout font raillerie;
« Que le ciel, tôt ou tard, pour leur punition.... »

DON JUAN.

Paix.

SGANARELLE.

Ça, voyons : de quoi seroit-il question ?

DON JUAN.

De te dire en deux mots qu'une flamme nouvelle
Ici, sans t'en parler, m'a fait suivre une belle.

SGANARELLE.

Et n'y craignez-vous rien pour ce commandeur mort ?

DON JUAN.

Je l'ai si bien tué! chacun le sait.

SGANARELLE.

D'accord,
On ne peut rien de mieux ; et, s'il osoit s'en plaindre,
Il auroit tort : mais....

DON JUAN.

Quoi?

SGANARELLE.

Ses parents sont à craindre.

DON JUAN.

Laissons-là tes frayeurs, et songeons seulement
A ce qui me peut faire un destin tout charmant.
Celle qui me réduit à soupirer pour elle
Est une fiancée aimable, jeune, belle,
Et conduite en ces lieux, où j'ai suivi ses pas,
Par l'heureux à qui sont destinés tant d'appas.
Je la vis par hasard, et j'eus cet avantage
Dans le temps qu'ils songoient à faire leur voyage.
Il faut te l'avouer; jamais jusqu'à ce jour
Je n'ai vu deux amants se montrer tant d'amour.
De leurs cœurs trop unis la tendresse visible,
Me frappant tout-à-coup, rendit le mien sensible;
Et, les voyant céder aux transports les plus doux,
Si je devins amant, je fus amant jaloux.
Oui, je ne pus souffrir, sans un dépit extrême,
Qu'ils s'aimassent autant que l'un et l'autre s'aime.
Ce bizarre chagrin alluma mes desirs :
Je me fis un plaisir de troubler leurs plaisirs,
De rompre adroitement l'étroite intelligence
Dont mon cœur délicat se faisoit une offense.
N'ayant pu réussir, plus amoureux toujours,
C'est au dernier remède, enfin, que j'ai recours :
Cet époux prétendu, dont le bonheur me blesse,
Doit aujourd'hui sur mer régaler sa maîtresse;
Sans t'en avoir rien dit, j'ai dans mes intérêts
Quelques gens qu'au besoin nous trouverons tout prêts;
Ils auront une barque où la belle enlevée
Rendra de mon amour la victoire achevée.

SGANARELLE.

Ah monsieur!

DON JUAN.

Hé?

SGANARELLE.

C'est là le prendre comme il faut:
Vous faites bien.

DON JUAN.

L'amour n'est pas un grand défaut.

SGANARELLE.

Sottise! il n'est rien tel que de se satisfaire.
(à part.)
La méchante ame!

DON JUAN.

Allons songer à cette affaire:
Voici l'heure à peu près où ceux....

SCÈNE III.

ELVIRE, DON JUAN, SGANARELLE,
GUSMAN.

DON JUAN.

Mais qu'est-ce ci?
Tu ne m'avois pas dit qu'Elvire étoit ici?

SGANARELLE.

Savois-je que si tôt vous la verriez paroître?

ELVIRE.

Don Juan voudra-t-il encor me reconnoître?
Et puis-je me flatter que le soin que j'ai pris....

DON JUAN.

Madame, à dire vrai, j'en suis un peu surpris;
Rien ne devoit ici presser votre voyage.

ELVIRE.

J'y viens faire, sans doute, un méchant personnage;
Et, par ce froid accueil, je commence de voir
L'erreur où m'avoit mise un trop crédule espoir.
J'admire ma foiblesse, et l'imprudence extrême
Qui m'a fait consentir à me tromper moi-même,
A démentir mes yeux sur une trahison
Où mon cœur refusoit de croire ma raison.
Oui, pour vous, contre moi, ma tendresse séduite,
Quoi qu'on pût m'opposer, excusoit votre fuite :
Cent soupçons, qui devoient alarmer mon amour,
Avoient beau contre vous me parler chaque jour,
A vous justifier toujours trop favorable,
J'en rejetois la voix qui vous rendoit coupable;
Et je ne regardois, dans ce trouble odieux,
Que ce qui vous peignoit innocent à mes yeux.
Mais un accueil si froid et si plein de surprise
M'apprend trop ce qu'il faut que pour vous je me dise;
Je n'ai plus à douter qu'un honteux repentir
Ne vous ait, sans rien dire, obligé de partir.
J'en veux pourtant, j'en veux, dans mon malheur extrême,
Entendre les raisons de votre bouche même.
Parlez donc, et sachons par où j'ai mérité
Ce qu'ose contre moi votre infidélité.

DON JUAN.

Si mon éloignement m'a fait croire infidèle,
J'ai mes raisons, madame; et voilà Sganarelle

Qui vous dira pourquoi....

SGANARELLE.

Je le dirai? Fort bien!

DON JUAN.

Il sait....

SGANARELLE.

Moi? s'il vous plaît, monsieur, je ne sais rien.

ELVIRE.

Hé bien, qu'il parle; il faut souffrir tout pour vous plaire.

DON JUAN.

Allons, parle à madame; il ne faut point se taire.

SGANARELLE.

Vous vous moquez, monsieur.

ELVIRE, *à Sganarelle.*

Puisqu'on le veut ainsi,
Approchez, et voyons ce mystère éclairci.
Quoi! tous deux interdits! Est-ce là pour confondre....

DON JUAN.

Tu ne répondras pas?

SGANARELLE.

Je n'ai rien à répondre.

DON JUAN.

Veux-tu parler? te dis-je.

SGANARELLE.

Hé bien, allons tout doux.
Madame....

ELVIRE.

Quoi?

SGANARELLE, *à don Juan.*

Monsieur....

ACTE I, SCÈNE III.

DON JUAN.

Redoute mon courroux.

SGANARELLE.

Madame, un autre monde, avec quelque autre chose,
Comme les conquérants, Alexandre, est la cause
Qui nous a fait en hâte, et sans vous dire adieu,
Décamper l'un et l'autre, et venir en ce lieu.
Voilà pour vous, monsieur, tout ce que je puis faire.

ELVIRE.

Vous plaît-il, don Juan, m'éclaircir ce mystère?

DON JUAN.

Madame, à dire vrai, pour ne pas abuser....

ELVIRE.

Ah! que vous savez peu l'art de vous déguiser!
Pour un homme de cour, qui doit, avec étude,
De feindre, de tromper, avoir pris l'habitude,
Demeurer interdit, c'est mal faire valoir
La noble effronterie où je vous devrois voir.
Que ne me jurez-vous que vous êtes le même;
Que vous m'aimez toujours autant que je vous aime;
Et que la seule mort, dégageant votre foi,
Rompra l'attachement que vous avez pour moi?
Que ne me dites-vous qu'une affaire importante
A causé le départ dont j'ai pris l'épouvante;
Que, si de son secret j'ai lieu de m'offenser,
Vous avez craint les pleurs qu'il m'auroit fait verser;
Qu'ici d'un long séjour ne pouvant vous défendre,
Je n'ai qu'à vous quitter, et vous aller attendre;
Que vous me rejoindrez avec l'empressement
Qu'a pour ce qu'il adore un véritable amant;

Et qu'éloigné de moi l'ardeur qui vous enflamme
Vous rend ce qu'est un corps séparé de son ame?
Voilà par où du moins vous me feriez douter
D'un oubli que mes feux devroient peu redouter.

DON JUAN.

Madame, puisqu'il faut parler avec franchise,
Apprenez ce qu'en vain mon trouble vous déguise.
Je ne vous dirai point que mes empressements
Vous conservent toujours les mêmes sentiments,
Et que, loin de vos yeux, ma juste impatience
Pour le plus grand des maux me fait compter l'absence:
Si j'ai pu me résoudre à fuir, à vous quitter,
Je n'ai pris ce dessein que pour vous éviter.
Non que mon cœur encor, trop touché de vos charmes,
N'ait le même penchant à vous rendre les armes;
Mais un pressant scrupule, à qui j'ai dû céder,
M'ouvrant les yeux de l'ame, a su m'intimider,
Et fait voir qu'avec vous, quelque amour qui m'engage,
Je ne puis, sans péché, demeurer davantage.
J'ai fait réflexion que, pour vous épouser,
Moi-même trop long-temps j'ai voulu m'abuser;
Que je vous ai forcée à faire au ciel l'injure
De rompre en ma faveur une sainte clôture
Où par des vœux sacrés vous aviez entrepris
De garder pour le monde un éternel mépris.
Sur ces réflexions, un repentir sincère
M'a fait appréhender la céleste colère:
J'ai cru que votre hymen, trop mal autorisé,
N'étoit pour tous les deux qu'un crime déguisé;
Et que je ne pouvois en éviter les peines

ACTE I, SCÈNE III.

Qu'en tâchant de vous rendre à vos premières chaînes.
N'en doutez point : voilà, quoique avec mille ennuis,
Et pourquoi je m'éloigne, et pourquoi je vous fuis.
Par un frivole amour voudriez-vous, madame,
Combattre le remords qui déchire mon ame,
Et qu'en vous retenant j'attirasse sur nous
Du ciel toujours vengeur l'implacable courroux?

ELVIRE.

Ah! scélérat, ton cœur, aussi lâche que traître,
Commence tout entier à se faire connoître;
Et ce qui me confond dans tout ce que j'entends,
Je le connois enfin, lorsqu'il n'en est plus temps.
Mais sache, à me tromper quand ce cœur s'étudie,
Que ta perte suivra ta noire perfidie;
Et que ce même ciel, dont tu t'oses railler,
A me venger de toi voudra bien travailler.

SGANARELLE, *bas*.

Se peut-il qu'il résiste, et que rien ne l'étonne?
(*haut.*)
Monsieur....

DON JUAN.

De fausseté je vois qu'on me soupçonne;
Mais, madame....

ELVIRE.

Il suffit; je t'ai trop écouté;
En ouïr davantage est une lâcheté :
Et, quoi qu'on ait à dire, il faut qu'on se surmonte,
Pour ne se faire pas trop expliquer sa honte.
Ne te figure point qu'en reproches en l'air
Mon courroux contre toi veuille ici s'exhaler;

Tout ce qu'il peut avoir d'ardeur, de violence,
Se réserve à mieux faire éclater ma vengeance.
Je te le dis encor, le ciel, armé pour moi,
Punira tôt ou tard ton manquement de foi;
Et si tu ne crains point sa justice blessée,
Crains du moins la fureur d'une femme offensée.

SCÈNE IV.

DON JUAN, SGANARELLE.

SGANARELLE.
Il ne dit mot, il rêve, et les yeux sur les siens....
Hélas! si le remords le pouvoit prendre!
DON JUAN.
                                    Viens;
Il est temps d'achever l'amoureuse entreprise
Qui me livre l'objet dont mon ame est éprise.
Suis-moi.
         SGANARELLE, *à part.*
       Le détestable! A quel maître maudit,
Malgré moi, si long-temps, mon malheur m'asservit!

FIN DU PREMIER ACTE.

ACTE SECOND.

SCÈNE I.

CHARLOTTE, PIERROT.

CHARLOTTE.
Notre-dinse, Piarrot, pour les tirer de peine
Tu t'es là rencontré bian à point.
PIERROT.
      Oh ! marguienne !
Sans nous, c'en étoit fait.
CHARLOTTE.
    Je le crois bian.
PIERROT.
       Vois-tu ?
Il ne s'en falloit pas l'époisseur d'un fétu,
Tous deux de se nayer eussiont fait la sottise.
CHARLOTTE.
C'est donc l'vent d'à matin....
PIERROT.
     Aga, quien, sans feintise,
Je te vas tout fin drait conter par le menu
Comme, en n'y pensant pas, le hasard est venu.
Ils aviont bian besoin d'un œil comme le nôtre,

Qui les vît de tout loin; car c'est moi, com's'dit l'autre,
Qui les ai le premier avisés. Tanquia don,
Sur le bord de la mar bian leu prend que j'équion,
Où de tarre Gros-Jean me jetoit une motte,
Tout en batifolant; car, com' tu sais, Charlotte,
Pour v'nir batifoler Gros-Jean ne charche qu'où ;
Et moi, par fouas aussi, je batifole itou.
En batifolant don, j'ai fait l'apercevance
D'un grouillement su gliau, sans voir la différence
De c'qui pouvoit grouiller : ça grouilloit à tous coups,
Et, grouillant par secousse, alloit comme envars nous.
J'étas embarrassé; c'n'étoit point stratagème,
Et tout comm' je te vois, je voyas ça de même,
Aussi fixiblement; et pis tout d'un coup, quien,
Je voyas qu'après ça je ne voyas plus rien.
Hé, Gros-Jean, c'ai-je fait, stanpendant que je sommes
A niaiser parmi nous, je pens' que vlà de zommes
Qui nagiant tout là-bas. Bon, c'm'a-t-i fait, vrament,
T'auras de queuque chat vu le trépassement;
T'as la veu' trouble. Oh bien, c'ai-je fait, t'as biau dire,
Je n'ai point la veu trouble, et c'n'est point jeu pour rire.
C'est là de zommes. Point, c'm'a-t-i fait, c'n'en est pas,
Piarrot, t'as la barlue. Oh! j'ai c' que tu voudras,
C'ai-je fait; mais gageons que j'n'ai point la barlue,
Et qu'ça qu'en voit là-bas, c'ai-je fait, qui remue,
C'est de zommes, vois-tu, qui nageont vars ici.
Gag' que non, c'm'a-t-i fait. Oh! margué! gag' que si.
Dix sous. Oh! c'm'a-t-i fait, je le veux bian, marguienne;
Quien, mets argent su jeu, vlà le mien. Palsanguienne,

Je n'ai fait là-dessus l'étourdi, ni le fou,
J'ai bravement bouté par tarre mé dix sou,
Quatre piéce tapée, et le restant en double :
Jarnigué, je varron si j'avon la veu' trouble,
C'ai-je fait, les boutant.... plus hardiment enfin
Que si j'eusse avalé queuque varre de vin ;
Car j'sis hasardeux, moi : qu'en me mette en boutade,
Je vas, sans tant d'raisons, tout à la débandade.
Je savas bian pourtant c'que j'faisas d'en par là :
Queuque niais ! Enfin don, j'non pas putôt mis, v'là
Que j'voyons tout à plain com' deu zomme à la nage
Nous faision signe ; et moi, sans rien dir' davantage,
De prendre le zenjeux. Allon, Gros Jean, allon,
C'ai-je fait, vois-tu pas comme i nou zappelon ?
I s'vont nayer. Tant mieux, c'm'a t-i fait, je m'en gausse,
I m'ant fait pardre. Adon, le tirant pa lé chausse,
J'l'ai si bian sarmoné, qu'à la parfin vars eux
J'avon dans une barque avironné tou deux ;
Et pis, cahin caha, j'on tant fait que je somme
Venus tout contre ; et pis j'les avons tirés, comme
Ils avoint quasi bu déja pu que de jeu.
Et pis j'le zon cheu nous menés auprès du feu,
Où je l'zon vus tou nus sécher leu zoupelande ;
Et pis il en est v'nu deux autres de leu bande,
Qui s'équian, vois-tu bian, sauvés tous seuls ; et pis
Mathurine est venue à voir leu biau zabits ;
Et pis i liont conté qu'al n'étoit pas tant sotte,
Qu'al avoit du malin dans l'œil ; et pis, Charlotte,
V'là tout com' ça s'est fait pour te l'dire en un mot.

CHARLOTTE.

Et ne m'disois-tu pas qu'glien avoit un, Piarrot,
Qu'étoit bian pu mieux fait que tretous?

PIERROT

C'est le maître,
Queuque bian gros monsieu, dé pu gros qui puisse être;
Car i n'a que du dor par ilà, par ici ;
Et ceux qui le sarvont sont dé monsieus aussi.
Stanpendant, si je n'eûme été là, palsanguienne,
Il en tenoit.

CHARLOTTE.

Ardé un peu.

PIERROT.

Jamais, marguienne,
Tout gros monsieu qu'il est, il n'en fût revenu.

CHARLOTTE.

Et cheu toi, dis, Piarrot, est-il encor tout nu?

PIERROT.

Nannain : tou devant nou, qui le regardion faire,
I l'avon rhabillé, Monguieu, combian d'affaire !
J'n'avois vu s'habiller jamais de courtisans,
Ni leu zangingorniaux : je me pardrois dedans.
Pour lé zy faire entré, comme n'en lé balotte !
J'étas tout ébobi de voir ça. Quien, Charlotte,
Quand i sont zabillés y vou zan tout à point
De grands cheveux touffus, mais qui ne tenont point
A leu tête, et pis vlà tout d'un coup qui l'y passe,
I boutont ça tout comme un bonnet de filasse.
Leu chemise, qu'à voir j'étas tout étourdi,
Ant dé manche, où tou deux j'entrerions tout brandi.

En de glieu d'haut de chausse ils ant sartaine histoire
Qui ne leu vient que là. J'auras bian de quoi boire,
Si j'avas tout l'argent dé lisets de dessu.
Glien a tant, glien a tant, qu'an n'an sauroi voir pu.
Il n'ant jusqu'au colet, qui n' va point en darrière,
Et qui leu pen devant, bâti d'une manière
Que je n' te l' saurois dire, et si j' l'ai vu de près,
Il ant au bout dé bras d'autres petits colets,
Aveu dé passements faits de dentale blanche,
Qui, veniant par le bout, faison le tour dé manche.

CHARLOTTE.

I faut que j'aille voir, Piarrot.

PIERROT.

Oh! si te plaît,
J'ai queuq' chose à te dire.

CHARLOTTE.

Hé bian, dis quesque c'est.

PIERROT.

Vois-tu, Charlotte, i faut qu'aveu toi, com' s' dit l'autre,
Je débonde mon cœur; il iroit trop du nôtre,
Quand je somme pour être à nou deux tou de bon,
Si je n' me plaignas pas.

CHARLOTTE.

Quèment? Qu'esqu'iglia don?

PIERROT.

Iglia que franchement tu me chagraignes l'ame.

CHARLOTTE.

Et d'où vient?

PIERROT.

Tatigué, tu dois être ma femme,

17.

Et tu ne m'aimes pas.
CHARLOTTE.
Ah! ah! n'est-ce que ça?
PIERROT.
Non, c'n'est qu'ça; stanpendant c'est bian assez. Vian ça.
CHARLOTTE.
Monguieu! toujou, Piarrot, tu m'dis la même chose.
PIERROT.
Si j'te la dis toujou, c'est toi qu'en es la cause;
Et si tu me faisois queuquefouas autrement,
J'te diras autre chose.
CHARLOTTE.
Appren-moi donc quement
Tu voudrois que j'te fisse.
PIERROT.
Oh! je veux que tu m'aime.
CHARLOTTE.
Esque je n'taime pas?
PIERROT.
Non, tu fais tou de même
Que si j'navion point fait no zacordaille; et si
J'n'ai rien à me r'procher là-dessus, Dieu marci.
Das qu'i passe un marcier, tout aussitôt j't'ajette
Lé pu jolis lacets qui soient dans sa banette;
Pour t'aller dénicher dé marle, j'ne sai zou,
Tou les jours je m'azarde à me rompre le cou;
Je fais jouer pour toi lé vielleu zà ta fête :
Et tout ça, contre un mur c'est me cogné la tête;
J'n'y gagne rien. Vois-tu? ça n'est ni biau ni bon,
De n'vouloir pas aimer les gens qui nou zamon.

ACTE II, SCÈNE I.

CHARLOTTE.

Monguieu! je t'aime aussi; de quoi te mettre en peine?

PIERROT.

Oui, tu m'aimes; mais c'est d'une belle déguaine.

CHARLOTTE.

Qu'es don qu' tu veux qu'en fasse?

PIERROT.

Oh! je veux que tout haut
L'en fasse ce qu'en fait pour aimer comme i faut.

CHARLOTTE.

J' t'aime aussi comme i faut; pourquoi don qu' tu t'étonne?

PIERROT.

Non, ça s' voit quand il est; et toujou zau parsonne,
Quand c'est tout d' bon qu'on aime, en leu fait en passant
Mil' p'tite singerie. Hé! sis-je un innocent?
Margué, j' ne veux que voir com' la grosse Thomasse
Fait au jeune Robain; al' n' tien jamais en place,
Tant al' n'est assotée; et dès qu'al l' voit passer,
Al' n'attend point qu'i vienne, al' s'en court l'agacer,
Li jett' son chapiau bas, et toujou, sans reproche,
Li fait exprès queuqu' niche, ou baille une taloche:
Et darrainment encor que su zun escabiau
Il regardoit danser, al' s'en fut bian et biau
Li tirer de dessous, et l' mit à la renvarse.
Jarni, vlà c' qu' c'est qu'aimer; mais, margué, l'en me barce,
Quand dret comme un piquet j' voi qu' tu viens te parcher.
Tu n' me dis jamais mot; et j'ai biau tentincher,
En glieu de m' faire présent d'un' bonne égratignure,
De m' bailler queuque coup, ou d' voir par avanture
Si j' sis point chatouilleux, tu te grates les doigts;

Et t'es là toujou comme un' vrai souche de bois.
T'es trop fraide, vois-tu : ventregué! ça me choque.

CHARLOTTE.

C'est mon imeur, Piarrot ; que veux-tu ?

PIERROT.

Tu te moque.
Quand l'en aime les gens, l'en en baille toujou
Queuqu' petit' signifiance.

CHARLOTTE.

Oh! cherche donc par où.
S'tu penses qu'à t'aimer queuque autre soit pu prompte?
Va l'aimer, j' te l'accorde.

PIERROT.

Hé bien, vlà pas mon compte?
Tatigué, s'tu m'aimois, m'dirois-tu ça?

CHARLOTTE.

Pourquoi
M'viens-tu tarabuster toujou l'esprit?

PIERROT.

Dis moi,
Queu mal t' fais-je à vouloir que tu m'fasses paroître
Un peu pu d'amiquié?

CHARLOTTE.

Va, ça m'viendra peut-être.
Ne me presse point tant, et laisse faire.

PIERROT.

Hé bian,
Touche don là, Charlotte, et d' bon cœur.

CHARLOTTE.

Hé bian, quian.

ACTE II, SCÈNE I.

PIERROT.

Promets qu'tu tâchera zà m'aimer davantage.

SCÈNE II.

CHARLOTTE, PIERROT, DON JUAN, SGANARELLE.

CHARLOTTE.

Est-ce là ce monsieu?

PIERROT.

Oui, le vlà.

CHARLOTTE.

Queu dommage
Qu'il eût été nayé! Qu'il est genti!

PIERROT.

Je vas
Boire chopeine : agieu, je ne tarderai pas.

SCÈNE III.

DON JUAN, SGANARELLE, CHARLOTTE.

DON JUAN.

Il n'y faut plus penser, c'en est fait, Sganarelle;
La force entre mes bras alloit mettre la belle,
Lorsque ce coup de vent, difficile à prévoir,
Renversant notre barque, a trompé mon espoir.
Si par là de mon feu l'espérance est frivole,
L'aimable paysanne aisément m'en console;

Et c'est une conquête assez pleine d'appas,
Qui dans l'occasion ne m'échappera pas.
Déja par cent douceurs j'ai jeté dans son ame
Des dispositions à bien traiter ma flamme :
On se plaît à m'entendre, et je puis espérer
Qu'ici je n'aurai pas long-temps à soupirer.

SGANARELLE.

Ah! monsieur, je frémis à vous entendre dire.
Quoi! des bras de la mort quand le ciel nous retire,
Au lieu de mériter, par quelque amendement,
Les bontés qu'il répand sur nous incessamment;
Au lieu de renoncer aux folles amourettes,
Qui déja tant de fois.... Paix, coquin que vous êtes :
Monsieur sait ce qu'il fait; et vous ne savez, vous,
Ce que vous dites.

DON JUAN.

Ah! que vois-je auprès de nous?

SGANARELLE.

Qu'est-ce?

DON JUAN.

Tourne les yeux, Sganarelle, et condamne
La surprise où me met cette autre paysanne.
D'où sort-elle? peut-on rien voir de plus charmant?
Celle-ci vaut bien l'autre, et mieux.

SGANARELLE.

Assurément.

DON JUAN.

Il faut que je lui parle.

SGANARELLE.

Autre piéce nouvelle.

DON JUAN.

L'agréable rencontre! Et d'où me vient, la belle,
L'inespéré bonheur de trouver en ces lieux,
Sous cet habit rustique, un chef-d'œuvre des cieux?

CHARLOTTE.

Hé! monsieu....

DON JUAN.

Il n'est point un plus joli visage.

CHARLOTTE.

Monsieu....

DON JUAN.

Demeurez-vous, ma belle, en ce village?

CHARLOTTE.

Oui, monsieu.

DON JUAN.

Votre nom?

CHARLOTTE.

Charlotte, à vous servir,
Si j'en étois capable.

DON JUAN.

Ah! je me sens ravir.
Qu'elle est belle, et qu'au cœur sa vue est dangereuse!
Pour moi....

CHARLOTTE.

Vous me rendez, monsieu, toute honteuse.

DON JUAN.

Honteuse d'ouïr dire ici vos vérités?
Sganarelle, as-tu vu jamais tant de beautés?
Tournez-vous, s'il vous plaît. Que sa taille est mignonne!
Haussez un peu la tête. Ah! l'aimable personne!

Cette bouche, ces yeux!... Ouvrez-les tout-à-fait.
Qu'ils sont beaux! Et vos dents? Il n'est rien si parfait.
Ces lèvres ont sur-tout un vermeil que j'admire.
J'en suis charmé.

CHARLOTTE.

Monsieu, cela vous plaît à dire :
Et je ne sais si c'est pour vous railler de moi.

DON JUAN.

Me railler de vous? Non, j'ai trop de bonne foi.
Regarde cette main plus blanche que l'ivoire,
Sganarelle : peut-on....

CHARLOTTE.

Fi, monsieu, al est noire
Tout comme je n' sais quoi.

DON JUAN.

Laissez-la-moi baiser.

CHARLOTTE.

C'est trop d'honneur pour moi : j' n'os'rois vous refuser;
Mais si j'eus' su tout ça devant votre arrivée,
Exprès aveu du son je m'la serois lavée.

DON JUAN.

Vous n'êtes point encor mariée?

CHARLOTTE.

Oh! non pas,
Mais je dois bientôt l'être au fils du grand Lucas :
Il se nomme Piarrot. C'est ma tante Phlipotte
Qui nous fait marier.

DON JUAN.

Quoi! vous, belle Charlotte,
D'un simple paysan être la femme? Non :

ACTE II, SCÈNE III.

Il vous faut autre chose; et je crois tout de bon
Que le ciel m'a conduit exprès dans ce village
Pour rompre cet injuste et honteux mariage :
Car enfin je vous aime; et malgré les jaloux,
Pourvu que je vous plaise, il ne tiendra qu'à vous
Qu'on ne trouve moyen de vous faire paroître
Dans l'éclat des honneurs où vous méritez d'être.
Cet amour est bien prompt, je l'avouerai; mais, quoi!
Vos beautés tout d'un coup ont triomphé de moi;
Et je vous aime autant, Charlotte, en un quart d'heure,
Qu'on aimeroit une autre en six mois.

CHARLOTTE.

Oui?

DON JUAN.

Je meure
S'il est rien de plus vrai!

CHARLOTTE.

Monsieu, je voudrois bien
Que ça fût tout comm' ça; car vous ne m'dites rien
Qui ne m'fasse assé zaise, et j'aurois bian envie
De n'vous mécroire point : mais j'ai toute ma vie
Entendu dire à ceux qui savon bian c'que c'est,
Qu'i n'est point de monsieu qui ne soit toujou prêt
A tromper queuque fille, à moins qu'al' n'y regarde.

DON JUAN.

Suis-je de ces gens-là? Non, Charlotte.

SGANARELLE.

Il n'a garde.

DON JUAN.

Le temps vous fera voir comme j'en veux user.

CHARLOTTE.

Aussi je n'voudrois pas me laisser abuser,
Voyez-vou : si j'sis pauvre, et native au village,
J'ai d'l'honneur tout autant qu'on en ait à mon âge;
Et pour tout l'or du monde on n'me pourroit tenter,
Si j'pensois qu'en m'aimant l'en me l'voulût ôter.

DON JUAN.

Je voudrois vous l'ôter, moi? ce soupçon m'offense.
Croyez que pour cela j'ai trop de conscience;
Et que, si vos appas m'ont su d'abord charmer,
Ce n'est qu'en tout honneur que je vous veux aimer.
Pour vous le faire voir, apprenez que dans l'ame
J'ai formé le dessein de vous faire ma femme :
J'en donne ma parole; et pour vous, au besoin,
L'homme que vous voyez en sera le témoin.

CHARLOTTE.

Vous m'vouriez épouser, moi?

DON JUAN.

     Cela vous étonne?
Demandez au témoin que mon amour vous donne :
Il me connoît.

SGANARELLE.

  Très fort. Ne craignez rien : allez,
Il vous épousera cent fois, si vous voulez;
J'en réponds.

DON JUAN.

   Hé bien donc, pour le prix de ma flamme,
Ne consentez-vous pas à devenir ma femme?

CHARLOTTE.

I faudroit à ma tante en dire un petit mot,

Pour qu'al en fût contente : al' aime bian Piarrot.

DON JUAN.

Je dirai ce qu'il faut, et m'en rendrai le maître.
Touchez là seulement, pour me faire connoître
Que de votre côté vous voulez bien de moi.

CHARLOTTE.

J'n'en veux que trop ; mais vous ?

DON JUAN.

Je vous donne ma foi ;
Et deux petits baisers vont vous servir de gage....

SCÈNE IV.

DON JUAN, CHARLOTTE; PIERROT,
dans le fond; SGANARELLE.

CHARLOTTE.

O ! monsieur, attendez qu'j'ons fait le mariage ;
Après ça, voyez-vous, je vous baiserai tant
Que vous n'erez qu'à dire.

DON JUAN.

Ah ! me voilà content.
Tout ce que vous voulez, je le veux pour vous plaire :
Donnez-moi seulement votre main.

CHARLOTTE.

Pourquoi faire ?

DON JUAN.

Il faut que cent baisers vous marquent l'intérêt....

PIERROT, *s'approchant*.

Tout doucement, monsieu ; tenez-vous, s'i vous plaît ;

Vous pourriez, v'séchauffant, gagner la purésie.

DON JUAN.

D'où cet impertinent nous vient-il?

PIERROT.

Oh! jarnie!
J'vous dis qu'ou vous tegniais, et qu'i n'est pas besoin
Qu'ou vegniais courtisé nos femmes de si loin.

DON JUAN, *le poussant.*

Ah! que de bruit!

PIERROT.

Margué! je n'nou zémouvon guère
Pour cé pousseu de gens!

CHARLOTTE.

Piarrot, laisse-le faire.

PIERROT.

Quement! que j'le laiss' faire? Et je ne l'veux pas, moi.

DON JUAN.

Ah!

PIERROT.

Parc'qu'il est monsieur, i s'en viendra, je croi,
Caresser à not' barbe ici nos zaccordées!
Pargué! j'en sis d'avis, que j'vous l'zayon gardées!
Allez-v's'en caresser lé vôtres.

DON JUAN, *lui donnant plusieurs soufflets.*

Hé!

PIERROT.

Hé! margué,
N'vous avisé pas trop de m'frapper: jarnigué!
Ventregué! tatigué! voyez un peu la chance
D'venir battre les gens! c'n'est pas la récompense

D'vous être allé tantôt sauvé d'être nayé !
J'vous devions laisser boire. Il est bien employé !
CHARLOTTE.
Va, ne te fâche point, Piarrot.
PIERROT.
Oh ! palsanguienne !
I m'plaît de me fâcher, et t'es une vilaine
D'endurer qu'en t'cajole.
CHARLOTTE.
Il me veut épouser,
Et tu n'te devrois pas si fort colériser.
C'n'est pas c'qu'tu penses, da.
PIERROT.
Jarni, tu m'es promise.
CHARLOTTE.
Ça n'y fait rian, Piarrot, tu n'mas pas encor prise.
S'tu m'aimes comme i faut, s'ras-tu pas tout joyeux
De m'voir madame ?
PIERROT.
Non, j'aimerois cent fois mieux
Te voir crever, qu'non pas qu'un autre t'eût. Marguenne....
CHARLOTTE.
Laiss'-moi que je la sois, et n'te mets point en peine :
Je te ferai cheux nous apporter des œufs frais,
Du beurre....
PIERROT.
Palsangué ! je gnien port'rai jamais,
Quand tu m'en f'rais payer deux fois autant. Acoute :
C'est donc com'ça qu'tu fais ? si j'en eusse eu queuq'doute,
Je m's'ras bian empêché de le tirer de gliau,

Et j'gli aurois baillé putôt un chinfreniau
D'un bon coup d'aviron sur la tête.

DON JUAN.

Hé?

PIERROT, *s'éloignant.*

Personne
N'me fait peur.

DON JUAN.

Attendez, j'aime assez qu'on raisonne

PIERROT, *s'éloignant toujours.*

Je m'gobarg' de tout, moi.

DON JUAN.

Voyons un peu cela

PIERROT.

J'en avon bien vu d'autre.

DON JUAN.

Ouais!

SGANARELLE.

Monsieur, laissez la
Ce pauvre diable : à quoi peut servir de le battre?
Vous voyez bien qu'il est obstiné comme quatre.
Va, mon pauvre garçon, va-t'en, retire-toi,
Et ne lui dis plus rien.

PIERROT.

Et j'li veux dire, moi.

DON JUAN, *donnant un soufflet à Sganarelle, croyant le donner à Pierrot qui se baisse.*

Ah! je vous apprendrai....

SGANARELLE.

Peste soit du maroufle!

ACTE II, SCÈNE IV.

DON JUAN.

Voilà ta charité.

PIERROT.

Je m'ris d'queuqu' vent qui souffle,
Et j'm'en vas à ta tante en lâcher quatre mots ;
Laisse faire.

(*Il s'en va.*)

SCÈNE V.

DON JUAN, CHARLOTTE, SGANARELLE.

DON JUAN.

A la fin il nous laisse en repos,
Et je puis à la joie abandonner mon ame.
Que de ravissements quand vous serez ma femme!
Sera-t-il un bonheur égal au mien?

SCÈNE VI.

DON JUAN, CHARLOTTE, MATHURINE, SGANARELLE.

SGANARELLE, *voyant Mathurine.*

Ah! ah!

Voici l'autre.

MATHURINE.

Monsieu, qu'es' don q'ou faites là?
Es' q'ou parlez d'amour à Charlotte?

DON JUAN, *à Mathurine.*

Au contraire;

C'est qu'elle m'aime; et moi, comme je suis sincère,
Je lui dis que déja vous possédez mon cœur.

CHARLOTTE.

Qu'es' donc que vous veut la Mathurine?

DON JUAN, à Charlotte.

Elle a peur
Que je ne vous épouse; et je viens de lui dire
Que je vous l'ai promis.

MATHURINE.

Quoi! Charlotte, es' pour rire?

DON JUAN, à Mathurine.

Tout ce que vous direz ne servira de rien :
Elle me veut aimer.

CHARLOTTE.

Mathurine, est-il bien
D'empêcher que monsieu...

DON JUAN, à Charlotte.

Vous voyez qu'elle enrage.

MATHURINE.

Oh! je n'empêche rien, il m'a déja...

DON JUAN, à Charlotte.

Je gage
Qu'elle vous soutiendra qu'elle a reçu ma foi.

CHARLOTTE.

Je n'pensois pas...

DON JUAN, à Mathurine.

Gageons qu'elle dira de moi
Que j'aurai fait serment de la prendre pour femme.

MATHURINE.

Vous v'nez un peu trop tard.

ACTE II, SCÈNE VI.

CHARLOTTE.
           Vous le dites.

MATHURINE.
                      Tredame!
Pourquoi me disputer?

CHARLOTTE.
           Pisqu' monsieu me veut bien.

MATHURINE.
C'est moi qu'i veut plutôt.

CHARLOTTE.
              Oh! pourtant j' n'en crois rien.

MATHURINE.
I m'a vu la première, et m'l'a dit: qu'i réponde.

CHARLOTTE.
Si v's a vu la première, i m'a vu la seconde,
Et m'veut épouser.

MATHURINE.
      Bon!...

DON JUAN, *à Mathurine.*
              Hé! que vous ai-je dit?

MATHURINE.
C'est moi qu'il épous'ra. Voyez le bel esprit!

DON JUAN, *à Charlotte.*
N'ai-je pas deviné? La folle! je l'admire.

CHARLOTTE.
Si j'n'avons pas raison, le v'là qu'est pour le dire:
I sait notre querelle.

MATHURINE.
         Oui, puisqu'i sait c' qu'en est,
Qu'i nous juge.

CHARLOTTE.

Monsieu, jugé-nous, s'i vous plaît :
Laqueule est parmi nous...

MATHURINE.

Gageons q' c'est moi qu'il aime.
Vou zallez voir.

CHARLOTTE.

Tant mieux : vou zallez voir vou-même.

MATHURINE.

Dites.

CHARLOTTE.

Parlez.

DON JUAN.

Comment! est-ce pour vous moquer?
Quel besoin avez-vous de me faire expliquer?
A l'une de vous deux j'ai promis mariage;
J'en demeure d'accord : en faut-il davantage?
Et chacune de vous, dans un débat si prompt,
Ne sait-elle pas bien comme les choses vont?
Celle à qui je me suis engagé doit peu craindre
Ce que, pour l'étonner, l'autre s'obstine à feindre;
Et tous ces vains propos ne sont qu'à mépriser,
Pourvu que je sois prêt toujours à l'épouser.
Qui va de bonne foi hait les discours frivoles;
J'ai promis des effets, laissons là les paroles.
C'est par eux que je songe à vous mettre d'accord;
Et l'on saura bientôt qui de vous deux a tort,
Puisqu'en me mariant je dois faire connoître
Pour laquelle l'amour dans mon cœur a su naître.

(*à Mathurine.*)
Laissez-la se flatter, je n'adore que vous.
(*à Charlotte.*)
Ne la détrompez point, je serai votre époux.
(*à Mathurine.*)
Il n'est charmes si vifs que n'effacent les vôtres.
(*à Charlotte.*)
Quand on a vu vos yeux, on n'en peut souffrir d'autres.
Une affaire me presse, et je cours l'achever ;
Adieu : dans un moment je viens vous retrouver.

SCÈNE VII.

MATHURINE, CHARLOTTE, SGANARELLE.

CHARLOTTE.
C'est moi qui li plaît mieux, au moins.
MATHURINE.
Purtant je pense
Que je l'épouseron.
SGANARELLE.
Je plains votre innocence,
Pauvres jeunes brebis, qui, pour trop croire un fou,
Vous-mêmes vous jetez dans la gueule du loup !
Croyez-moi toutes deux, ne soyez pas si promptes
A vous laisser ainsi duper par de beaux contes.
Songez à vos oisons, c'est le plus assuré.

SCÈNE VIII.

DON JUAN, MATHURINE, CHARLOTTE, SGANARELLE.

DON JUAN, *dans le fond du théâtre.*
D'où vient que Sganarelle est ici demeuré?
SGANARELLE.
Mon maître n'est qu'un fourbe, et tout ce qu'il débite,
Fadaise; il ne promet que pour aller plus vite.
Parlant de mariage, il cherche à vous tromper.
Il en épouse autant qu'il en peut attraper;
(*apercevant don Juan qui l'écoute.*)
Et... Cela n'est pas vrai: si l'on vient vous le dire,
Répondez hardiment qu'on se plaît à médire;
Que mon maître n'est fourbe en aucune action,
Qu'il n'épouse jamais qu'à bonne intention,
Qu'il n'abuse personne, et que s'il dit qu'il aime...
Ah! tenez, le voilà; sachez-le de lui-même.
DON JUAN, *à Sganarelle.*
Oui!
SGANARELLE.
Le monde est si plein, monsieur, de médisants,
Que, comme on parle mal sur-tout des courtisans,
Je leur faisois entendre à toutes deux, pour cause,
Que, si quelqu'un de vous leur disoit quelque chose,
Il falloit n'en rien croire; et que de suborneur...
DON JUAN.
Sganarelle!...

ACTE II, SCÈNE VIII.

SGANARELLE.

Oui, mon maître est un homme d'honneur;
Je le garantis tel.

DON JUAN.

Hom!

SGANARELLE.

Ce seront des bêtes,
Ceux qui tiendront de lui des discours malhonnêtes.

SCÈNE IX.

DON JUAN, LA RAMÉE, CHARLOTTE, MATHURINE, SGANARELLE.

LA RAMÉE, *à don Juan.*

Je viens vous avertir, monsieur, qu'ici pour vous
Il ne fait pas fort bon.

SGANARELLE.

Ah! monsieur, sauvons-nous.

DON JUAN, *à La Ramée.*

Qu'est-ce?

LA RAMÉE.

Dans un moment doivent ici descendre
Douze hommes à cheval commandés pour vous prendre;
Ils ont dépeint vos traits à ceux qui me l'ont dit.
Songez à vous.

SCÈNE X.

DON JUAN, SGANARELLE, CHARLOTTE, MATHURINE.

SGANARELLE.

Pourquoi s'aller perdre à crédit?
Tirons-nous promptement, monsieur.

DON JUAN.

Adieu, les belles;
Celle que j'aime aura demain de mes nouvelles.

MATHURINE, *s'en allant.*

C'est à moi qu'i promet, Charlotte.

CHARLOTTE, *s'en allant.*

Oh! c'est à moi.

SCÈNE XI.

DON JUAN, SGANARELLE.

DON JUAN.

Il faut céder: la force est une étrange loi.
Viens; pour ne risquer rien, usons de stratagème;
Tu prendras mes habits.

SGANARELLE.

Moi, monsieur?

DON JUAN.

Oui, toi-même.

SGANARELLE.

Monsieur, vous vous moquez. Comment! sous vos habits
M'aller faire tuer!

DON JUAN.

Tu mets la chose au pis.
Mais, dis-moi, lâche, dis, quand cela devroit être,
N'est-on pas glorieux de mourir pour son maître?

SGANARELLE.

(à part.)

Serviteur à la gloire... O ciel! fais qu'aujourd'hui
Sganarelle, en fuyant, ne soit pas pris pour lui!

FIN DU SECOND ACTE.

ACTE TROISIÈME.

SCÈNE I.

DON JUAN, SGANARELLE, *habillé en médecin.*

SGANARELLE.

Avouez qu'au besoin j'ai l'imaginative
Aussi prompte d'aller, que personne qui vive.
Votre premier dessein n'étoit point à propos.
Sous ce déguisement j'ai l'esprit en repos.
Après tout, ces habits nous cachent l'un et l'autre
Beaucoup mieux qu'on n'eût pu me cacher sous le vôtre;
J'en regardois le risque avec quelque souci.
Tout franc, il me choquoit.

DON JUAN.

     Te voilà bien ainsi.
Où diable as-tu donc pris ce grotesque équipage?

SGANARELLE.

Il vient d'un médecin qui l'avoit mis en gage :
Quoique vieux, j'ai donné de l'argent pour l'avoir.
Mais, monsieur, savez-vous quel en est le pouvoir?
Il me fait saluer des gens que je rencontre,
Et passer pour docteur par-tout où je me montre :
Ainsi qu'un habile homme on me vient consulter.

DON JUAN.

Comment donc?

LE FESTIN DE PIERRE.

SGANARELLE.

Mon savoir va bientôt éclater.
Déja six paysans, autant de paysannes,
Accoutumés sans doute à parler à des ânes,
M'ont sur différents maux demandé mon avis.

DON JUAN.

Et qu'as-tu répondu?

SGANARELLE.

Moi?

DON JUAN.

Tu t'es trouvé pris?

SGANARELLE.

Pas trop. Sans m'étonner, de l'habit que je porte
J'ai soutenu l'honneur, et raisonné de sorte
Que, sur mon ordonnance, aucun d'eux n'a douté
Qu'il n'eût entre les mains un trésor de santé.

DON JUAN.

Et comment as-tu pu bâtir tes ordonnances?

SGANARELLE.

Ma foi! j'ai ramassé beaucoup d'impertinences,
Mêlé casse, opium, rhubarbe, ET CÆTERA,
Tout par drachme : et le mal aille comme il pourra,
Que m'importe?

DON JUAN.

Fort bien. Ce que tu viens de dire
Me réjouit.

SGANARELLE.

Et si, pour vous faire mieux rire,
Par hasard, (car enfin, quelquefois que sait-on?)
Mes malades venoient à guérir?

DON JUAN.

　　　　　　Pourquoi non?
Les autres médecins, que les sages méprisent,
Dupent-ils moins que toi dans tout ce qu'ils nous disent?
Et, pour quelques grands mots que nous n'entendons pas,
Ont-ils aux guérisons plus de part que tu n'as?
Crois-moi, tu peux comme eux, quoi qu'on s'en persuade,
Profiter, s'il avient, du bonheur du malade,
Et voir attribuer au seul pouvoir de l'art
Ce qu'avec la nature aura fait le hasard.

SGANARELLE.

Oh! jusqu'où vous poussez votre humeur libertine!
Je ne vous croyois pas impie en médecine.

DON JUAN.

Il n'est point parmi nous d'erreur plus grande.

SGANARELLE.

　　　　　　　　　　　　　　Quoi!
Pour un art tout divin vous n'avez point de foi!
La casse, le séné, ni le vin émétique...

DON JUAN.

La peste soit le fou!

SGANARELLE.

　　　　　　Vous êtes hérétique,
Monsieur. Songez-vous bien quel bruit, depuis un temps,
Fait le vin émétique?

DON JUAN.

　　　　Oui, pour certaines gens.

SGANARELLE.

Ses miracles par-tout ont vaincu les scrupules:
Leur force a converti jusqu'aux plus incrédules:

ACTE III, SCÈNE I.

Et, sans aller plus loin, moi qui vous parle, moi,
J'en ai vu des effets si surprenants...

DON JUAN.
En quoi?

SGANARELLE.
Tout peut être nié, si sa vertu se nie.
Depuis six jours un homme étoit à l'agonie;
Les plus experts docteurs n'y connoissoient plus rien;
Il avoit mis à bout la médecine.

DON JUAN.
Hé bien?

SGANARELLE.
Recours à l'émétique. Il en prend pour leur plaire:
Soudain...

DON JUAN.
Le grand miracle! Il réchappe?

SGANARELLE.
Au contraire,
Il en meurt.

DON JUAN.
Merveilleux moyen de le guérir!

SGANARELLE.
Comment! depuis six jours il ne pouvoit mourir;
Et, dès qu'il en a pris, le voilà qui trépasse!
Vit-on jamais reméde avoir plus d'efficace?

DON JUAN.
Tu raisonnes fort juste.

SGANARELLE.
Il est vrai, cet habit
Sur le raisonnement m'inspire de l'esprit;

Et si, sur certains points où je voudrois vous mettre,
La dispute...

DON JUAN.

Une fois je veux te la permettre.

SGANARELLE.

Errez en médecine autant qu'il vous plaira,
La seule faculté s'en scandalisera :
Mais sur le reste, là, que le cœur se déploie.
Que croyez-vous?

DON JUAN.

Je crois ce qu'il faut que je croie.

SGANARELLE.

Bon. Parlons doucement et sans nous échauffer.
Le ciel...

DON JUAN.

Laissons cela.

SGANARELLE.

C'est fort bien dit. L'enfer...

DON JUAN.

Laissons cela, te dis-je.

SGANARELLE.

Il n'est pas nécessaire
De vous expliquer mieux; votre réponse est claire.
Malheur si l'esprit fort s'y trouvoit oublié!
Voilà ce que vous sert d'avoir étudié ;
Temps perdu. Quant à moi, personne ne peut dire
Que l'on m'ait rien appris : je sais à peine lire,
Et j'ai de l'ignorance à fond; mais, franchement,
Avec mon petit sens, mon petit jugement,

Je vois, je comprends mieux ce que je dois comprendre,
Que vos livres jamais ne pourroient me l'apprendre.
Ce monde où je me trouve, et ce soleil qui luit,
Sont-ce des champignons venus en une nuit?
Se sont-ils faits tout seuls? Cette masse de pierre
Qui s'élève en rochers, ces arbres, cette terre,
Ce ciel planté là-haut, est-ce que tout cela
S'est bâti de soi-même? Et vous, seriez-vous là
Sans votre père, à qui le sien fut nécessaire
Pour devenir le vôtre? Ainsi, de père en père,
Allant jusqu'au premier, qui veut-on qui l'ait fait
Ce premier? Et dans l'homme, ouvrage si parfait,
Tous ces os agencés l'un dans l'autre, cette ame,
Ces veines, ce poumon, ce cœur, ce foie... Oh! dame,
Parlez à votre tour, comme les autres font;
Je ne puis disputer, si l'on ne m'interrompt.
Vous vous taisez exprès, et c'est belle malice.

DON JUAN.

Ton raisonnement charme, et j'attends qu'il finisse.

SGANARELLE.

Mon raisonnement est, monsieur, quoi qu'il en soit,
Que l'homme est admirable en tout, et qu'on y voit
Certains ingrédients que, plus on les contemple,
Moins on peut expliquer... D'où vient que... Par exemple,
N'est-il pas merveilleux que je sois ici, moi,
Et qu'en la tête, là, j'aie un je ne sais quoi
Qui fait qu'en un moment, sans en savoir les causes,
Je pense, s'il le faut, cent différentes choses,
Et ne me mêle point d'ajuster les ressorts

Que ce je ne sais quoi fait mouvoir dans mon corps?
Je veux lever un doigt, deux, trois, la main entière:
Aller à droite, à gauche, en avant, en arrière...

SCÈNE II.

LÉONOR, *dans le fond;* DON JUAN, SGANARELLE.

DON JUAN, *apercevant Léonor dans le fond du théâtre.*
Ah! Sganarelle, vois. Peut-on, sans s'étonner...
SGANARELLE.
Voilà ce qu'il vous faut, monsieur, pour raisonner,
Vous n'êtes point muet en voyant une belle.
DON JUAN.
Celle-ci me ravit.
SGANARELLE.
Vraiment!
DON JUAN.
Que cherche-t-elle?
SGANARELLE.
Vous devriez déja l'être allé demander.
DON JUAN, *à Léonor.*
Quel bien plus grand le ciel pouvoit-il m'accorder?
Présenter à mes yeux, dans un lieu si sauvage,
La plus belle personne...
LÉONOR.
Oh! point, monsieur.
DON JUAN.
Je gage.

Que vous n'avez encor que quatorze ans au plus.

SGANARELLE, *bas à don Juan.*

C'est comme il vous les faut.

LÉONOR.

Quatorze ans? Je les eus
Le dernier de juillet.

SGANARELLE, *à part.*

O ma pauvre innocente !

DON JUAN.

Mais que cherchiez-vous là?

LÉONOR.

Des herbes pour ma tante.
C'est pour faire un reméde; elle en prend très souvent.

DON JUAN.

Veut-elle consulter un homme fort savant?
Monsieur est médecin.

LÉONOR.

Ce seroit là sa joie.

SGANARELLE, *d'un ton grave.*

Où son mal lui tient-il? est-ce à la rate, au foie?

LÉONOR.

Sous des arbres assise, elle prend l'air là-bas;
Allons le savoir d'elle.

DON JUAN.

Hé! ne nous pressons pas.

(*à Sganarelle.*)

Qu'elle est propre à causer une flamme amoureuse!

LÉONOR.

Il faudra que je sois pourtant religieuse.

DON JUAN.

Ah! quel meurtre! Et d'où vient? Est-ce que vous avez
Tant de vocation....

LÉONOR.

Pas trop : mais vous savez
Qu'on menace une fille ; et qu'il faut, sans murmure....

DON JUAN.

C'est cela qui vous tient?

LÉONOR.

Et puis, ma tante assure
Que je ne suis point propre au mariage.

DON JUAN.

Vous?
Elle se moque. Allez, faites choix d'un époux :
Je vous garantis, moi, s'il faut que j'en réponde,
Propre à vous marier plus que fille du monde.
Monsieur le médecin s'y connoît; et je veux
Que lui-même....

SGANARELLE, *lui tâtant le pouls.*

Voyons. Le cas n'est point douteux,
Mariez-vous ; il faut vous mettre deux ensemble,
Sinon il vous viendra malencombre.

LÉONOR.

Ah! je tremble.
Et quel mal est-ce là que vous nommez?

SGANARELLE.

Un mal
Qui consume en six mois l'humide radical ;
Mal terrible, astringent, vaporeux....

ACTE III, SCÈNE II.

LÉONOR.

Je suis morte.

SGANARELLE.

Mal sur-tout qui s'augmente au couvent.

LÉONOR.

Il n'importe,
On ne laissera pas de m'y mettre.

DON JUAN.

Et pourquoi ?

LÉONOR.

A cause de ma sœur qu'on aime plus que moi ;
On la mariera mieux, quand on n'aura plus qu'elle.

DON JUAN.

Vous êtes pour cela trop aimable et trop belle.
Non, je ne puis souffrir cet excès de rigueur ;
Et, dès demain, pour faire enrager votre sœur,
Je veux vous épouser : en serez-vous contente ?

LÉONOR.

Hé, mon Dieu ! N'allez pas en rien dire à ma tante.
Sitôt que du couvent elle voit que je ris,
Deux soufflets me sont sûrs ; et ce seroit bien pis,
Si vous alliez pour moi parler de mariage.

DON JUAN.

Hé bien, marions-nous en secret : je m'engage,
Puisqu'elle vous maltraite, à vous mettre en état
De ne rien craindre d'elle.

SGANARELLE.

Et par un bon contrat :
Ce n'est point à demi que monsieur fait les choses.

DON JUAN.

J'avois, pour fuir l'hymen, d'assez pressantes causes;
Mais, pour vous faire entrer au couvent malgré vous,
Savoir qu'à la menace on ajoute les coups,
C'est un acte inhumain, dont je me rends coupable,
Si je ne vous épouse.

SGANARELLE.

　　　　　Il est fort charitable·
Voyez! se marier pour vous ôter l'ennui
D'être religieuse! attendez tout de lui.

LÉONOR.

Si j'osois m'assurer....

SGANARELLE.

　　　　　C'est une bagatelle
Que ce qu'il vous promet. Sa bonté naturelle
Va si loin, qu'il est prêt, pour faire trêve aux coups,
D'épouser, s'il le faut, votre tante avec vous.

LÉONOR.

Ah! qu'il n'en fasse rien; elle est si dégoûtante....
Mais, moi, suis-je assez belle....

DON JUAN.

　　　　　　　　Ah ciel! toute charmante.
Quelle douceur pour moi de vivre sous vos lois!
Non, ce qui fait l'hymen n'est pas de notre choix,
J'en suis trop convaincu; je vous connois à peine,
Et tout-à-coup je cède à l'amour qui m'entraîne.

LÉONOR.

Je voudrois qu'il fût vrai; car ma tante, et la peur
Que me fait le couvent....

DON JUAN.

Ah! connoissez mon cœur.
Voulez-vous que ma foi, pour preuve indubitable,
Vous fasse le serment le plus épouvantable?
Que le ciel....

LÉONOR.

Je vous crois, ne jurez point.

DON JUAN.

Hé bien?

LÉONOR.

Mais, pour nous marier sans que l'on en sût rien,
Si la chose pressoit, comment faudroit-il faire?

DON JUAN.

Il faudroit avec moi venir chez un notaire,
Signer le mariage; et, quand tout seroit fait,
Nous laisserions gronder votre tante.

SGANARELLE.

En effet,
Quand une chose est faite, elle n'est pas à faire.

LÉONOR.

Oh! ma tante et ma sœur seront bien en colère;
Car j'aurai, pour ma part, plus de vingt mille écus:
Bien des gens me l'ont dit.

DON JUAN.

Vous me rendez confus.
Pensez-vous que ce soit votre bien qui m'engage?
Ce sont les agréments de ce charmant visage,
Cette bouche, ces yeux; enfin soyez à moi,
Et je renonce au reste.

SGANARELLE.

    Il est de bonne foi.
Vos écus sont pour lui des beautés peu touchantes.

LÉONOR.

J'ai dans le bourg voisin une de mes parentes
Qui veut qu'on me marie, et qui m'a toujours dit
Que, si quelqu'un m'aimoit....

DON JUAN.

      C'est avoir de l'esprit.

LÉONOR.

Elle enverroit chercher de bon cœur le notaire.
Si nous allions chez elle !

DON JUAN.

     Hé bien, il le faut faire.
Me voilà prêt, allons.

LÉONOR.

    Mais quoi ! seule avec vous ?

DON JUAN.

Venir avecque moi, c'est suivre votre époux.
Est-ce un scrupule à faire après la foi promise ?

LÉONOR.

Pas trop ; mais j'ai toujours....

DON JUAN.

      Vous verrez ma franchise.

LÉONOR.

Du moins....

DON JUAN.

  Par où faut-il vous mener ?

LÉONOR.

     Par ici.

ACTE III, SCÈNE II.

Mais quel malheur!
>DON JUAN.
>>Comment?
>LÉONOR.
>>Ma tante que voici....
>DON JUAN, *à part.*

Le fâcheux contre-temps! Qui diable nous l'amène?
>SGANARELLE, *à part.*

Ma foi! c'en étoit fait sans cela.
>DON JUAN.
>>Quelle peine!
>LÉONOR.

Sans rien dire venez m'attendre ici ce soir;
Je m'y rendrai.

SCÈNE III.

THÉRÈSE, LÉONOR, DON JUAN,
SGANARELLE.

>THÉRÈSE, *à Léonor.*
>>Vraiment! j'aime assez à vous voir,

Impudente! Il vous faut parler avec des hommes!
>SGANARELLE, *à Thérèse.*

Vous ne savez pas bien, madame, qui nous sommes.
>LÉONOR.

Est-ce faire du mal, quand c'est à bonne fin?
Ce monsieur-là m'a dit qu'il étoit médecin;
Et je lui demandois si, pour guérir votre asthme,
Il ne savoit pas....

SGANARELLE.

Oui, j'ai certain cataplasme
Qui, posé lorsqu'on tombe en suffocation,
Facilite aussitôt la respiration.

THÉRÈSE.

Hé, mon Dieu! là-dessus j'ai vu les plus habiles;
Leurs remèdes me sont remèdes inutiles.

SGANARELLE.

Je le crois. La plupart des plus grands médecins.
Ne sont bons qu'à venir visiter des bassins :
Mais pour moi, qui vais droit au souverain dictame,
Je guéris de tous maux; et je voudrois, madame,
Que votre asthme vous tînt du haut jusques au bas;
Trois jours mon cataplasme, il n'y paroîtroit pas.

THÉRÈSE.

Hélas! que vous feriez une admirable cure!

SGANARELLE.

Je parle hardiment, mais ma parole est sûre.
Demandez à monsieur. Outre l'asthme, il avoit
Un bolus au côté, qui toujours s'élevoit.
Du diaphragme impur l'humeur trop réunie
Le mettoit tous les ans dix fois à l'agonie;
En huit jours je vous ai balayé tout cela,
Nettoyé l'impur, et.... Regardez, le voilà
Aussi frais, aussi plein de vigueur énergique,
Que s'il n'avoit jamais eu tache d'asthmatique.

THÉRÈSE.

Son teint est frais, sans doute, et d'un vif éclatant.

SGANARELLE.

Çà, voyons votre pouls. Il est intermittent,

ACTE III, SCÈNE III.

La palpitation du poumon s'y dénote.

THÉRÈSE.

Quelquefois....

SGANARELLE.

Votre langue? Elle n'est pas tant sotte.
En-dessous, levez-la. L'asthme y paroît marqué.
Ah! si mon cataplasme étoit vite appliqué....

THÉRÈSE.

Où donc l'applique-t-on?

SGANARELLE, *lui parlant avec action, pour l'empêcher de voir que don Juan entretient tout bas Léonor.*

Tout droit sur la partie
Où la force de l'asthme est le plus départie.
Comme l'obstruction se fait de ce côté,
Il faut, autant qu'on peut, la mettre en liberté;
Car, selon que d'abord la chaleur restringente
A pu se ramasser, la partie est souffrante,
Et laisse à respirer le conduit plus étroit.
Or est-il que le chaud ne vient jamais du froid :
Par conséquent, sitôt que dans une famille
Vous voyez que le mal prend cours....

THÉRÈSE, *à Léonor.*

Petite fille,
Passez de ce côté.

SGANARELLE, *continuant.*

Ne différez jamais.

DON JUAN, *bas, à Léonor.*

Vous viendrez donc ce soir?

LÉONOR.

Oui, je vous le promets.

SGANARELLE.

A vous cataplasmer commencez de bonne heure.
En quel lieu faites-vous ici votre demeure?

THÉRÈSE.

Vous voyez ma maison.

SGANARELLE, *tirant sa tabatière.*

Dans trois heures d'ici,
Prenez dans un œuf frais de cette poudre-ci;
Et du reste du jour ne parlez à personne.
Voilà, jusqu'à demain, ce que je vous ordonne :
Je ne manquerai pas à me rendre chez vous.

THÉRÈSE.

Venez : vous faites seul mon espoir le plus doux.
Allons, petite fille, aidez-moi.

LÉONOR.

Çà, ma tante.

SCÈNE IV.

DON JUAN, SGANARELLE.

SGANARELLE.

Qu'en dites-vous, monsieur?

DON JUAN.

La rencontre est plaisante.

SGANARELLE.

M'érigeant en docteur, j'ai là, fort à propos,
Pour amuser la tante, étalé de grands mots.

DON JUAN.

Où diable as-tu pêché ce jargon?

ACTE III, SCÈNE IV.

SGANARELLE.

Laissez faire;
J'ai servi quelque temps chez un apothicaire :
S'il faut jaser encor je suis médecin né.
Mais ce tabac en poudre à la vieille donné?

DON JUAN.

Sa nièce est fort aimable, et doit ici se rendre
Quand le jour....

SGANARELLE.

Quoi! monsieur, vous l'y viendrez attendre?

DON JUAN.

Oui, sans doute.

SGANARELLE.

Et de là, vous, l'épouseur banal,
Vous irez lui passer un écrit nuptial?

DON JUAN.

Souffrir, faute d'un mot, qu'elle échappe à ma flamme!

SGANARELLE.

Quel diable de métier! toujours femme sur femme!

DON JUAN.

En vain pour moi ton zéle y voit de l'embarras.
Les femmes n'en font point.

SGANARELLE.

Je ne vous comprends pas;
Mille gens, dont je vois par-tout qu'on se contente,
En ont souvent trop d'une, et vous en prenez trente.

DON JUAN.

Je ne me pique pas aussi de les garder;
Le grand nombre, en ce cas, pourroit m'incommoder.

SGANARELLE.

Pourquoi? Vous en feriez un sérail.... Mais je tremble
Quel cliquetis, monsieur! Ah!

DON JUAN.

Trois hommes ensemble
En attaquent un seul! Il faut le secourir.

SCÈNE V.

SGANARELLE.

Voilà l'humeur de l'homme. Où s'en va-t-il courir?
S'aller faire échiner, sans qu'il soit nécessaire!
Quels grands coups il allonge! Il faut le laisser faire.
Le plus sûr cependant est de m'aller cacher;
S'il a besoin de moi, qu'il vienne me chercher.

SCÈNE VI.

DON CARLOS, DON JUAN.

DON CARLOS.

Ces voleurs, par leur fuite, ont fait assez connoître
Qu'où votre bras se montre on n'ose plus paroître;
Et je ne puis nier qu'à cet heureux secours,
Si je respire encor, je ne doive mes jours :
Ainsi, monsieur, souffrez que, pour vous rendre grâc

DON JUAN.

J'ai fait ce que vous-même auriez fait en ma place;
Et prendre ce parti contre leur lâcheté

Étoit plutôt devoir que générosité.
Mais d'où vous êtes-vous attiré leur poursuite?
DON CARLOS.
Je m'étois, par malheur, écarté de ma suite;
Ils m'ont rencontré seul, et mon cheval tué
A leur infame audace a fort contribué.
Sans vous, j'étois perdu.
DON JUAN.
    Vous allez à la ville?
DON CARLOS.
Non; certains intérêts....
DON JUAN.
     Vous peut-on être utile?
DON CARLOS.
Cette offre met le comble à ce que je vous doi.
Une affaire d'honneur, très sensible pour moi,
M'oblige dans ces lieux à tenir la campagne.
DON JUAN.
Je suis à vous; souffrez que je vous accompagne.
Mais puis-je demander, sans me rendre indiscret,
Quel outrage reçu....
DON CARLOS.
    Ce n'est plus un secret;
Et je ne dois songer, dans le bruit de l'offense,
Qu'à faire promptement éclater ma vengeance.
Une sœur, qu'au couvent j'avois fait élever,
Depuis quatre ou cinq jours s'est laissée enlever.
Un don Juan Giron est l'auteur de l'injure :
Il a pris cette route, au moins on m'en assure;

Et je viens l'y chercher, sur ce que j'en ai su.

DON JUAN.

Et le connoissez-vous?

DON CARLOS.

Je ne l'ai jamais vu,
Mais j'amène avec moi des gens qui le connoissent;
Et par ses actions, telles qu'elles paroissent,
Je crois, sans passion, qu'il peut être permis....

DON JUAN.

N'en dites point de mal, il est de mes amis.

DON CARLOS.

Après un tel aveu, j'aurois tort d'en rien dire;
Mais lorsque mon honneur à la vengeance aspire,
Malgré cette amitié, j'ose espérer de vous....

DON JUAN.

Je sais ce que se doit un si juste courroux;
Et, pour vous épargner des peines inutiles,
Quels que soient vos desseins, je les rendrai faciles.
Si d'aimer don Juan je ne puis m'empêcher,
C'est sans avoir servi jamais à le cacher :
D'un enlévement fait avecque trop d'audace
Vous demandez raison, il faut qu'il vous la fasse.

DON CARLOS.

Et comment me la faire?

DON JUAN.

Il est homme de cœur :
Vous pouvez là-dessus consulter votre honneur;
Pour se battre avec vous, quand vous aurez su prendre
Le lieu, l'heure et le jour, il viendra vous attendre.
Vous répondre de lui, c'est vous en dire assez.

ACTE III, SCÈNE VI.

DON CARLOS.

Cette assurance est douce à des cœurs offensés;
Mais je vous avouerai que, vous devant la vie,
Je ne puis, sans douleur, vous voir de la partie.

DON JUAN.

Une telle amitié nous a joints jusqu'ici,
Que s'il se bat, il faut que je me batte aussi :
Notre union le veut.

DON CARLOS.

Et c'est dont je soupire.
Faut-il, quand je vous dois le jour que je respire,
Que j'aie à me venger, et qu'il vous soit permis
D'aimer le plus mortel de tous mes ennemis?

SCÈNE VII.

DON CARLOS, DON JUAN, ALONSE.

ALONSE, *à un valet.*

Fais boire nos chevaux, et que l'on nous attende.
Par où donc.... Mais, ô ciel! que ma surprise est grande!

DON CARLOS, *à Alonse.*

D'où vient qu'ainsi sur nous vos regards attachés....

ALONSE.

Voilà votre ennemi, celui que vous cherchez,
Don Juan.

DON CARLOS.

Don Juan!

DON JUAN.

Oui, je renonce à feindre;

L'avantage du nombre est peu pour m'y contraindre.
Je suis ce don Juan dont le trépas juré....

ALONSE, *à don Carlos.*

Voulez-vous....

DON CARLOS.

Arrêtez. M'étant seul égaré,
Des lâches m'ont surpris, et je lui dois la vie,
Qui par eux, sans son bras, m'auroit été ravie.
Don Juan, vous voyez, malgré tout mon courroux,
Que je vous rends le bien que j'ai reçu de vous :
Jugez par là du reste; et si de mon offense,
Pour payer un bienfait, je suspens la vengeance,
Croyez que ce délai ne fera qu'augmenter
Le vif ressentiment que j'ai fait éclater.
Je ne demande point qu'ici, sans plus attendre,
Vous preniez le parti que vous avez à prendre :
Pour m'acquitter vers vous, je veux bien vous laisser,
Quoi que vous résolviez, le loisir d'y penser.
Sur l'outrage reçu, qu'en vain on voudroit taire,
Vous savez quels moyens peuvent me satisfaire :
Il en est de sanglants, il en est de plus doux.
Voyez-les, consultez; le choix dépend de vous.
Mais enfin, quel qu'il soit, souvenez-vous, de grace,
Qu'il faut que mon affront par don Juan s'efface,
Que ce seul intérêt m'a conduit en ce lieu,
Que vous m'avez pour lui donné parole. Adieu.

ALONSE.

Quoi ! monsieur....

DON CARLOS.

Suivez-moi.

ACTE III, SCÈNE VII.

ALONSE.

Faut-il....

DON CARLOS.

Notre querelle
Se doit vider ailleurs.

SCÈNE VIII.

DON JUAN.

Holà, ho, Sganarelle!

SCÈNE IX.

DON JUAN, SGANARELLE.

SGANARELLE, *derrière le théâtre.*

Qui va là?

DON JUAN.

Viendras-tu?

SGANARELLE.

Tout-à-l'heure. Ah! c'est vous?

DON JUAN.

Coquin, quand je me bats, tu te sauves des coups!

SGANARELLE.

J'étois allé, monsieur, ici près, d'où j'arrive :
Cet habit est, je crois, de vertu purgative;
Le porter, c'est autant qu'avoir pris....

DON JUAN.

Effronté!
D'un voile honnête, au moins, couvre ta lâcheté.

SGANARELLE.

D'un vaillant homme mort la gloire se publie ;
Mais j'en fais moins de cas que d'un poltron en vie.

DON JUAN.

Sais-tu pour qui mon bras vient de s'employer?

SGANARELLE.

Non.

DON JUAN.

Pour un frère d'Elvire.

SGANARELLE.

Un frère? Tout de bon?

DON JUAN.

J'ai regret de nous voir ainsi brouillés ensemble ;
Il paroît honnête homme.

SGANARELLE.

Ah! monsieur, il me semb[le]
Qu'en rendant un peu plus de justice à sa sœur....

DON JUAN.

Ma passion pour elle est usée en mon cœur,
Et les objets nouveaux le rendent si sensible,
Qu'avec l'engagement il est incompatible.
D'ailleurs, ayant pris femme en vingt lieux différent[s]
Tu sais pour le secret les détours que je prends :
A ne point éclater, toutes je les engage ;
Et si l'une en public avoit quelque avantage,
Les autres parleroient, et tout seroit perdu.

SGANARELLE.

Vous pourriez bien alors, monsieur, être pendu.

DON JUAN.

Maraud !

ACTE III, SCÈNE IX.

SGANARELLE.

Je vous entends; il seroit plus honnête,
Pour mieux vous ennoblir, qu'on vous coupât la tête :
Mais c'est toujours mourir.

DON JUAN, *voyant un tombeau sur lequel est une statue.*

Quel ouvrage nouveau
Vois-je paroître ici?

SGANARELLE.

Bon! et c'est le tombeau
Où votre commandeur, qui pour lui le fit faire,
Grace à vous, gît plus tôt qu'il n'étoit nécessaire.

DON JUAN.

On ne m'avoit pas dit qu'il fût de ce côté.
Allons le voir.

SGANARELLE.

Pourquoi cette civilité?
Laissons-le là, monsieur; aussi bien il me semble
Que vous ne devez pas être trop bien ensemble.

DON JUAN.

C'est pour faire la paix que je cherche à le voir;
Et, s'il est galant homme, il doit nous recevoir.
Entrons.

SGANARELLE.

Ah! que ce marbre est beau! Ne lui déplaise,
Il s'est là, pour un mort, logé fort à son aise.

DON JUAN.

J'admire cette aveugle et sotte vanité.
Un homme, en son vivant, se sera contenté
D'un bâtiment fort simple; et le visionnaire
En veut un tout pompeux quand il n'en a que faire.

SGANARELLE.

Voyez-vous sa statue, et comme il tient sa main?

DON JUAN.

Parbleu! le voilà bien en empereur romain.

SGANARELLE.

Il me fait quasi peur. Quels regards il nous jette!
C'est pour nous obliger, je pense, à la retraite;
Sans doute qu'à nous voir il prend peu de plaisir.

DON JUAN.

Si de venir dîner il avoit le loisir,
Je le régalerois. De ma part, Sganarelle,
Va l'en prier.

SGANARELLE.

   Lui?

DON JUAN.

    Cours.

SGANARELLE.

      La prière est nouvelle!
Un mort! Vous moquez-vous?

DON JUAN.

       Fais ce que je t'ai dit.

SGANARELLE.

Le pauvre homme, monsieur, a perdu l'appétit.

DON JUAN.

Si tu n'y vas....

SGANARELLE.

   J'y vais.... Que faut-il que je dise?

DON JUAN.

Que je l'attends chez moi.

ACTE III, SCÈNE IX.

SGANARELLE.

Je ris de ma sottise;
Mais mon maître le veut. Monsieur le commandeur,
Don Juan voudroit bien avoir chez lui l'honneur
De vous faire un régal. Y viendrez-vous?
(*La statue baisse la tête; et Sganarelle, tombant sur les genoux, s'écrie:*)

A l'aide!

DON JUAN.

Qu'est-ce? qu'as-tu? Dis donc.

SGANARELLE.

Je suis mort, sans reméde.
La statue....

DON JUAN.

Hé bien, quoi? Que veux-tu dire?

SGANARELLE.

Hélas!
La statue....

DON JUAN.

Enfin donc, tu ne parleras pas?

SGANARELLE.

Je parle! et je vous dis, monsieur, que la statue....

DON JUAN.

Encor?

SGANARELLE.

Sa tête....

DON JUAN.

Hé bien?

SGANARELLE.

Vers moi s'est abattue.

Elle m'a fait....

DON JUAN.

Coquin!

SGANARELLE.

Si je ne vous dis vrai,
Vous pouvez lui parler, pour en faire l'essai:
Peut-être....

DON JUAN.

Viens, maraud, puisqu'il faut que j'en rie,
Viens être convaincu de ta poltronnerie:
Prends garde. Commandeur, te rendras-tu chez moi?
Je t'attends à dîner.

(*La statue baisse encore la tête.*)

SGANARELLE.

Vous en tenez, ma foi!
Voilà mes esprits forts, qui ne veulent rien croire.
Disputons à présent, j'ai gagné la victoire.

DON JUAN, *après avoir rêvé un moment.*

Allons, sortons d'ici.

SGANARELLE.

Sortons. Je vous promets,
Quand j'en serai dehors, de n'y rentrer jamais.

FIN DU TROISIÈME ACTE.

ACTE QUATRIÈME.

SCÈNE I.

DON JUAN, SGANARELLE.

DON JUAN.
Cesse de raisonner sur une bagatelle :
Un faux rapport des yeux n'est pas chose nouvelle ;
Et souvent il ne faut qu'une simple vapeur
Pour faire ce qu'en toi j'imputois à la peur.
La vue en est troublée, et je tiens ridicule...
SGANARELLE.
Quoi ! là-dessus encor vous êtes incrédule ?
Et ce que de nos yeux, de ces yeux que voilà,
Tous deux nous avons vu, vous le démentez ? Là,
Traitez-moi d'ignorant, d'impertinent, de bête,
Il n'est rien de plus vrai que ce signe de tête ;
Et je ne doute point que, pour vous convertir,
Le ciel, qui de l'enfer cherche à vous garantir,
N'ait rendu tout exprès ce dernier témoignage.
DON JUAN.
Écoute. S'il t'échappe un seul mot davantage
Sur tes moralités, je vais faire venir
Quatre hommes des plus forts, te bien faire tenir,

Afin qu'un nerf de bœuf à loisir te réponde.
M'entends-tu? dis.

SGANARELLE.

Fort bien, monsieur, le mieux du monde.
Vous vous expliquez net; c'est là ce qui me plaît.
D'autres ont des détours, qu'on ne sait ce que c'est;
Mais vous, en quatre mots vous vous faites entendre,
Vous dites tout; rien n'est si facile à comprendre.

DON JUAN.

Qu'on me fasse dîner le plus tôt qu'on pourra.
Un siége.

SCÈNE II.

DON JUAN, SGANARELLE, LA VIOLETTE.

SGANARELLE, *à La Violette.*

Va savoir quand monsieur dînera,
Dépêche.

SCÈNE III.

DON JUAN, SGANARELLE, LA VIOLETTE.

DON JUAN.

Que veut-on?

LA VIOLETTE.

C'est monsieur votre père.

SCÈNE IV.

DON JUAN, SGANARELLE.

DON JUAN.

Ah! que cette visite étoit peu nécessaire!
Quels contes de nouveau me vient-il débiter!
Qu'il a de temps à perdre!

SGANARELLE.

Il le faut écouter.

SCÈNE V.

DON LOUIS, DON JUAN, SGANARELLE.

DON LOUIS.

Ma présence vous choque, et je vois que sans peine
Vous pourriez vous passer d'un père qui vous gêne.
Tous deux, à dire vrai, par plus d'une raison,
Nous nous incommodons d'une étrange façon:
Et, si vous êtes las d'ouïr mes remontrances,
Je suis bien las aussi de vos extravagances.
Ah! que d'aveuglement, quand, raisonnant en fous,
Nous voulons que le ciel soit moins sage que nous;
Quand, sur ce qu'il connoît qui nous est nécessaire,
Nos imprudents desirs ne le laissent pas faire,
Et qu'à force de vœux nous tâchons d'obtenir
Ce qui nous est donné souvent pour nous punir!
La naissance d'un fils fut ma plus forte envie;

Mes souhaits en faisoient tout le bien de ma vie;
Et ce fils que j'obtiens est fléau rigoureux
De ces jours que par lui je croyois rendre heureux.
De quel œil, dites-moi, pensez-vous que je voie
Ces commerces honteux qui seuls font votre joie;
Ce scandaleux amas de viles actions
Qu'entassent chaque jour vos folles passions;
Ce long enchaînement de méchantes affaires
Où du prince pour vous les graces nécessaires
Ont épuisé déja tout ce qu'auprès de lui
Mes services pouvoient m'avoir acquis d'appui?
Ah! fils, indigne fils, quelle est votre bassesse
D'avoir de vos aïeux démenti la noblesse;
D'avoir osé ternir, par tant de lâchetés,
Le glorieux éclat du sang dont vous sortez,
De ce sang que l'histoire en mille endroits renomme!
Et qu'avez-vous donc fait pour être gentilhomme?
Si ce titre ne peut vous être contesté,
Pensez-vous avoir droit d'en tirer vanité,
Et qu'il ait rien en vous qui puisse être estimable,
Quand vos dérèglements l'y rendent méprisable?
Non, non, de nos aïeux on a beau faire cas,
La naissance n'est rien où la vertu n'est pas;
Aussi ne pouvons-nous avoir part à leur gloire,
Qu'autant que nous faisons honneur à leur mémoire.
L'éclat que leur conduite a répandu sur nous
Des mêmes sentiments nous doit rendre jaloux;
C'est un engagement dont rien ne nous dispense
De marcher sur les pas qu'a tracés leur prudence,
D'être à les imiter attachés, prompts, ardents,

Si nous voulons passer pour leurs vrais descendants.
Ainsi de ces héros que nos histoires louent
Vous descendez en vain, lorsqu'ils vous désavouent,
Et que ce qu'ils ont fait et d'illustre et de grand
N'a pu de votre cœur leur être un sûr garant.
Loin d'être de leur sang, loin que l'on vous en compte,
L'éclat n'en rejaillit sur vous qu'à votre honte;
Et c'est comme un flambeau, qui devant vous porté,
Fait de vos actions mieux voir l'indignité.
Enfin, si la noblesse est un précieux titre,
Sachez que la vertu doit en être l'arbitre;
Qu'il n'est point de grands noms qui, sans elle obscurcis...

DON JUAN.

Monsieur, vous seriez mieux si vous parliez assis.

DON LOUIS.

Je ne veux pas m'asseoir, insolent. J'ai beau dire,
Ma remontrance est vaine, et tu n'en fais que rire.
C'est trop : si jusqu'ici, dans mon cœur, malgré moi,
La tendresse de père a combattu pour toi,
Je l'étouffe; aussi bien il est temps que j'efface
La honte de te voir déshonorer ma race;
Et qu'arrêtant le cours de tes dérèglements
Je prévienne du ciel les justes châtiments :
J'en mourrai, mais je dois mon bras à sa colère.

SCÈNE VI.

DON JUAN, SGANARELLE.

DON JUAN.
Mourez quand vous voudrez, il ne m'importe guère.
Ah! que sur ce jargon, qu'à toute heure j'entends,
Les pères sont fâcheux qui vivent trop long-temps!
SGANARELLE.
Monsieur....
DON JUAN.
Quelle sottise à moi, quand je l'écoute!
SGANARELLE.
Vous avez tort.
DON JUAN.
J'ai tort?
SGANARELLE.
Eh!
DON JUAN.
J'ai tort?
SGANARELLE.
Oui, sans doute.
Vous avez très grand tort de l'avoir écouté
Avec tant de douceur et tant d'honnêteté.
Le chassant au milieu de sa sotte harangue,
Vous lui deviez apprendre à mieux régler sa langue.
A-t-on jamais rien vu de plus impertinent?
Un père contre un fils faire l'entreprenant!
Lui venir dire au nez que l'honneur le convie

A mener dans le monde une louable vie!
Le faire souvenir qu'étant d'un noble sang
Il ne devroit rien faire indigne de son rang!
Les beaux enseignements! C'est bien ce que doit suivre
Un homme tel que vous, qui sait comme il faut vivre!
De votre patience on se doit étonner.
Pour moi, je vous l'aurois envoyé promener.

SCÈNE VII.

DON JUAN, SGANARELLE, LA VIOLETTE.

LA VIOLETTE.

Votre marchand est là, monsieur.

DON JUAN.

Qui?

LA VIOLETTE.

Ce grand homme....
Monsieur Dimanche.

SGANARELLE.

Peste! un créancier assomme.
De quoi s'avise-t-il d'être si diligent
A venir chez les gens demander de l'argent?
Que ne lui disois-tu que monsieur dîne en ville?

LA VIOLETTE.

Vraiment oui! c'est un homme à croire bien facile.
Malgré ce que j'ai dit, il a voulu s'asseoir
Là-dedans pour l'attendre.

SGANARELLE.

Hé bien, jusques au soir

Qu'il y demeure.

DON JUAN.

Non, fais qu'il entre, au contraire.

SCÈNE VIII.

DON JUAN, SGANARELLE.

DON JUAN.

Je ne tarderai pas long-temps à m'en défaire.
Lorsque des créanciers cherchent à nous parler,
Je trouve qu'il est mal de se faire celer.
Leurs visites ayant une fort juste cause,
Il les faut, tout au moins, payer de quelque chose :
Et, sans leur rien donner, je ne manque jamais
A les faire de moi retourner satisfaits.

SCÈNE IX.

DON JUAN, M. DIMANCHE, SGANARELLE.

DON JUAN.

Bonjour, monsieur Dimanche. Eh! que ce m'est de joie
De pouvoir.... Ne souffrez jamais qu'on vous renvoie.
J'ai bien grondé mes gens, qui, sans doute, ont eu tort
De n'avoir pas voulu vous faire entrer d'abord.
Ils ont ordre aujourd'hui de n'ouvrir à personne ;
Mais ce n'est pas pour vous que cet ordre se donne,
Et vous êtes en droit, quand vous venez chez moi,
De n'y trouver jamais rien de fermé.

M. DIMANCHE.

Je croi,
Monsieur, qu'il....

DON JUAN.

Les coquins! Voyez, laisser attendre
Monsieur Dimanche seul! Oh! je leur veux apprendre
A connoître les gens.

M. DIMANCHE.

Cela n'est rien.

DON JUAN.

Comment!
Quand je suis dans ma chambre, oser effrontément
Dire à monsieur Dimanche, au meilleur....

M. DIMANCHE.

Sans colère,
Monsieur; une autre fois ils craindront de le faire.
J'étois venu....

DON JUAN.

Jamais ils ne font autrement.
Çà, pour monsieur Dimanche un siége promptement.

M. DIMANCHE.

Je suis dans mon devoir.

DON JUAN.

Debout! Que je l'endure?
Non, vous serez assis.

M. DIMANCHE.

Monsieur, je vous conjure....

DON JUAN.

Apportez. Je vous aime, et je vous vois d'un œil....
Otez-moi ce pliant, et donnez un fauteuil.

M. DIMANCHE.

Je n'ai garde, monsieur, de....

DON JUAN.

Je le dis encore,
Au point que je vous aime et que je vous honore,
Je ne souffrirai point qu'on mette entre nous deux
Aucune différence.

M. DIMANCHE.

Ah monsieur!

DON JUAN.

Je le veux.
Allons, asseyez-vous.

M. DIMANCHE.

Comme le temps empire....

DON JUAN.

Mettez-vous là.

M. DIMANCHE.

Monsieur, je n'ai qu'un mot à dire.
J'étois....

DON JUAN.

Mettez-vous là, vous dis-je.

M. DIMANCHE.

Je suis bien.

DON JUAN.

Non, si vous n'êtes là, je n'écouterai rien.

M. DIMANCHE, *s'asseyant dans un fauteuil.*

C'est pour vous obéir. Sans le besoin extrême....

DON JUAN.

Parbleu! monsieur Dimanche, avouez-le vous même,
Vous vous portez bien.

ACTE IV, SCÈNE IX.

M. DIMANCHE.

Oui, mieux depuis quelques mois,
Que je n'avois pas fait. Je suis....

DON JUAN.

Plus je vous vois,
Plus j'admire sur vous certain vif qui s'épanche.
Quel teint !

M. DIMANCHE.

Je viens, monsieur....

DON JUAN.

Et madame Dimanche,
Comment se porte-t-elle?

M. DIMANCHE.

Assez bien, Dieu merci.
Je viens vous....

DON JUAN.

Du ménage elle a tout le souci.
C'est une brave femme.

M. DIMANCHE.

Elle est votre servante.
J'étois....

DON JUAN.

Elle a bien lieu d'avoir l'ame contente.
Que ses enfants sont beaux! La petite Louison,
Hé?

M. DIMANCHE.

C'est l'enfant gâté, monsieur, de la maison.
Je....

DON JUAN.

Rien n'est si joli.

M. DIMANCHE.

Monsieur, je....

DON JUAN.

Que je l'aime!
Et le petit Colin, est-il encor de même?
Fait-il toujours grand bruit avecque son tambour?

M. DIMANCHE.

Oui, monsieur, on en est étourdi tout le jour.
Je venois....

DON JUAN.

Et Brusquet, est-ce à son ordinaire?
L'aimable petit chien pour ne pouvoir se taire!
Mord-il toujours les gens aux jambes?

M. DIMANCHE.

A ravir.
C'est pis que ce n'étoit; nous n'en saurions chevir:
Et quand il ne voit pas notre petite fille....

DON JUAN.

Je prends tant d'intérêt à toute la famille,
Qu'on doit peu s'étonner si je m'informe ainsi
De tout l'un après l'autre.

M. DIMANCHE.

Oh! je vous compte aussi
Parmi ceux qui nous font....

DON JUAN.

Allons donc, je vous prie,
Touchez, monsieur Dimanche.

M. DIMANCHE.

Ah!

DON JUAN.

Mais, sans raillerie,
M'aimez-vous un peu? Là.

M. DIMANCHE.

Très humble serviteur.

DON JUAN.

Parbleu! je suis à vous aussi de tout mon cœur.

M. DIMANCHE.

Vous me rendez confus. Je....

DON JUAN.

Pour votre service,
Il n'est rien qu'avec joie en tout temps je ne fisse.

M. DIMANCHE.

C'est trop d'honneur pour moi; mais, monsieur, s'il vous plaît,
Je viens pour....

DON JUAN.

Et cela, sans aucun intérêt;
Croyez-le.

M. DIMANCHE.

Je n'ai point mérité cette grace.
Mais....

DON JUAN.

Servir mes amis n'a rien qui m'embarrasse.

M. DIMANCHE.

Si vous....

DON JUAN.

Monsieur Dimanche, ho çà, de bonne foi,
Vous n'avez point dîné; dînez avecque moi.
Vous voilà tout porté.

M. DIMANCHE.

Non, monsieur, une affaire
Me rappelle chez nous, et m'y rend nécessaire.

DON JUAN, *se levant.*

Vite, allons, ma calèche.

M. DIMANCHE.

Ah! c'est trop de moitié.

DON JUAN.

Dépêchons.

M. DIMANCHE.

Non, monsieur.

DON JUAN.

Vous n'irez point à pié.

M. DIMANCHE.

Monsieur, j'y vais toujours.

DON JUAN.

La résistance est vaine.
Vous m'êtes venu voir, je veux qu'on vous remène.

M. DIMANCHE.

J'avois là....

DON JUAN.

Tenez-moi pour votre serviteur.

M. DIMANCHE.

Je voulois....

DON JUAN.

Je le suis, et votre débiteur.

M. DIMANCHE.

Ah! monsieur!

DON JUAN.

Je n'en fais un secret à personne;

ACTE IV, SCÈNE IX.

Et de ce que je dois j'ai la mémoire bonne.

M. DIMANCHE.

Si vous me....

DON JUAN.

Voulez-vous que je descende en bas,
Que je vous reconduise ?

M. DIMANCHE.

Ah ! je ne le vaux pas.

Mais....

DON JUAN.

Embrassez-moi donc ; c'est d'une amitié pure
Qu'une seconde fois ici je vous conjure
D'être persuadé qu'envers et contre tous
Il n'est rien qu'au besoin je ne fisse pour vous.

SCÈNE X.

M. DIMANCHE, SGANARELLE.

SGANARELLE.

Vous avez en monsieur un ami véritable,
Un.....

M. DIMANCHE.

De civilités il est vrai qu'il m'accable,
Et j'en suis si confus, que je ne sais comment
Lui pouvoir demander ce qu'il me doit.

SGANARELLE.

Vraiment,
Quand on parle de vous, il ne faut que l'entendre !
Comme lui tous ses gens ont pour vous le cœur tendre ;

Et pour vous le montrer, ah! que ne vous vient-on
Donner quelque nasarde, ou des coups de bâton!
Vous verriez de quel air....

M. DIMANCHE.

Je le crois, Sganarelle;
Mais, pour lui, mille écus sont une bagatelle;
Et deux mots dits par vous....

SGANARELLE.

Allez, ne craignez rien;
Vous en dût-il vingt mille, il vous les paieroit bien.

M. DIMANCHE.

Mais vous, vous me devez aussi, pour votre compte....

SGANARELLE.

Fi! parler de cela! N'avez-vous point de honte?

M. DIMANCHE.

Comment?

SGANARELLE.

Ne sais-je pas que je vous dois?

M. DIMANCHE.

Si tous....

SGANARELLE.

Allez, monsieur Dimanche, on vous attend chez vous.

M. DIMANCHE.

Mais mon argent?

SGANARELLE.

Hé bien, je dois: qui doit s'oblige.

M. DIMANCHE.

Je veux....

SGANARELLE.

Ah!

M. DIMANCHE.

J'entends....

SGANARELLE.

Bon!

M. DIMANCHE.

Mais....

SGANARELLE.

Fi!

M. DIMANCHE.

Je....

SGANARELLE.

Fi! vous dis-je.

SCÈNE XI.

DON JUAN, SGANARELLE.

SGANARELLE.

Nous en voilà défaits.

DON JUAN.

Et fort civilement.
A-t-il lieu de s'en plaindre?

SGANARELLE.

Il auroit tort. Comment!

DON JUAN.

N'ai-je pas....

SGANARELLE.

Ceux qui font les fautes, qu'ils les boivent.
Est-ce aux gens comme vous à payer ce qu'ils doivent?

DON JUAN.

Qu'on sache si bientôt le dîner sera prêt.

SCÈNE XII.

ELVIRE, DON JUAN, SGANARELLE.

DON JUAN.

Quoi! vous encor, madame! En deux mots, s'il vous plaît,
J'ai hâte.

ELVIRE.

Dans l'ennui dont mon ame est atteinte,
Vous craignez ma douleur; mais perdez cette crainte.
Je ne viens pas ici pleine de ce courroux
Que je n'ai que trop fait éclater devant vous.
Par un premier hymen une autre vous possède;
On m'a tout éclairci : c'est un mal sans remède;
Et je me ferois tort de vouloir disputer
Ce que contre les lois je ne puis emporter.
J'ai sans doute à rougir, malgré mon innocence,
D'avoir cru mon amour avec tant d'imprudence,
Qu'en vous donnant la main j'ai reçu votre foi,
Sans voir si vous étiez en pouvoir d'être à moi.
Ce dessein avoit beau me sembler téméraire,
Je cherchois le secret par la crainte d'un frère;
Et le tendre penchant qui me fit tout oser,
Sur vos serments trompeurs servit à m'abuser.
Le crime est pour vous seul, puisque, enfin éclaircie,
Je songe à satisfaire à ma gloire noircie,
Et que, ne vous pouvant conserver pour époux,

ACTE IV, SCÈNE XII.

J'éteins la folle ardeur qui m'attachoit à vous.
Non qu'un juste remords l'étouffe dans mon ame
Jusques à n'y laisser aucun reste de flamme :
Mais ce reste n'est plus qu'un amour épuré ;
C'est un feu dont pour vous mon cœur est éclairé,
Un feu purgé de tout, une sainte tendresse,
Qu'au commerce des sens nul desir n'intéresse,
Qui n'agit que pour vous.

SCANARELLE.

Ah !

DON JUAN.

Tu pleures, je croi ;
Ton cœur est attendri.

SCANARELLE.

Monsieur, pardonnez-moi.

ELVIRE.

C'est ce parfait amour qui m'engage à vous dire
Ce qu'aujourd'hui le ciel pour votre bien m'inspire,
Le ciel dont la bonté cherche à vous secourir,
Prêt à choir dans l'abyme où je vous vois courir.
Oui, don Juan, je sais par quel amas de crimes
Vos peines, qu'il résout, lui semblent légitimes ;
Et je viens, de sa part, vous dire que pour vous
Sa clémence a fait place à son juste courroux ;
Que, las de vous attendre, il tient la foudre prête,
Qui, depuis si long-temps, menace votre tête ;
Qu'il est encore en vous, par un prompt repentir,
De trouver les moyens de vous en garantir ;
Et que, pour éviter un malheur si funeste,
Ce jour, ce jour peut-être est le seul qui vous reste.

SGANARELLE.

Monsieur!

ELVIRE.

Pour moi, qui sors de mon aveuglement,
Je n'ai plus pour la terre aucun attachement :
Ma retraite est conclue ; et c'est là que sans cesse
Mes larmes tâcheront d'effacer ma foiblesse.
Heureuse si je puis, par mon austérité,
Obtenir le pardon de ma crédulité !
Mais dans cette retraite, où l'on meurt à soi-même,
J'aurois, je vous l'avoue, une douleur extrême
Qu'un homme à qui j'ai cru pouvoir innocemment
De mes plus tendres vœux donner l'empressement,
Devînt, par un revers aux méchants redoutable,
Des vengeances du ciel l'exemple épouvantable.

SGANARELLE.

Monsieur, encore un coup...

ELVIRE.

De grace, accordez-moi
Ce que doit mériter l'état où je me voi.
Votre salut fait seul mes plus fortes alarmes :
Ne le refusez point à mes vœux, à mes larmes ;
Et, si votre intérêt ne vous sauroit toucher,
Au crime, en ma faveur, daignez vous arracher,
Et m'épargner l'ennui d'avoir pour vous à craindre
Le courroux que jamais le ciel ne laisse éteindre.

SGANARELLE.

La pauvre femme !

ELVIRE.

Enfin, si le faux nom d'époux

M'a fait tout oublier pour vivre tout à vous;
Si je vous ai fait voir la plus forte tendresse
Qui jamais d'un cœur noble ait été la maîtresse,
Tout le prix que j'en veux c'est de vous voir songer
Au bonheur que pour vous je tâche à ménager.
SGANARELLE.
Cœur de tigre!
ELVIRE.
Voyez que tout est périssable;
Examinez la peine infaillible au coupable;
Et de votre salut faites-vous une loi,
Ou pour l'amour de vous, ou pour l'amour de moi.
C'est à ce but qu'il faut que tous vos desirs tendent,
Et ce que de nouveau mes larmes vous demandent.
Si ces larmes sont peu, j'ose vous en presser
Par tout ce qui jamais vous put intéresser.
Après cette prière, adieu, je me retire.
Songez à vous : c'est tout ce que j'avois à dire.
DON JUAN.
J'ai fort prêté l'oreille à ce pieux discours,
Madame; avecque moi demeurez quelques jours :
Peut-être, en me parlant, vous me toucherez l'ame.
ELVIRE.
Demeurer avec vous, n'étant point votre femme!
Je vous ai découvert de grandes vérités,
Don Juan; craignez tout, si vous n'en profitez.

SCÈNE XIII.

DON JUAN, SGANARELLE, suite.

SGANARELLE.

La laisser partir sans...

DON JUAN.

Sais-tu bien, Sganarelle,
Que mon cœur s'est encor presque senti pour elle?
Ses larmes, son chagrin, sa résolution,
Tout cela m'a fait naître un peu d'émotion.
Dans son air languissant je l'ai trouvée aimable.

SGANARELLE.

Et tout ce qu'elle a dit n'a point été capable...

DON JUAN.

Vite, à dîner.

SGANARELLE.

Fort bien.

DON JUAN.

Pourquoi me regarder?
Va, va, je vais bientôt songer à m'amender.

SGANARELLE.

Ma foi! n'en riez point; rien n'est si nécessaire
Que de se convertir..

DON JUAN.

C'est ce que je veux faire.
Encor vingt ou trente ans des plaisirs les plus doux,
Toujours en joie; et puis nous penserons à nous.

ACTE IV, SCÈNE XIII.

SGANARELLE.

Voilà des libertins l'ordinaire langage;
Mais la mort...

DON JUAN.

Hem?

SGANARELLE.

Qu'on serve. Ah! bon! monsieur, courage!
Grande chère, tandis que nous nous portons bien.
(*Il prend un morceau dans un des plats qu'on apporte,
et le met dans sa bouche.*)

DON JUAN.

Quelle enflure est-ce là? Parle, dis, qu'as-tu?

SGANARELLE.

Rien.

DON JUAN.

Attends, montre. Sa joue est toute contrefaite:
C'est une fluxion; qu'on cherche une lancette.
Le pauvre garçon! Vite: il le faut secourir.
Si cet abcès rentroit, il en pourroit mourir.
Qu'on le perce; il est mûr. Ah! coquin que vous êtes,
Vous osez donc...

SGANARELLE.

Ma foi, sans chercher de défaites,
Je voulois voir, monsieur, si votre cuisinier
N'avoit point trop poivré ce ragoût: le dernier
L'étoit en diable; aussi vous n'en mangeâtes guère.

DON JUAN.

Puisque la faim te presse, il faut la satisfaire.
Fais-toi donner un siége, et mange avecque moi;

Aussi bien, cela fait, j'aurai besoin de toi.
Mets-toi là.

SGANARELLE, *prenant un siège.*

Volontiers, j'y tiendrai bien ma place.

DON JUAN.

Mange donc.

SGANARELLE.

Vous serez content. De votre grace,
Vous m'avez fait partir sans déjeûner; ainsi
J'ai l'appétit, monsieur, bien ouvert, Dieu merci.

DON JUAN.

Je le vois.

SGANARELLE.

Quand j'ai faim, je mange comme trente.
Tâtez-moi de cela, la sauce est excellente.
Si j'avois ce chapon, je le ménerois loin.
(*à La Violette qui lui veut donner une assiette blanche.*)
Tout doux, petit compère, il n'en est pas besoin;
Rengaînez. Vertubleu! pour lever les assiettes,
Vous êtes bien soigneux d'en présenter de nettes.
Et vous, monsieur Picard, trêve de compliment :
Je n'ai point encor soif.

DON JUAN.

Va, dîne posément.

SGANARELLE.

C'est bien dit.

DON JUAN.

Chante-moi quelque chanson à boire.

SGANARELLE.

Bientôt, monsieur; laissons travailler la mâchoire.

Quand j'aurai dit trois mots à chacun de ces plats....
(*La statue du Commandeur, en dehors, frappe à la porte.*)
Qui diable frappe ainsi?

DON JUAN, *à un laquais.*

Dis que je n'y suis pas.

SGANARELLE.

Attendez, j'aime mieux l'aller dire moi-même.
(*Il va, ouvre la porte, et revient précipitamment en donnant les signes du plus grand effroi.*)
Ah, monsieur!

DON JUAN.

D'où te vient cette frayeur extrême?

SGANARELLE, *baissant la tête.*

C'est le....

DON JUAN.

Quoi?

SGANARELLE.

Je suis mort.

DON JUAN.

Veux-tu pas t'expliquer?

SGANARELLE.

Du faiseur de.... tantôt vous pensiez vous moquer :
Avancez, il est là; c'est lui qui vous demande.

DON JUAN.

Allons le recevoir.

SGANARELLE.

Si j'y vais, qu'on me pende.

DON JUAN.

Quoi! d'un rien ton courage est si tôt abattu!

SGANARELLE.

Ah! pauvre Sganarelle, où te cacheras-tu?

SCÈNE XIV.

DON JUAN, LA STATUE DU COMMANDEUR,
SGANARELLE, SUITE.

DON JUAN, *à sa suite.*
(*au Commandeur.*)
Une chaise, un couvert. Je te suis redevable
(*à Sganarelle.*)
D'être si ponctuel. Viens te remettre à table.

SGANARELLE.

J'ai mangé comme un chancre, et je n'ai plus de faim.

DON JUAN, *au Commandeur.*

Si de t'avoir ici j'eusse été plus certain,
Un repas mieux réglé t'auroit marqué mon zèle.
A boire. A ta santé, Commandeur. Sganarelle,
Je te la porte. Allons, qu'on lui donne du vin.
Bois.

SGANARELLE.

Je ne bois jamais quand il est si matin.

DON JUAN.

Chante; le Commandeur te voudra bien entendre.

SGANARELLE.

Je suis trop enrhumé.

LA STATUE.

Laisse-le s'en défendre.
C'en est assez, je suis content de ton repas.

ACTE IV, SCÈNE XIV.

Le temps fuit, la mort vient, et tu n'y penses pas.

DON JUAN.

Ces avertissements me sont peu nécessaires.
Chantons; une autre fois nous parlerons d'affaires.

LA STATUE.

Peut-être une autre fois tu le voudras trop tard :
Mais, puisque tu veux bien en courir le hasard,
Dans mon tombeau, ce soir, à souper je t'engage.
Promets-moi d'y venir; auras-tu ce courage?

DON JUAN.

Oui; Sganarelle et moi, nous irons.

SGANARELLE.

Moi! non pas.

DON JUAN.

Poltron!

SGANARELLE.

Jamais par jour je ne fais qu'un repas.

LA STATUE.

Adieu.

DON JUAN.

Jusqu'à ce soir.

LA STATUE.

Je t'attends.

SCÈNE XV.

DON JUAN, SGANARELLE, SUITE.

SGANARELLE.

Misérable!

Où me veut-il mener?
DON JUAN.
J'irai, fût-ce le diable.
Je veux voir comme on est régalé chez les morts.
SCANARELLE.
Pour cent coups de bâton que n'en suis-je dehors!

FIN DU QUATRIÈME ACTE.

ACTE CINQUIÈME.

SCÈNE I.

DON LOUIS, DON JUAN, SGANARELLE.

DON LOUIS.
Ne m'abusez-vous point? et seroit-il possible
Que votre cœur, ce cœur si long-temps inflexible,
Si long-temps en aveugle au crime abandonné,
Eût rompu les liens dont il fut enchaîné?
Qu'un pareil changement me va causer de joie!
Mais, encore une fois, faut-il que je le croie?
Et se peut-il qu'enfin le ciel m'ait accordé
Ce qu'avec tant d'ardeur j'ai toujours demandé?

DON JUAN.
Oui, monsieur; ce retour dont j'étois si peu digne,
Nous est de ses bontés un témoignage insigne.
Je ne suis plus ce fils dont les lâches desirs
N'eurent pour seul objet que d'infames plaisirs;
Le ciel, dont la clémence est pour moi sans seconde,
M'a fait voir tout-à-coup les vains abus du monde;
Tout-à-coup de sa voix l'attrait victorieux
A pénétré mon ame et dessillé mes yeux;
Et je vois, par l'effet dont sa grace est suivie,
Avec autant d'horreur les taches de ma vie,

Que j'eus d'emportement pour tout ce que mes sens
Trouvoient à me flatter d'appas éblouissants.
Quand j'ose rappeler l'excès abominable
Des désordres honteux dont je me sens coupable,
Je frémis, et m'étonne, en m'y voyant courir,
Comme le ciel a pu si long-temps me souffrir;
Comme cent et cent fois il n'a pas sur ma tête
Lancé l'affreux carreau qu'aux méchants il apprête.
L'amour, qui tint pour moi son courroux suspendu,
M'apprend à ses bontés quel sacrifice est dû.
Il l'attend, et ne veut que ce cœur infidèle,
Ce cœur jusqu'à ce jour à ses ordres rebelle.
Enfin, et vos soupirs l'ont sans doute obtenu,
De mes égarements me voilà revenu.
Plus de remise. Il faut qu'aux yeux de tout le monde
A mes folles erreurs mon repentir réponde;
Que j'efface, en changeant mes criminels desirs,
L'empressement fatal que j'eus pour les plaisirs,
Et tâche à réparer, par une ardeur égale,
Ce que mes passions ont causé de scandale.
C'est à quoi tous mes vœux aujourd'hui sont portés;
Et je devrai beaucoup, monsieur, à vos bontés,
Si, dans le changement où ce retour m'engage,
Vous me daignez choisir quelque saint personnage
Qui, me servant de guide, ait soin de me montrer
A bien suivre la route où je m'en vais entrer.

DON LOUIS.

Ah! qu'aisément un fils trouve le cœur d'un père
Prêt, au moindre remords, à calmer sa colère!
Quels que soient les chagrins que par vous j'ai reçus,

ACTE V, SCÈNE I.

Vous vous en repentez, je ne m'en souviens plus.
Tout vous porte à gagner cette grande victoire;
L'intérêt du salut, celui de votre gloire.
Combattez, et sur-tout ne vous relâchez pas.
Mais, dans cette campagne, où s'adressent vos pas?
J'ai sorti de la ville exprès pour une affaire
Où dès hier ma présence étoit fort nécessaire,
Et j'ai voulu marcher un moment au retour;
Mon carrosse m'attend à ce premier détour:
Venez.

DON JUAN.

Non; aujourd'hui souffrez-moi l'avantage
D'un peu de solitude au prochain ermitage.
C'est là que, retiré, loin du monde et du bruit,
Pour m'offrir mieux au ciel, je veux passer la nuit.
Ma peine y finira. Tout ce qui m'en peut faire
Dans ce détachement qui m'est si nécessaire,
C'est que, pour mes plaisirs, je me suis fait prêter
Des sommes que je suis hors d'état d'acquitter.
Faute de rendre, il est des gens qui me maudissent,
Qui font....

DON LOUIS.

Que là-dessus vos scrupules finissent.
Je paierai tout, mon fils, et prétends de mon bien
Vous donner....

DON JUAN.

Ah! pour moi je ne demande rien :
Pourvu que par mes pleurs mes fautes réparées....

DON LOUIS.

O consolations! douceurs inespérées!

Tous mes vœux sont enfin heureusement remplis;
Grace aux bontés du ciel, j'ai retrouvé mon fils,
Il se rend à la voix qui vers lui le rappelle.
Je cours à votre mère en porter la nouvelle.
Adieu, prenez courage; et, si vous persistez,
N'attendez plus que joie et que prospérités.

SCÈNE II.

DON JUAN, SGANARELLE.

SGANARELLE, *en pleurant.*

Monsieur?....

DON JUAN.

Qu'est-ce?

SGANARELLE.

Ah!

DON JUAN.

Comment! tu pleures?

SGANARELLE.

C'est de joie
De vous voir embrasser enfin la bonne voie :
Jamais encor, je crois, je n'en ai tant senti.
Ah! quel plaisir ce m'est de vous voir converti!
Le ciel a bien pour vous exaucé mon envie.
Franchement, vous meniez une diable de vie.
Mais, à tout pécheur grace, il n'en faut plus parler.
L'ermitage est-il loin où vous voulez aller?

DON JUAN.

Hé?

ACTE V, SCÈNE II.

SGANARELLE.
Seroit-ce là-bas, vers cet endroit sauvage?
DON JUAN.
Peste soit du benêt avec son ermitage!
SGANARELLE.
Pourquoi? Frère Pacôme est un homme de bien;
Et je crois qu'avec lui vous ne perdriez rien.
DON JUAN.
Parbleu! tu me ravis! Quoi! tu me crois sincère
Dans un conte forgé pour attraper mon père!
SGANARELLE.
Comment! vous ne... Monsieur, c'est... Où donc allons-nous?
DON JUAN.
La belle de tantôt m'a donné rendez-vous.
Voici l'heure, et j'y vais; c'est là mon ermitage.
SGANARELLE.
La retraite sera méritoire. Ah! j'enrage.
DON JUAN.
Elle est jolie, oui.
SGANARELLE.
Mais l'aller chercher si loin?
DON JUAN.
Elle m'a touché l'ame; et, s'il étoit besoin,
Pour ne la manquer pas, j'irois jusques à Rome.
SGANARELLE.
Belle conversion! Ah! quel homme! quel homme!
Vous l'attendrez en vain, elle ne viendra pas.
DON JUAN.
Je crois qu'elle viendra, moi.

SGANARELLE.

Tant pis.

DON JUAN.

En tout cas,
Ma peine au rendez-vous ne sera point perdue :
C'est où du Commandeur on a mis la statue ;
Il nous a conviés à souper : on verra
Comment, s'il nous reçoit, il s'en acquittera.

SGANARELLE.

Souper avec un mort tué par vous ?

DON JUAN.

N'importe ;
J'ai promis : sur la peur ma promesse l'emporte.

SGANARELLE.

Et si la belle vient, et se laisse emmener?

DON JUAN.

Oh! ma foi, la statue ira se promener :
Je préfère à tout mort une jeune vivante.

SGANARELLE.

Mais voir une statue et mouvante et parlante,
N'est-ce pas....

DON JUAN.

Il est vrai, c'est quelque chose ; en vain
Je ferois là-dessus un jugement certain :
Pour ne s'y point méprendre, il en faut voir la suite.
Cependant, si j'ai feint de changer de conduite,
Si j'ai dit que j'allois me déchirer le cœur,
D'une vie exemplaire embrasser la rigueur,
C'est un pur stratagème, un ressort nécessaire,
Par où ma politique, éblouissant mon père,

Me va mettre à couvert de divers embarras
Dont, sans lui, mes amis ne me tireroient pas.
Si l'on m'en inquiète, il obtiendra ma grace.
Tu vois comme déja ma première grimace
L'a porté de lui-même à se vouloir charger
Des dettes dont par lui je me vais dégager.

SGANARELLE.

Mais, n'étant point dévot, par quelle effronterie
De la dévotion faire une momerie?

DON JUAN.

Il est des gens de bien, et vraiment vertueux;
Tout méchant que je suis, j'ai du respect pour eux :
Mais si l'on n'en peut trop élever les mérites,
Parmi ces gens de bien il est mille hypocrites
Qui ne se contrefont que pour en profiter;
Et pour mes intérêts je veux les imiter.

SGANARELLE.

Ah! quel homme! quel homme!

DON JUAN.

Il n'est rien si commode,
Vois-tu? L'hypocrisie est un vice à la mode;
Et quand de ses couleurs un vice est revêtu,
Sous l'appui de la mode, il passe pour vertu.
Sur tout ce qu'à jouer il est de personnages,
Celui d'homme de bien a de grands avantages :
C'est un art grimacier, dont les détours flatteurs
Cachent sous un beau voile un amas d'imposteurs.
On a beau découvrir que ce n'est qu'un faux zèle,
L'imposture est reçue, on ne peut rien contre elle :
La censure voudroit y mordre vainement.

Contre tout autre vice on parle hautement,
Chacun a liberté d'en faire voir le piége :
Mais, pour l'hypocrisie, elle a son privilége,
Qui, sous le masque adroit d'un visage emprunté,
Lui fait tout entreprendre avec impunité.
Flattant ceux du parti, plus qu'aucun redoutable,
On se fait d'un grand corps le membre inséparable :
C'est alors qu'on est sûr de ne succomber pas.
Quiconque en blesse l'un, les a tous sur les bras;
Et ceux même qu'on sait que le ciel seul occupe,
Des singes de leurs mœurs sont l'ordinaire dupe :
A quoi que leur malice ait pu se dispenser,
Leur appui leur est sûr, s'ils l'ont vu grimacer.
Ah! combien j'en connois qui, par ce stratagème,
Après avoir vécu dans un désordre extrême,
S'armant du bouclier de la religion,
Ont rhabillé sans bruit leur dépravation,
Et pris droit, au milieu de tout ce que nous sommes,
D'être sous ce manteau les plus méchants des hommes!
On a beau les connoître, et savoir ce qu'ils sont,
Trouver lieu de scandale aux intrigues qu'ils ont,
Toujours même crédit : un maintien doux, honnête,
Quelques roulements d'yeux, des baissements de tête,
Trois ou quatre soupirs mêlés dans un discours,
Sont, pour tout rajuster, d'un merveilleux secours.
C'est sous un tel abri qu'assurant mes affaires,
Je veux de mes censeurs duper les plus sévères :
Je ne quitterai point mes pratiques d'amour,
J'aurai soin seulement d'éviter le grand jour,
Et saurai, ne voyant en public que des prudes,

ACTE V, SCÈNE II.

Garder à petit bruit mes douces habitudes.
Si je suis découvert dans mes plaisirs secrets,
Tout le corps en chaleur prendra mes intérêts;
Et, sans me remuer, je verrai la cabale
Me mettre hautement à couvert du scandale.
C'est là le vrai moyen d'oser impunément
Permettre à mes desirs un plein emportement :
Des actions d'autrui je ferai le critique,
Médirai saintement, et, d'un ton pacifique
Applaudissant à tout ce qui sera blâmé,
Ne croirai que moi seul digne d'être estimé.
S'il faut que d'intérêt quelque affaire se passe,
Fût-ce veuve, orphelin, point d'accord, point de grace;
Et, pour peu qu'on me choque, ardent à me venger,
Jamais rien au pardon ne pourra m'obliger.
J'aurai tout doucement le zèle charitable
De nourrir une haine irréconciliable;
Et quand on me viendra porter à la douceur,
Des intérêts du ciel je ferai le vengeur :
Le prenant pour garant du soin de sa querelle,
J'appuierai de mon cœur la malice infidèle;
Et, selon qu'on m'aura plus ou moins respecté,
Je damnerai les gens de mon autorité.
C'est ainsi que l'on peut, dans le siècle où nous sommes,
Profiter sagement des foiblesses des hommes,
Et qu'un esprit bien fait, s'il craint les mécontents,
Se doit accommoder aux vices de son temps.

SGANARELLE.

Qu'entends-je? C'en est fait, monsieur, et je le quitte;
Il ne vous manquoit plus que vous faire hypocrite :

Vous êtes de tout point achevé, je le voi.
Assommez-moi de coups, percez-moi, tuez-moi,
Il faut que je vous parle, il faut que je vous dise :
« Tant va la cruche à l'eau, qu'enfin elle se brise : »
Et, comme dit fort bien en moindre ou pareil cas
Un auteur renommé que je ne connois pas,
Un oiseau sur la branche est proprement l'exemple
De l'homme qu'en pécheur ici-bas je contemple.
La branche est attachée à l'arbre, qui produit,
Selon qu'il est planté, de bon ou mauvais fruit.
Le fruit, s'il est mauvais, nuit plus qu'il ne profite;
Ce qui nuit vers la mort nous fait aller plus vite :
La mort est une loi d'un usage important;
Qui peut vivre sans loi vit en brute; et partant
Ramassez, ce sont là preuves indubitables
Qui font que vous irez, monsieur, à tous les diables.

DON JUAN.

Le beau raisonnement!

SGANARELLE.

Ne vous rendez donc pas;
Soyez damné tout seul, car, pour moi, je suis las...

SCÈNE III.

DON JUAN, LÉONOR, PASCALE, SGANARELLE.

DON JUAN, *apercevant Léonor.*

N'avois-je pas raison? Regarde, Sganarelle;

(*à Léonor.*)

Vient-on au rendez-vous? Que de joie! Ah! ma belle,

ACTE V, SCÈNE III. 349

Vous voilà! Je tremblois que, par quelque embarras,
Vous ne pussiez sortir.

LÉONOR.

Oh! point. Mais n'est-ce pas
Monsieur le médecin que je vois là?

DON JUAN.

Lui-même.
Il a pris cet habit, mais c'est par stratagème,
Pour certain langoureux, chez qui je l'ai mené,
Contre les médecins de tout temps déchaîné :
Il n'en veut voir aucun; et monsieur, sans rien dire,
A reconnu son mal, dont il ne fait que rire.
Certaine herbe déja l'a fort diminué.

LÉONOR.

Ma tante a pris sa poudre.

SGANARELLE, *gravement, à Léonor*

A-t-elle éternué?

LÉONOR.

Je ne sais; car soudain, sans vouloir voir personne,
Elle s'est mise au lit.

SGANARELLE.

La chaleur est fort bonne
Pour ces sortes de maux.

LÉONOR.

Oh! je crois bien cela.

DON JUAN.

Et qui donc avec vous nous amenez-vous là?

LÉONOR.

C'est ma nourrice. Ah! si vous saviez, elle m'aime...

DON JUAN.

Vous avez fort bien fait, et ma joie est extrême
Que, quand je vous épouse, elle soit caution...

PASCALE.

Vous faites là, monsieur, une bonne action.
Pour entrer au couvent la pauvre créature
Tous les jours de soufflets avoit pleine mesure;
C'étoit pitié...

DON JUAN.

   Bientôt, Dieu merci, la voilà
Exempte, en m'épousant, de tous ces chagrins-là.

LÉONOR.

Monsieur...

DON JUAN.

   C'est à mes yeux la plus aimable fille...

PASCALE.

Jamais vous n'en pouviez prendre une plus gentille,
Qui vous pût mieux... Enfin, traitez-la doucement,
Vous en aurez, monsieur, bien du contentement.

DON JUAN.

Je le crois. Mais allons, sans tarder davantage,
Dresser tout ce qu'il faut pour notre mariage :
Je veux le faire en forme, et qu'il n'y manque rien.

PASCALE.

Eh! vous n'y perdrez pas; ma fille a de bon bien.
Quand son père mourut, il avoit des pistoles
Plus gros...

DON JUAN.

   Ne perdons point le temps à des paroles.
Allons, venez, ma belle. Ah! que j'ai de bonheur!

ACTE V, SCÈNE III.

Vous allez être à moi.

LÉONOR.

Ce m'est beaucoup d'honneur.

SGANARELLE, *bas, à Pascale.*

Il cherche à la duper; gardez qu'il ne l'emmène.
C'est un fourbe.

PASCALE.

Comment?

SGANARELLE, *bas.*

A plus d'une douzaine...
(*haut, se voyant observé par don Juan.*)
Ah! l'honnête homme! Allez, votre fille aujourd'hui
Auroit eu beau chercher pour trouver mieux que lui.
Il a de l'amitié... Croyez-moi, qu'une femme
Sera la bien... Et puis il la fera grand' dame.

DON JUAN, *à Léonor*.

Ne nous arrêtons point, ma belle; j'aurois peur
Que quelqu'un ne survînt.

SGANARELLE, *bas, à Pascale.*

C'est le plus grand trompeur...

PASCALE, *à don Juan.*

Où donc nous menez-vous?

DON JUAN.

Tout droit chez un notaire.

PASCALE.

Non, monsieur; dans le bourg il seroit nécessaire
D'aller chez sa cousine, afin qu'étant témoin
De votre foi donnée...

DON JUAN.

Il n'en est pas besoin;

Monsieur le médecin, et vous, devez suffire.
LÉONOR, à Pascale.
Sommes-nous pas d'accord ?
DON JUAN.
Il ne faut plus qu'écrire.
Quand ils auront signé tous deux avecque nous
Que je vous prends pour femme, et vous, moi pour époux,
C'est comme si...
PASCALE.
Non, non, sa cousine y doit être.
SGANARELLE, *bas, à Pascale.*
Fort bien.
LÉONOR.
Quelque amitié qu'elle m'ait fait paroître,
Si chez elle il n'est pas nécessaire d'aller,
Ne disons rien : peut-être elle voudroit parler.
DON JUAN.
Oui, quand on veut tenir une affaire secréte,
Moins on a de témoins, plus la chose est bien faite.
PASCALE.
Mon Dieu ! tout comme ailleurs, chez elle sans éclat,
Les notaires du bourg dresseront le contrat.
SGANARELLE.
Pourquoi vous défier ? Monsieur a-t-il la mine
(*bas, à Pascale.*)
D'être un fourbe ? Voyez.... Ferme, chez la cousine.
DON JUAN, *à Léonor.*
Au hasard de l'entendre enfin nous quereller,
Avançons.

ACTE V, SCÈNE III. 353

PASCALE, *arrêtant Léonor.*
Ce n'est point par là qu'il faut aller.
Vous n'êtes pas encore où vous pensez, beau sire.
DON JUAN, *à Léonor.*
Doublons le pas ensemble : il faut la laisser dire.

SCÈNE IV.

DON JUAN, LA STATUE DU COMMANDEUR, LÉONOR, PASCALE, SGANARELLE.

LA STATUE, *prenant don Juan par le bras.*
Arrête, don Juan.
LÉONOR.
Ah! qu'est-ce que je voi?
Sauvons-nous vite, hélas!

SCÈNE V.

DON JUAN, LA STATUE DU COMMANDEUR, SGANARELLE.

DON JUAN, *tâchant à se défaire de la statue.*
Ma belle, attendez-moi,
Je ne vous quitte point.
LA STATUE.
Encore un coup, demeure;
Tu résistes en vain.
SGANARELLE.
Voici ma dernière heure;

C'en est fait.

DON JUAN, *à la statue.*

Laisse-moi.

SGANARELLE.

Je suis à vos genoux,
Madame la statue : ayez pitié de nous.

LA STATUE.

Je t'attendois ce soir à souper.

DON JUAN.

Je t'en quitte :
On me demande ailleurs.

LA STATUE.

Tu n'iras pas si vite ;
L'arrêt en est donné ; tu touches au moment
Où le ciel va punir ton endurcissement.
Tremble.

DON JUAN.

Tu me fais tort quand tu m'en crois capable :
Je ne sais ce que c'est que trembler.

SGANARELLE.

Détestable !

LA STATUE.

Je t'ai dit, dès tantôt, que tu ne songeois pas
Que la mort chaque jour s'avançoit à grands pas.
Au lieu d'y réfléchir tu retournes au crime,
Et t'ouvres à toute heure abyme sur abyme.
Après avoir en vain si long-temps attendu,
Le ciel se lasse : prends, voilà ce qui t'est dû.
(*La statue embrasse don Juan ; et, un moment après, tous les deux sont abymés.*)

ACTE V, SCÈNE V.

DON JUAN.

Je brûle, et c'est trop tard que mon ame interdite....
Ciel !

SCÈNE VI.

SGANARELLE.

Il est englouti ! je cours me rendre ermite.
L'exemple est étonnant pour tous les scélérats ;
Malheur à qui le voit, et n'en profite pas !

FIN DU FESTIN DE PIERRE.

En tête de l'édition de *la Vevfe*, ou *le Traistre trahi*, comédie (*Paris*, François Targa, 1634), la troisième, par ordre de date, des comédies de Corneille, se trouve imprimée une collection de vers adressés à l'auteur, en félicitation de son succès. Ces petites pièces de vers sont au nombre de vingt-six: *Scudéri, Mairet, Rotrou, Duryer, Bois-Robert, Douville, Claveret,* tous auteurs dramatiques, et les meilleurs de ce temps, ont fourni chacun leur contingent à ce tribut d'éloges.

La plus remarquable de ces pièces de vers est, sans contredit, celle de l'auteur de *Venceslas*. Cet hommage rendu à Corneille, encore jeune, par un jeune et digne rival, est honorable pour tous deux. Il l'est même pour les lettres; il doit intéresser et satisfaire tous ceux qui les cultivent et tous ceux qui les aiment. Ce morceau n'ayant pu être placé à la fin des œuvres de P. Corneille, on a cru devoir l'imprimer ici.

A M. CORNEILLE.

ÉLÉGIE DE ROTROU.

Pour te rendre justice, autant que pour te plaire,
Je veux parler, Corneille, et ne me puis plus taire;
Juge de ton mérite à qui rien n'est égal
Par la confession de ton propre rival.
Pour un même sujet, même desir nous presse;
Nous poursuivons tous deux une même maîtresse;
La gloire, cet objet des belles volontés,
Préside également dessus nos libertés.
Comme toi, je la sers, et personne ne doute
Des veilles et des soins que cette ardeur me coûte!
Mon espoir toutefois est déçu chaque jour
Depuis que je t'ai vu prétendre à son amour.
Je n'ai point le trésor de ces douces paroles
Dont tu lui fais la cour, et dont tu la cajoles;
Je vois que ton esprit, unique de son art,
A des naïvetés plus belles que le fard,
Que tes inventions ont des charmes étranges,
Que leur moindre incident attire des louanges,
Que par toute la France on parle de ton nom,
Et qu'il n'est point d'estime égale à ton renom.
Depuis, ma muse tremble et n'est plus si hardie;
Une jalouse peur l'a long-temps refroidie.
Et depuis, cher rival, je serois rebuté

De ce bruit spécieux dont Paris m'a flatté,
Si cet ange mortel, qui fait tant de miracles,
Et dont tous les discours passent pour des oracles,
Ce fameux cardinal, l'honneur de l'univers,
N'aimoit ce que je fais, et n'écoutoit mes vers.
Sa faveur m'a rendu mon humeur ordinaire;
La gloire où je prétends est l'honneur de lui plaire;
Et lui seul, réveillant mon génie endormi,
Est cause qu'il te reste un si foible ennemi.
Mais la gloire n'est pas de ces chastes maîtresses
Qui n'osent en deux lieux répandre leurs caresses.
Cet objet de nos vœux nous peut obliger tous,
Et faire mille amants, sans en faire un jaloux:
Tel, je te sais connoître et te rendre justice;
Tel on me voit par-tout adorer ta Clarice.
Aussi rien n'est égal à ses moindres attraits;
Tout ce que j'ai produit cède à ses moindres traits.
Toute veuve qu'elle est, de quoi que tu l'habilles,
Elle ternit l'éclat de nos plus belles filles.
J'ai vu trembler Silvie, Amaranthe et Phylis;
Célimène a changé, ses attraits sont pâlis;
Et tant d'autres beautés que l'on a tant vantées
Sitôt qu'elle a paru se sont épouvantées.
Adieu; fais-nous souvent des enfants si parfaits
Et que ta bonne humeur ne se lasse jamais.

SENTIMENT DE PALISSOT

SUR LE COMMENTAIRE DE VOLTAIRE.

Si l'on considère les critiques hasardées, les expressions violentes, souvent même injurieuses, qui se trouvent mêlées dans ce commentaire à des remarques pleines de goût, on sera tenté de croire que Voltaire, comme ses ennemis l'en accusent, étoit secrètement animé d'un sentiment de jalousie contre Corneille : cependant nous ne l'en avons jamais soupçonné.

S'il eût été réellement susceptible de cette foiblesse, Voltaire avoit dans Racine un rival de gloire dont il n'avoit pas moins à redouter la comparaison, et c'est de tous nos poëtes celui qu'il a le plus constamment loué. On sait que, non seulement dans ses ouvrages, mais dans l'intimité de la conversation, jamais il ne parloit de Racine qu'avec enthousiasme; c'est ce que nous avons été à portée d'entendre plus d'une fois, et ce qu'attesteroient aussi tous ceux qui ont vécu dans sa familiarité : comment donc lui supposer cette prétendue jalousie?

Mais pourquoi les louanges qu'il donne à Corneille sont-elles toujours accompagnées de quelques restrictions? Pourquoi ces expressions amères que la seule bienséance auroit dû lui interdire, et qui semblent si déplacées dans un commentaire? Voltaire pouvoit-il ne pas reconnoître toute la supériorité du génie de Corneille? Il la reconnoissoit, sans doute; et quand même il auroit eu quelque disposition à être injuste, il avoit lui-même trop de génie pour n'en être pas vivement frappé. On peut en juger par les éloges qu'il en fait: l'accent de l'admiration s'y fait sentir souvent de la manière la plus marquée; et si l'on réunissoit tous ceux qui se trouvent dispersés dans son commentaire, Corneille, il faut en convenir, n'auroit jamais été loué plus dignement. Il est vrai que si l'on rassembloit aussi tout ce qui paroît ne lui avoir été dicté que par la passion et par l'humeur, enfin tout ce qui porte dans ses remarques le caractère du sarcasme et de la dérision, Corneille dégradé, s'il pouvoit l'être, n'eût jamais été traité avec une indécence plus révoltante. Nous n'en avons pas, à beaucoup près, épuisé tous les exemples dans nos observations; maintenant cherchons, s'il est possible, le mot de cette singulière énigme.

Soit par l'attrait prédominant qu'avoit pour lui le charme de la diction et l'élégance du style, soit par les rapports secrets de leur génie, Voltaire, comme nous l'avons déja dit, témoigna constamment pour Racine un goût de prédilection, tandis qu'il n'étoit que froidement juste envers Corneille, qu'il admiroit sans l'aimer. Ce sentiment de froideur, qu'avec toute son adresse il ne sut jamais dissimuler, avoit une cause qui seule peut expliquer le mystère de cette conduite inégale et vraiment bizarre. Nos conjectures seront appuyées sur des faits dont nous attestons la vérité, et qui étonnèrent beaucoup notre inexpérience à notre entrée dans le monde, il y a cinquante et quelques années.

Nous nous rappelons parfaitement qu'à cette époque il existoit encore une foule de partisans outrés de Corneille qui sembloient avoir hérité de toute la prévention de madame de Sévigné contre Racine, et qui ne plaçoient ce dernier poëte qu'à un intervalle immense du premier. On peut juger de la distance encore plus grande à laquelle ils reléguoient Voltaire. Selon eux, ce n'étoit qu'un bel-esprit dont ils respectoient assez peu le jugement, et à qui par conséquent ils étoient bien loin d'accorder du génie. Quoiqu'il eût déja fait *la Henriade, OEdipe, Brutus, Zaïre, Alzire, la Mort de César, Mérope,* et *Mahomet,* on n'eût osé établir quelque comparaison entre ce bel-esprit et Corneille sans s'exposer au sourire le plus dédaigneux. On vouloit bien ne pas lui contester une certaine habileté de metteur en œuvre; au moyen de quelques paillettes d'or dérobées, disoit-on, et mêlées à beaucoup de clinquant, il savoit à peu de frais en imposer à la multitude. Telle étoit alors l'opinion plus ou moins accréditée par Fontenelle, La Motte (quoiqu'il se fût d'abord montré plus juste), Crébillon le père, Marivaux, Piron, et mise principalement en faveur par tous les amis de J.-B. Rousseau, devenu l'un des plus ardents ennemis de Voltaire, après l'avoir comblé d'éloges. Telle étoit, à plus forte raison, l'opinion dominante de tous ces bureaux d'esprit présidés par de vieilles caillettes qui donnoient le ton à ce qui s'appeloit exclusivement la bonne compagnie. Les comédiens eux-mêmes*, quelque obligation qu'ils eussent à Voltaire, ne manquèrent pas de l'adopter par ingratitude; et c'est chez eux qu'elle s'est maintenue le plus long-temps.

Or on imagine aisément l'effet que devoit produire sur une ame sensible et dévorée du besoin de la gloire un pareil excès d'injustice. On conçoit combien Voltaire, admirateur passionné de Racine, et à qui d'ailleurs il étoit bien permis, sans qu'on fût en droit de l'accuser d'orgueil, de se juger avec un peu plus de faveur que ne lui en accordoient tous ces prétendus arbitres des réputations, devoit se soulever contre une cabale jalouse, qui, non contente de chercher à l'avilir, ne laissoit échapper aucune occasion de le persécuter. Ce sentiment d'indignation, porté trop loin sans doute, dut nécessairement lui inspirer, sinon quelque malveillance pour Corneille. du moins une disposition secrète à le juger bien plus sévèrement qu'il ne l'eût fait si l'on eût moins abusé de son grand nom pour rabaisser celui de Racine, et pour l'humilier lui-même. L'esprit humain est fait ainsi; et la sensibilité délicate et ombrageuse de Voltaire devoit l'exempter moins qu'un autre de cette loi commune.

Si l'on ajoute à ces considérations que, dans la première édition de son *Commentaire*, quoique ses ennemis n'eussent cessé de répandre qu'il ne s'étoit chargé de ce travail que pour immoler Corneille à sa

---

* Il faut en excepter cependant mademoiselle Dumesnil, qui dut à *Mérope* une partie de sa gloire, mademoiselle Clairon, et le célèbre Le Kain.

jalousie, il s'étoit montré cependant infiniment plus modéré que dans les éditions postérieures, on sera moins étonné des traces d'humeur qu'on y découvre, quelque inexcusables qu'elles soient. Mais le caractère de Voltaire, qui nous étoit parfaitement connu, et qui n'étoit pas difficile à connoître, étoit l'instrument que ses ennemis et ses faux amis savoient employer avec le plus d'adresse pour le précipiter dans des excès qu'il se reprochoit souvent avec amertume, mais dans lesquels il persévéroit quelquefois aux dépens de sa gloire.

Un fait que tout le monde est à portée de vérifier, dont nous avons parlé ailleurs *, et que nous croyons devoir rappeler ici, achèvera de prouver combien l'idée que nous donnons du caractère de Voltaire est fidèle. On sait quelle estime, quelle vénération même il avoit toujours témoignée pour Boileau. Après avoir nommé, dans *le Temple du Goût*, les plus célèbres écrivains du siècle de Louis XIV, il ne balançoit pas à reconnoître Boileau pour leur maître. Là, disoit-il,

Là régnait Despréaux, leur maître en l'art d'écrire.

Et ce n'étoit pas seulement par son *Art poétique* et par ses belles *Epîtres* que Boileau lui paroissoit mériter cet hommage : voici le jugement qu'il portoit de ses *Satires* dans des vers qui les honorent également tous deux :

On peut à Despréaux pardonner la satire;

* Dans un discours préliminaire mis à la tête d'une édition de Boileau; an VI, in-4°.

> Il joignit l'art de plaire au malheur de médire.
> Le miel que cette abeille avait tiré des fleurs
> Pouvait de sa piqûre adoucir les douleurs, etc.

Sa prose respiroit les mêmes sentiments pour ce grand poëte, dont il ne cessoit de recommander l'étude, lorsqu'il arriva que l'abbé Batteux eut la mauvaise pensée de faire un parallèle de *la Henriade* et du *Lutrin*. Dans ce parallèle, qui ne pouvoit être au fond qu'une plaisanterie, car ces deux ouvrages ne pouvoient être susceptibles d'une comparaison sérieuse, l'auteur s'efforçoit de prouver que Boileau, dans une fable qui sembloit ne rien promettre à l'imagination, avoit mis à-la-fois plus de génie dans son plan, et plus de richesse de poésie dans ses détails, que Voltaire dans un sujet beaucoup plus digne de l'épopée. Que cette plaisanterie eût irrité Voltaire contre l'auteur du parallèle, on n'en seroit pas surpris : mais, auroit-on pu l'imaginer? Ce fut contre Boileau lui-même qu'il prit inconsidérément de l'aigreur : non seulement il ne parla plus de lui qu'avec sécheresse, mais il lui adressa une épître chagrine qui commence par ces vers :

> Boileau, correct auteur de quelques bons écrits,
> Zoïle de Quinault, et flatteur de Louis....

Assurément on ne pouvoit être ni plus sévère ni plus injuste : mais il ne s'arrêta point à cette vengeance. Le nom même du *Lutrin* lui devint odieux; et s'il se permit d'en parler une seule fois dans ses *Questions sur l'Encyclopédie*, à l'article *Bouffon*, où *le Lutrin* ne devoit guère s'attendre à se trouver, ce ne fut que pour le mettre fort au-dessous d'un poëme anglois intitulé *le Dispensary*, poëme qui tient beaucoup plus du burlesque de Scarron, que de la plaisanterie de Boileau, toujours avouée de la raison et des graces.

On voit évidemment par cet exemple combien la passion pouvoit égarer Voltaire. On ne l'avoit jamais accusé d'être jaloux de Boileau, qu'il avoit constamment appelé le législateur du goût; et voilà qu'il devient subitement injuste et dur envers lui, uniquement parcequ'on s'est servi de son nom pour donner quelque atteinte à la réputation de *la Henriade*. Peut-on, d'après ce trait, s'étonner de son humeur contre Corneille? elle avoit le même principe, et devoit produire les mêmes effets. Le penchant qu'il avoit d'ailleurs pour la satire, penchant qu'il manifesta dès ses premières années[*], et que sa physionomie déceloit malgré lui, put encore contribuer aux traits d'ironie qu'il a semés dans son commentaire. Il étoit bien difficile qu'il pût allier à ce caractère une modération que la nature lui avoit refusée. Avec plus d'empire sur lui-même, il eût été à-la-fois meilleur et plus grand : mais, sans une injustice évidente, peut-on exiger des hommes une perfection inconciliable avec l'organisation qu'ils ont reçue, et qui doit déterminer essentiellement toutes leurs habitudes?

Telle est cependant l'inconséquence humaine qu'elle voudroit exiger ce qui est physiquement impossible,

---

[*] Il fit dans sa première jeunesse, contre La Motte et quelques autres membres de l'Académie française, une satire intitulée *le Bourbier*. Si l'on pouvoit supposer que Pope eût connu cette satire, il paroîtroit l'avoir imitée dans un des épisodes de sa *Dunciade*, qui n'est pas le meilleur du poëme.

c'est-à-dire qu'un homme, sans cesser d'être lui-même, agît néanmoins comme s'il étoit un autre : absurdité que le vulgaire ne soupçonne pas, et qui sert de règle à presque tous ses jugements, quoiqu'elle ne soit qu'une contradiction dans les termes.

De cet exposé fidéle il résulte, à ce que nous croyons, que Voltaire, sans éprouver le sentiment de la jalousie, put être beaucoup trop rigoureux envers Corneille, et même contracter pour lui, sans pouvoir s'en expliquer secrétement les motifs, ou peut-être en se les dissimulant, une espéce d'aversion fondée sur ce que le nom de ce grand homme avoit servi long-temps de prétexte aux ennemis de Racine et aux siens pour les humilier tous deux. Ce sentiment, s'il en avoit eu la conscience, auroit dû le détourner de commenter Corneille : il peut être regardé comme une foiblesse; si l'on veut même, comme une injustice : il peut produire des effets qui ressemblent à la jalousie, mais sans avoir rien de commun avec elle. Quoi qu'il en soit, notre devoir n'en étoit pas moins de venger la mémoire de celui de nos poëtes à qui la postérité conservera toujours le nom de grand, que lui ont donné ses contemporains.

TABLE DES PIÈCES

CONTENUES

DANS CE VOLUME.

AVERTISSEMENT qui se trouve dans l'édition des OEuvres de Pierre Corneille de 1663, *in-fol.*, et dans plusieurs des suivantes. — Au lecteur..... *Page* 5

ÉLOGE de Thomas Corneille, prononcé dans l'Académie royale des Inscriptions et Belles-Lettres, à la rentrée publique d'après Pâques, 1710. 15
LISTE des pièces de théâtre de Th. Corneille...... 25

ARIANE, TRAGÉDIE EN CINQ ACTES............... 29
   Préface de Voltaire....................... 31
   Personnages............................. 34

LE COMTE D'ESSEX, TRAGÉDIE EN CINQ ACTES.. 131
   Au lecteur............................... 133
   Préface de Voltaire....................... 134
   Personnages 140

LE FESTIN DE PIERRE, COMÉDIE EN CINQ ACTES. 231
   Avis.................................... 233
   Personnages............................. 234

Élégie de Rotrou. . . . .*Page* 357
Sentiment de Palissot sur le commentaire de Voltaire. 359

FIN DU TOME DOUZIÈME.

LISTE

DES SOUSCRIPTEURS

POUR LES OEUVRES DE P. CORNEILLE.

Sa Majesté Louis XVIII, Roi de France. *Trois exemplaires papier vélin.*

MM.

Alzine, libraire à Perpignan.

Andrezel (l'abbé d'), inspecteur-général de l'instruction publique.

Armand.

Aucher-Éloy, libraire à Blois. *Deux exemplaires.*

Augereau (le général).

Baeque (de), à Paris.

Baeque (de), à Dunkerque.

Barba, libraire à Paris.

Barbier, bibliothécaire du Roi. *Deux exemplaires.*

Barboux.

Basse. *Trois exemplaires.*

Baudry, libraire à Paris. *Un exemplaire papier vélin.*

Beaume, libraire à Bordeaux. *Deux exemplaires.*

Bechu.

Becquerel.

Bergeron d'Anguy, à Paris.

Beuf, libraire à Villefranche. *Treize exemplaires.*

Belion, libraire à Troyes. *Deux exemplaires.*

Bellier.

Belon, libraire au Mans.

Berend (B.-S.), banquier de Berlin.

Berton.

Bertrand (Arthus), libraire à Paris. *Cinq exemplaires.*

Billeheu, à Paris.

Bintot, libraire à Besançon.

Blondel.

Blouet (Mademoiselle), libraire à Rennes.

Bogaert-Dumortier, libraire à Bruges.

Bohaire, libraire à Lyon. *Huit exemplaires.*

Bonhomme, libraire à Toulon. *Deux exemplaires.*

Bontoux (Madame veuve), à Nancy.

Bonvoust, libraire à Alençon.

Bonzom, libraire à Bayonne. *Trois exemplaires.*

Borda (E.), négociant à Paris.

Borel, libraire à Naples. *Treize exemplaires.*

Bossange père et fils, libraires à Paris.

Breton.

Brianchon, libraire à Paris. *Un exemplaire papier vélin.*

Brière, libraire à Paris. *Cent trois exemplaires. Un papier vélin.*

Broquisse (Madame), libraire à Angoulême.

DES SOUSCRIPTEURS.

Bronner-Bauwens, libraire à Dunkerque.
Busseuil aîné, libraire à Nantes. *Deux exemplaires.*
Busseuil jeune, libraire à Nantes.

Caillard, libraire à Narbonne. *Trois exemplaires.*
Caille et Ravier, libraires à Paris.
Callou.
Cambon, libraire à Beziers.
Camoin frères, libraires à Marseille. *Huit exemplaires.*
Campenon, de l'Académie françoise. *Deux exemplaires, dont un papier vélin.*
Carrier, à Montmorency.
Castin fils, jeune.
Chaix, libraire à Marseille. *Deux exemplaires.*
Chalandre, libraire à Besançon.
Champarmois.
Chapelle, libraire au Hâvre. *Cinq exemplaires.*
Chateau, libraire à Paris.
Chaudron (Madame), libraire à Paris.
Colas, imprimeur-libraire à Paris. *Deux exemplaires.*
Colas (E.), libraire à Paris. *Quatre exemplaires.*
Colas jeune, libraire à Paris. *Dix-neuf exemplaires.*
Collardin, libraire à Liége. *Deux exemplaires.*
Corbet, libraire à Paris. *Quatre exemplaires.*
Corneille (P.), libraire à Paris (descendant du grand Corneille). *Treize exemplaires.*
Cotelle (L.), notaire à Paris.

Cotelle (J.), notaire à Orléans.
Cottereau, Prudhomme, négociant à Romorantin.
Cottreau.
Cottin, notaire à Paris.
Courcy (de).
Cousin, notaire à Paris.
Crestin.
Crosilhes, libraire à Villeneuve. *Trois exemplaires.*

Dabin, libraire à Paris.
Dalibon, libraire à Paris.
Degouy aîné, libraire à Saumur. *Deux exemplaires.*
Degouy de Laroche, libraire à Saumur. *Deux exemplaires.*
Dehenne.
Deis, libraire à Besançon. *Deux exemplaires.*
Delaborde, libraire à Vesoul.
Delachaux, libraire à Amsterdam. *Quatre exemplaires.*
Delafasge, à Paris. *Treize exemplaires.*
Delaunay, libraire à Paris. *Trois exemplaires.*
Delhaye, libraire au Hâvre.
Demat, libraire à Bruxelles. *Deux exemplaires.*
Descaich, libraire à Tulle.
Deschamps, libraire à Paris. *Trois exemplaires.*
Desmazis.
Devaux, avocat à Bourges.
Devay.

DES SOUSCRIPTEURS.

Deveaux, libraire à Paris. *Six exemplaires.*
Devesvre.
Devers, libraire à Toulouse. *Deux exemplaires.*
Devilly, libraire à Metz. *Deux exemplaires.*
Didot l'aîné. *Trois exemplaires.*
Dillon (le comte).
Dourille, libraire à Valence. *Deux exemplaires.*
Druon, conservateur de la bibliothèque de la Chambre des Députés.
Dubois, notaire à Meru.
Dubois (Berthaud), imprimeur-libraire à Meaux. *Deux exemplaires.*
Duchesne, libraire à Rennes. *Deux exemplaires.*
Dufresne.
Dumas (Madame).
Dunant (David), libraire à Genève.
Dupin.
Duplenne, libraire à Paris.
Duplessy. *Quatre exemplaires.*
Dupont.
Duquesne.
Duverger. *Quatre exemplaires.*

Edet, Vallée et compagnie, libraires à Rouen.
Eggendorffer (Aloyse), libraire à Fribourg.
Escalle et compagnie, libraires à Lons-le-Saulnier. *Quatre exemplaires.*
Espine (Charles de l'). *Un exemplaire papier vélin.*

Fantin et compagnie, libraires à Paris.
Farine (le baron).
Faverio, libraire à Lyon. *Deux exemplaires.*
Février, libraire à Strasbourg.
Fischer, libraire à Lausanne. *Quatre exemplaires.*
Fontaine, à Londres. *Deux exemplaires.*
Foucault, libraire à Paris. *Douze exemplaires. Un papier vélin.*
Fourrier-Mame, libraire à Angers.
Fremeau fils, libraire à Reims. *Treize exemplaires.*
Frère, libraire à Rouen. *Six exemplaires.*
Freund, libraire à Brest. *Deux exemplaires.*

Gabon et compagnie, libraires à Montpellier. *Quatre exemplaires.*
Gairal, avocat à Paris.
Gallon, libraire à Toulouse. *Deux exemplaires.*
Gassiot, libraire à Bordeaux. *Trois exemplaires.*
Gaulard-Marin, libraire à Dijon. *Deux exemplaires.*
Gauthier.
Gayet, libraire à Bordeaux.
Gille, libraire à Bourges.
Glaçon, libraire à Mortagne.
Godot, avoué à Paris.
Gosse, libraire à Bayonne. *Deux exemplaires.*
Gouju.
Goujon, libraire à Paris. *Treize exemplaires.*
Goujon, libraire à Saint-Germain.

DES SOUSCRIPTEURS. 375

GOULET (Madame), libraire à Paris. *Deux exemplaires.*

GRABIT, libraire à Paris. *Quatre exemplaires.*

GRÉGOIRE.

GUÉRIN, à Paris.

GUIBERT.

HARDOUIN.

HAROUARD.

HÉBERT.

HÉRARD-MURAINE.

HERMEL, instituteur, à Paris.

HERVÉ, libraire à Chartres. *Deux exemplaires.*

HUBERT, libraire à Paris.

JACQUOT, maître de forges à Bienville.

JADIN, compositeur.

JANET (Louis), libraire à Paris. *Cent dix-sept exemplaires. Sept papier vélin.*

JANET (Joseph), à Paris. *Un exemplaire papier vélin.*

JARDIN, libraire à Périgueux.

JULLIARD, receveur-particulier des finances, à Saint-Étienne (Loire).

KEIFFER.

KLEFER, libraire à Paris. *Six exemplaires.*

KILIAN, libraire à Paris. *Deux exemplaires.*

KORN, libraire à Breslau. *Deux exemplaires.*

LACHAISE (Madame), à Paris.
LACOMBE et compagnie, libraires à Lausanne.
LADRANGE, libraire à Paris. *Treize exemplaires.*
LAFARGUE, libraire à Paris. *Deux exemplaires.*
LALOY, libraire à Paris. *Deux exemplaires.*
LAROCHE, libraire à Angoulême. *Six exemplaires.*
LAROCHETTE. *Sept exemplaires.*
LAROQUE aîné, libraire à Paris. *Deux exemplaires.*
LAWALLE jeune et neveu, libraires à Bordeaux. *Onze exemplaires. Deux papier vélin.*
LEBARBIER, libraire à Paris.
LE BARON-BLIN (Madame), libraire à Caen. *Deux exemplaires.*
LEBLANC (Mademoiselle), libraire à Paris. *Deux exemplaires.*
LEBRUN.
LECAUDEY, libraire à Paris. *Six exemplaires.*
LECHARD (Madame), libraire à Paris. *Quinze exemplaires.*
LECHARLIER, libraire à Bruxelles. *Quatre exemplaires.*
LECLUSE, libraire à Paris. *Treize exemplaires.*
LE CRÈNE (Auguste), à Caen. *Trois exemplaires.*
LEDOUBLE, libraire à Genève. *Sept exemplaires.*
LEDOYEN, libraire à Paris. *Deux exemplaires.*
LEGER-NOVION.
LELEUX, libraire à Calais. *Treize exemplaires.*
LELEUX, libraire à Lille. *Deux exemplaires.*
LEMALE, libraire à Douay. *Cinq exemplaires.*

LEMONNIER, libraire à Saint-Brieux.
LEQUIEN, libraire à Paris. *Treize exemplaires.*
LEROUX, libraire à Paris. *Quatre exemplaires.*
LEROUX, libraire à Mons. *Six exemplaires.*
LESAGE.
L'ÉTENDART-DELLEVOYE, libraire à Dunkerque. *Deux exemplaires.*
LEVRAULT, libraire à Strasbourg. *Six exemplaires.*
LEVASSEUR de Marseille.
LIBERT.
LOBJOY, libraire à Paris.
LOISELEUR-DELONCHAMPS.
LORET.
LUCAN (Lord). *Un exemplaire papier vélin.*
LUCHAIRE.

MAIRE, libraire à Lyon. *Quatorze exemplaires.*
MALEPEYRE, libraire à Paris. *Treize exemplaires.*
MALO (Charles), libraire à Paris. *Treize exemplaires.*
MAME, libraire à Tours.
MANCEL, libraire à Caen. *Quatorze exemplaires.*
MANOURY, libraire à Caen. *Deux exemplaires.*
MANUEL, banquier à Nevers.
MAROTTA et VANSPANDOCH, libraires à Naples. *Quatre exemplaires.*
MARTIGNY.
MARTIN, libraire à Besançon.
MASSON et fils, libraires à Paris.

Masvert, libraire à Marseille. *Treize exemplaires.*
Mathon fils, libraire à Neufchâtel.
Maurey.
Mazier, à Mamers.
Melon, libraire à Bordeaux. *Deux exemplaires.*
Melquiond, libraire à Nismes. *Quatre exemplaires.*
Méquignon, fils aîné, libraire à Paris. *Trois exemplaires.*
Mercier, négociant à Alençon.
Meurger, notaire à Alençon.
De Mianville (biblioth. de Chartres).
Michel, libraire à Brest.
Michel fils.
Molliex, libraire à Rennes. *Six exemplaires.*
Monnot.
Moreau.
Morel.
Moutardier, à Paris. *Quatre exemplaires.*

Noubel, libraire à Agen. *Six exemplaires.*

Paccard, libraire à Paris.
Page du Chaillon, libraire à Nevers.
Pannetier, libraire à Colmar. *Deux exemplaires.*
Pascal. *Un exemplaire papier vélin.*
Paschoud, libraire à Genève.
Paulin de Lespinasse.
Pelicier, libraire à Paris. *Sept exemplaires.*

DES SOUSCRIPTEURS.

PENGUILLY-L'HARIDON, sous-intendant militaire. *Un exemplaire papier vélin.*

PERRIER (C.), préfet de la Meuse.

PESCHE, au Mans. *Deux exemplaires.*

PETIT, libraire à Colmar.

PICHARD, libraire à Paris. *Deux exemplaires.*

PITEAUX.

POCHARD.

POCHET (Madame), libraire à Paris.

PONTHIEU, libraire à Paris. *Trente-neuf exemplaires.*

POTEY, libraire à Paris. *Trois exemplaires.*

PRUNET, libraire à Toulouse. *Deux exemplaires.*

QUIROT.

RAPILLY, libraire à Paris. *Quinze exemplaires. Un vélin.*

RAYNAL, libraire à Paris. *Deux exemplaires.*

RENARD (Madame veuve), libraire. *Deux exemplaires.*

RENAULT, libraire à Rouen. *Quatre exemplaires.*

REVIL (Madame).

REY et GRAVIER, libraires à Paris. *Treize exemplaires.*

RISS père et fils, libraires à Moscou. *Deux exemplaires.*

RIVOIRE, libraire à Lyon.

ROUSSEAU, docteur-médecin.

ROUSSEAU, libraire à Paris. *Douze exemplaires. Un papier vélin.*

ROUX, libraire à Paris. *Quatorze exemplaires.*

Roy fils.

Saint-Florent et Hauer, libraires à Saint-Pétersbourg. *Deux exemplaires.*
Sainton, libraire à Troyes. *Quatre exemplaires.*
Senef, libraire à Nancy. *Trois exemplaires.*
Sevalle, libraire à Montpellier. *Deux exemplaires.*
Sevelinges (le chevalier de).

Taillard (Constant). *Treize exemplaires.*
Taskin.
Tenant de la Tour.
Terris, libraire à Aix. *Six exemplaires.*
Teycheney, libraire à Bordeaux.
Thullier, libraire à Hesdin.
Tourneux, libraire à Paris.
Tremeau et compagnie, libraires à Angoulême. *Deux exemplaires.*
Tromelin (Henry de).
Truffaut (Alex.).

Urbain (Charles) et compagnie, libraires à Moscou.

Valerny (le vicomte de), à Apt (Vaucluse).
Vanackère, libraire à Lille. *Deux exemplaires.*
Vandekkove, libraire à Gand.
Varin.
Vente, libraire à Paris.

Verdière, libraire à Paris. *Treize exemplaires.*
Vérgenne (de), *papier vélin.*
Viennet, homme de lettres.
Vieusseux, libraire à Toulouse. *Six exemplaires.*
Vincenot, libraire à Nancy.
Vincent.

Walstein (le comte de).

FIN DE LA LISTE DES SOUSCRIPTEURS.

www.ingramcontent.com/pod-product-compliance
Lightning Source LLC
Chambersburg PA
CBHW050418170426
43201CB00008B/455